日常と地域の戦争遺跡

Ohnishi Susumu
大西 進 編

批評社

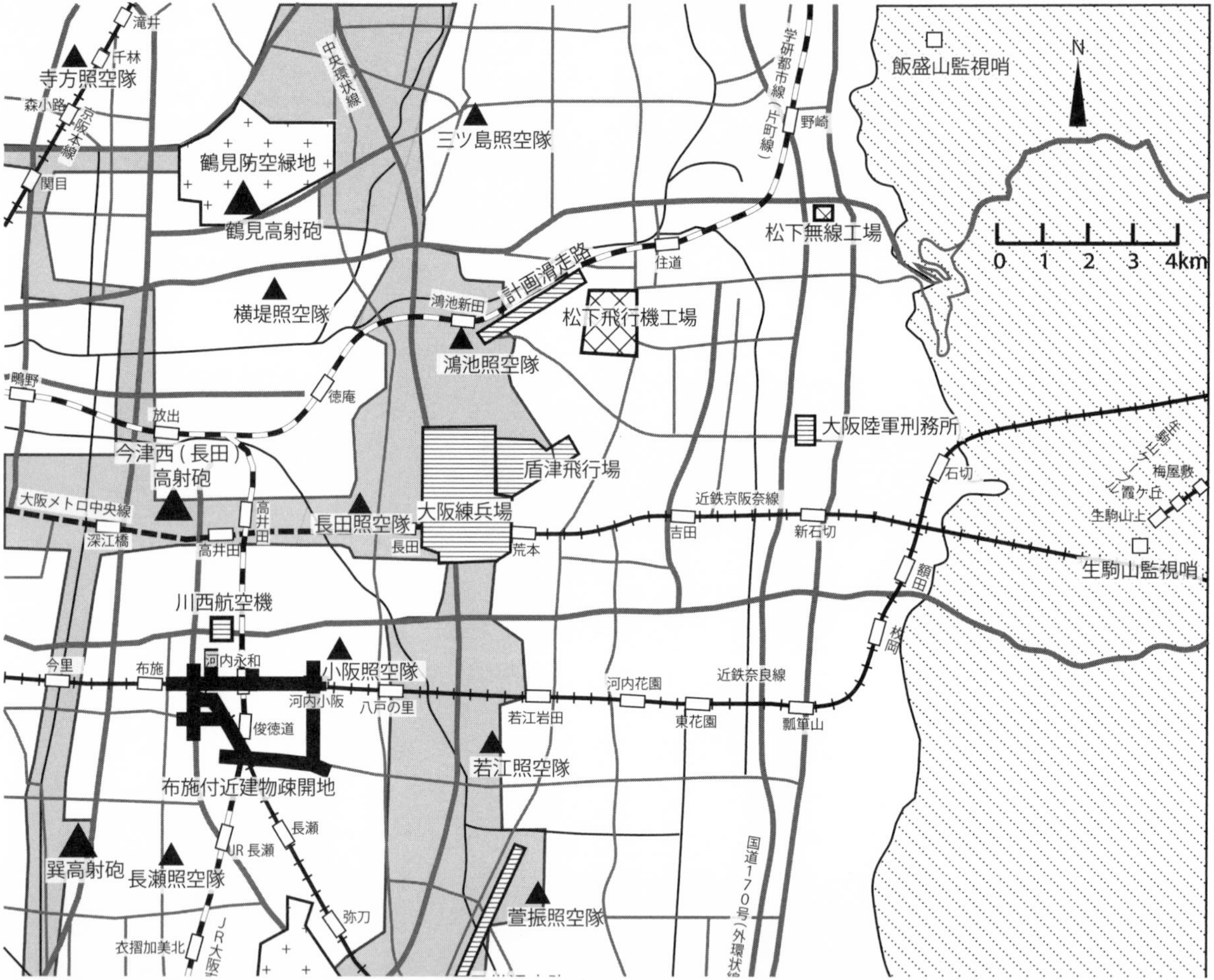

寺方照空隊
滝井
千林
森小路
京阪本線
関目
鶴見防空緑地
鶴見高射砲
中央環状線
三ツ島照空隊
学研都市線（片町線）
野崎
飯盛山監視哨
N
0 1 2 3 4km
松下無線工場
住道
計画滑走路
横堤照空隊
鴻池新田
松下飛行機工場
鴻池照空隊
鴫野
徳庵
放出
今津西（長田）
高射砲
大阪陸軍刑務所
盾津飛行場
石切
生駒山上ケーブル
梅屋敷
霞ケ丘
生駒山上
大阪メトロ中央線
深江橋
高井田
高井田
長田照空隊
長田
大阪練兵場
荒本
近鉄京阪奈線
吉田
新石切
生駒山監視哨
額田
川西航空機
枚岡
今里
布施
河内永和
小阪照空隊
河内小阪
八戸の里
河内花園
近鉄奈良線
若江岩田
東花園
瓢箪山
俊徳道
若江照空隊
布施付近建物疎開地
長瀬
JR 長瀬
巽高射砲
長瀬照空隊
国道170号（外環状線）
弥刀
萱振照空隊
衣摺加美北
JR大阪

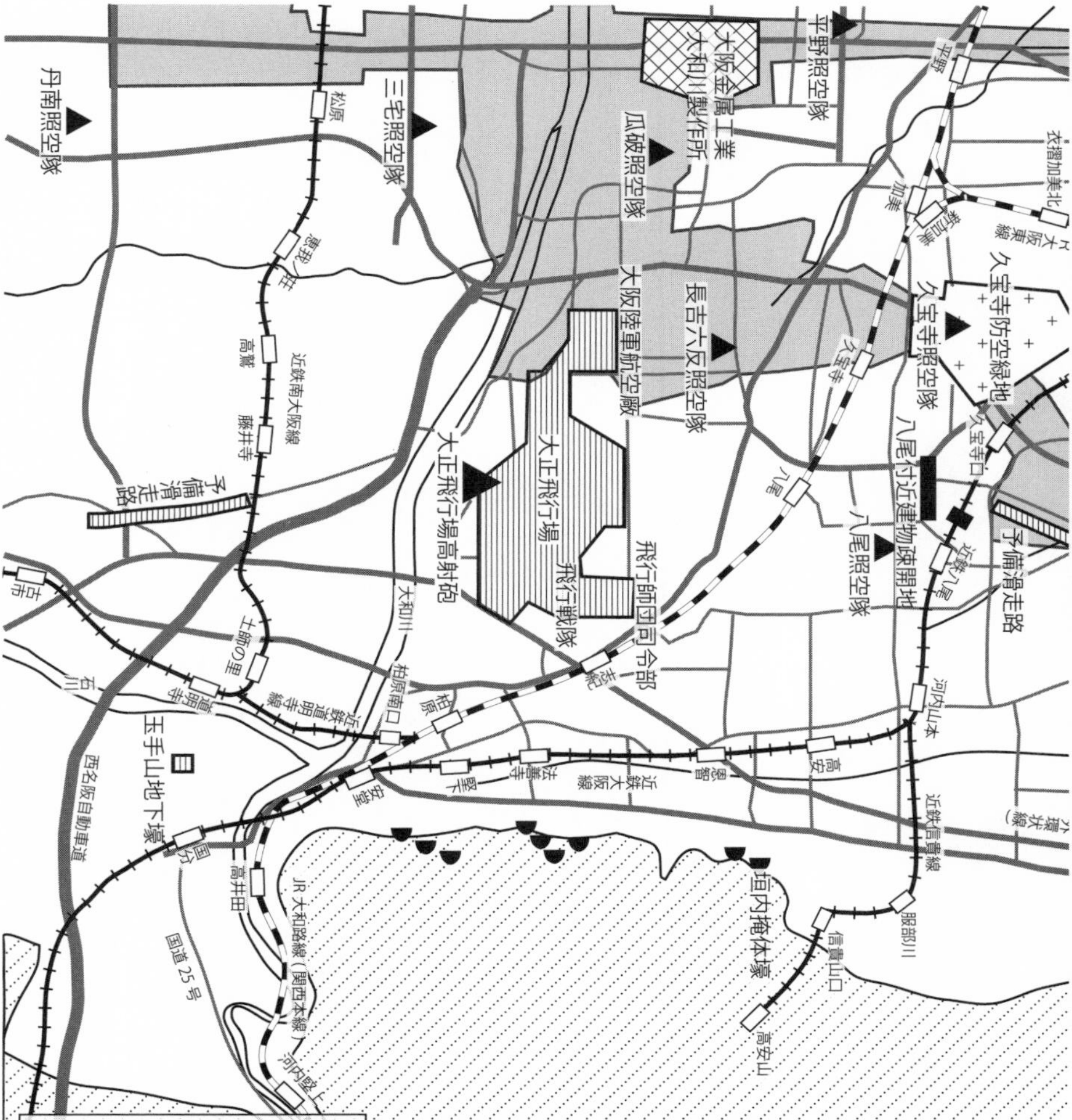

図１ 大阪府域東部の防空・軍用史跡位置図 原図作成者大西進 令和２年（2020）７月１日

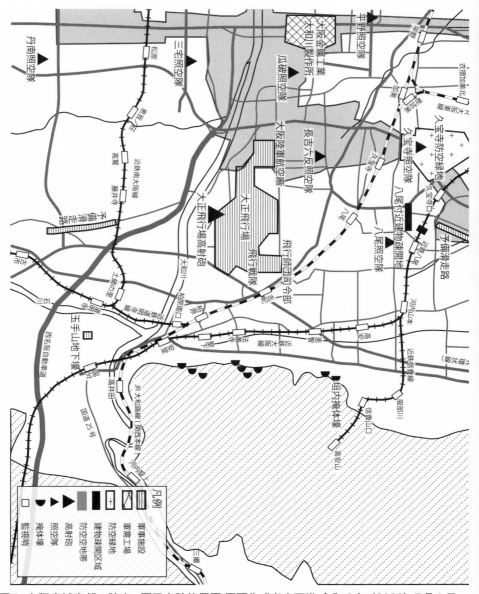

図 2 本書に関係する大阪府下の自治体

はじめに

本書は一〇年前（二〇一二年）に出版した『日常の中の戦争遺跡』（アットワークス刊）に続くものである。前著では陸軍大正飛行場を主役に、その建設の経過とその周辺に構築された種々の軍民の施設、さらに先の大戦の末期に飛行場と周辺地域が受けた戦争の被害に言及した。

戦争が日常を覆っていた時代に生まれ、飛行場を眼下に望む信貴山の中腹を今も生活の場とし続けている筆者とって、敗戦後にも八尾市域にのこる戦争の痕跡である「戦争遺跡」が筆者の日常の中に存在しているのである。

しかし地域の歴史にとっても、また日本の戦争の歴史にとっても大きな意味をもつ、大正飛行場を対象とした研究はほとんどなく、地元の自治体史においても数頁がさかれているにすぎない。

父親を幼少の頃戦争で失った筆者は、あの戦争の「不正義」に思いいたるなかで、日常の中に存在し、忘れ去られようとする地域の戦争遺跡について調査を開始した。長く勤めた職場を離れたのを契機に独自で調査した成果をまとめたのが前著である。

前著は幸い広く読者をえて地域の戦争と戦争遺跡について関心も広がり、地域の市民講座などでの講演の機会も増えた。さらに「本土防衛」の要と位置づけされた大正飛行場と近郊に配備された飛行場関連施設についても、その後の調査成果を発表する機会を与えられ、問題を深化させることもできた。

本書は前著の刊行以降の活動を踏まえ、大正飛行場の所在する八尾市域を越えて、より広範囲に近郊六市の、地域の戦争と戦争遺跡についての調査成果を中心に編集したものである。

対象市域は北では四條畷市域、大東市域、東大阪市域とし、南は柏原市域、藤井寺市域、羽曳野市域として、防衛すべき大阪市域の外周を構成していたが、戦時の防空には各市内にいかなる軍事施設があり、またその市域の市民はどのような戦時対応が求められたかを研究したのである。

戦争が深まるなかでは抗戦のための軍備は掩体壕や地下壕の構築、通信設備の整備をするのがやっとの実態であった。一方で直接的な戦力となる軍用機の生産は開戦後に漸く、河内地域の三ヵ所の工場が稼働したのが実相である。

さらに大阪の防空のために設けられた防空緑地や防空空地帯が設定され、軍事施設の保全を図るために建物の強制疎開が行われたことも示した。これらが敗戦後の大阪の復興のなかで都市計画に取り入れられ、現在のわたしたちの生活を規定していることも示した。

軍事のための物資を生産した軍需工場は、実は民需品をないがしろにした軍需品生産であり、工場労働の担い手も学業を放棄させられた勤労学徒であった。しかし軍隊が存在しない戦後はその人と技術と資産が戦後の経済的発展に大きな力を発揮したことにも触れた。

また国民義勇隊の制度を紹介し、島田善博氏に役場の戦争を通じて庶民の戦争時代を書いていただいた。

さらに本書では筆者が対象とした河内地域を越えて、大阪府域の戦争と戦争の痕跡について、関係する研究者のみなさんに多角的に述べていただいた。これによってこれまでの大正飛行場をめぐる世界が大きく広がったものと考える。

本書を通じて戦争の時代の生の実相解明に少しは役立ちたいと思う。

日常と地域の戦争遺跡

＊目次

V　おおさかの軍事遺跡と戦争

序「戦争遺跡」に何を語らせるのか

大西進・小林義孝

本書は、陸軍大正飛行場についての調査・研究の成果をまとめた前著『日常の中の戦争遺跡』の続編であり、陸軍大正飛行場と関連のある地域の軍事・戦争遺跡の調査成果を整理し、その意義を整理したものである。

全体の構想をしめす序章にかえて、ＮＰＯ法人摂河泉地域文化研究所の小林義孝氏との対談をここに掲載する。対談は二〇二〇年一月一三日に八尾市立山本コミュニティーセンターで実施した。

小林　二〇一二年に大西進さんの『日常の中の戦争遺跡』（アットワークス）が刊行されました。やお文化協会が発行している『河内どんこう』という季刊の地域雑誌に大西さんが二〇〇六年（平成一八）の七九号から、二〇一二年発行の九七号まで一九回連載された、陸軍大正飛行場と八尾市域における戦争の痕跡についての報告をまとめたものです。

その後、大西さんは八尾から周辺に範囲を広げて調査をされた報告とさらにその歴史的意義を大阪の戦時体制のなかで考えられたことを、やはり『河内どんこう』に掲載されました。そして今回、これらを中心に編集して『日常と地域の戦争遺跡』を刊行することになりました。前著の巻頭に大西さんと小林の対談を置きましたが、続編でも同じように現在の大西さんの思いを語っていただこうと、本日の公開対談を企画しました。

『日常の中の戦争遺跡』以後

まずは、前著『日常の中の戦争遺跡』刊行してから今日にいたる経過を少し整理します。

この本は刊行直後からかなりの反響がありました。ひとつの軍事施設（陸軍大正飛行場）について、地を這うような調査をされて、多角的にこの戦争遺跡の姿を明らかにされたことが大きく評価されたのだと思います。

そしてこの本の刊行をきっかけに河内の戦争遺跡について継続して勉強しようと「河内の戦争遺跡を語る会」が二〇一三年に組織されました。不定期ですが研究会や見学会を開いてきました。本日の会も河内の戦争遺跡を語る会の例会として開催しています。

翌二〇一四年に八尾市の人権文化ふれあい部文化国際課の依頼で、この本をリライトして『戦争の記憶伝えたい平和の大切さ』（八尾市非核・平和都市宣言三〇周年記念誌）を大西さんの編集・執筆で作りました。

続いて二〇一六年、前年が敗戦七〇周年だったんですけれども、一年後れで『大阪春秋』一六三号、特集「軍都おおさか——七一年目の戦争遺跡」の編集のお手伝いをしました。この時の方針は、空襲などの戦争被害に触れずに、大阪の軍隊や軍事施設を中心に構成しようというものでした。

その頃からまた大西さんは、八尾市域から範囲を広げて河内のそれぞれの自治体の戦争遺跡の実態を調べられ、二〇一七年の『河内どんこう』一一二号から連載を再開されました。

二〇一七年には八尾市の市民活動交流基金の助成事業の採択を受けて、陸軍大正飛行場について広く市民の皆さんに知っていただくためにパンフレットを作り、あわせてシンポジウムを企画しました。しかし八尾市に、というよりもこの事業の八尾市の担当者の思惑と違っていたようで、パンフレットの表紙に入れた「平和」の文字をもっと大きくせよ、とか、「軍都」という表現は不適切だ、などいろいろと〈指導でない、という指導〉が入りました。私たちは歴史的事実を市民に知っていただくということを主眼に置いていましたので、ことさら「平和」とか「反戦」とかということを前面に出す必要はないと考えていました。どうしても八尾市の担当者と意見の調整がつかず、助成は返上して、独自にこの事業をやり遂げました。

『陸軍大正飛行場——八尾に残る〝未完の軍都〟の記憶——』（河内の戦争遺跡を語る会、二〇一八年）というパンフレットを刊行し、「都市と軍隊」というシンポジウムを二〇一八年三月三日に八尾駅前のプリズムホールでさせていただきました。そしてシンポジウムの記録を中心に、『地域と軍隊——おおさかの軍事・戦争遺跡』（大西進・小林義孝・河内の戦争遺跡を語る会編、山本書院グラフィックス出版部、二〇一九年）という本を刊行しました。

そして、今回の『日常と地域の戦争遺跡』です。このような経過をたどって出来てきました。

それでは、最初に大西さんからは、なぜ八尾の戦争遺跡、河内の戦争遺跡を調べようと思われたのかという、その辺からお話をお願いしたいと思います。

なぜ戦争遺跡を調べるのか

大西　先の『日常の中の戦争遺跡』をなぜ出版したかということについてまずお話しします。先の戦争について、大本営の発表とか、時の政府の見解とか、中央の動きについての話や、戦地での戦闘の話、そこで戦った兵士の話など、これらを合わせたらこの部屋ぐらいは簡単に埋まるぐらいの資料や刊行された書籍があります。ところが、戦争に関わった内地の個別の地域、八尾なら八尾という地域で戦争の時に何があったのか、を総括的に記したものはほとんどありません。

行政機関が編纂する『市町村史』ではどうなっているか。ほとんどの『市町村史』は戦争の時代のその地域であった出来事について、何があったかは何も書いていない。ローカルなその時その所が伝わっていない。さらに親とか兄弟のことやそれに関連することも書いていません。住民のことについてはほったらかしじゃないかと思います。

垣内の掩体壕――小学生の頃――

そのように考え始めたのには、ふたつの切っ掛けがありました。私は八尾市黒谷で生まれ育ち、今も住んでいます。この近所の垣内というところに戦時の飛行機の防空壕である掩体壕があります。戦後この掩体壕の前を通って小学校に通学していました。ここには戦時に動員されてそれを造った朝鮮半島からの人たちが住んでいました。とにかく生きていくためにここで生活されていたのです。理解できない言葉で甲高い声で話している人たちの前を通って…。これは一体何なんだ、ここにあるものは何だ、なぜこんな状態が起こっているのか。しかしそれについて誰も教えてくれなかった。このことがひとつです。

見えない戦死者――父の姿をたずねる

もう一つは、父親のことです。父親は旧中河内郡南高安村から召集されて外地へ行って、死んで帰ってきた。小さな箱に入った木の札になって帰ってきているんです。そのことについて私にその事情がわかるような説明が「役所」から何もありません。大阪府庁に行くと、戦死者ひとりずつの記録が残っていて、それを見て、兵士としての父親は「公」にはこうなっているんだということが初めて分かりました。私は一八歳ぐらいになってやっと戦場の父親にたどり着いたのです。それまでは遺族としての私に戦死者が「公」の存在として見えませんでした。召集された陸軍少尉殿がですよ。見せなくても役所はやっていける。国家とか行政とかは、〝えげつない〟と感じました。これは素直な感想です。

それでは、戦死した父親と召集した「公」と私の関係に何があるかを調べなければならないと思いました。それが地域の戦争について調べ始めたはじまりです。ちゃんとした書物もないし、誰もそれについて触れることもなかった。それで、私が調べ始めたんです。

戦争遺跡を調べる

書物には頼れないということから、まずは近場の人に尋ねたんです。三〇〇人ぐらいの人に、戦争の時代は何があったのですか、どうでしたか、と問うたんです。大体ひとりについて三時間ぐらいはかかったんじゃないですか。そうして聞き取ったことによって、私の地元、八尾にもいろいろ戦争のときの出来事があり、それについての痕跡がたくさん残っているということが分かりました。そして次にその痕跡を追っかけたんです。それについて知っている人にとにかくお話を聞いて、さらにそれについて文献資料を調べました。

あの戦争のことを書いてある、調べるに足りる根本の書籍はたくさんはありません。この本を読めば分かるというものは十本の指で足ります。その根本は防衛庁が作った『戦史叢書』という一〇四冊の第二次世界大戦について書かれた書籍（防衛庁防衛研修所戦史室編『戦史叢書』 朝雲新聞社）に行き着く。大阪の空襲のことについては大阪府警察局におられた小松という警部補が集めた資料（『大阪空襲に関する警察局資料』Ⅰ・Ⅱ 松原市役所 一九七六・七七年）、これを見ればいい。あと、五、六冊の本があります。これを見ると、もうたいていのことは分かるんです。それと、私が聞き取った話を総合することで、地域の戦争の歴史により近づけたと思います。

戦争の道具としての軍需工場

八尾の戦争と戦争遺跡については『日常の中の戦争遺跡』に書きました。その中で書き漏らしたことがあります。「戦争の道具」としての軍需工場です。あのころの軍需、軍備を支えていたのは軍需工場です。軍需工場の意味は非常に大きいんです。

でも、難しいところがあります。軍需工場は「私」の工場ですからなかなか奥の方にたどり着けないんです。戦後に出されたそれぞれの企業の「社史」の類をほとんど見ましたけれども、やっぱり私企業ですから、戦争中にどういうことをしたのか詳細に書いているものは少ない。それを今回の本では八尾市の軍需工場についても少しは補足できたかと思います。今でも分からないことがいっぱいあります。まあ、それは置いときましょう。

多様な河内の戦争遺跡

八尾については前著と本書の一部で、とにかくたどり着けるところまで行ったんじゃないかなと思っています。それでは次に八尾を中心に、北は四條畷市、大東市、東大阪市。南のほうは柏原市、それから藤井寺市、羽曳野市を調べたんです。八尾と同じく生駒山地の西麓のまちと、八尾の大正飛行場と関係の深い河内のまちについてです。

その調べ方は、やはり軍事、軍備のことと、それから軍需工場のこと。それと、「民」のほうの関係のこと。軍・官・民の「官」というのは役所ですね。役所は戦争のときに戦争を遂行する組織の一部ですから、防空とか軍備についての援助作業をやっています。軍備や避難のための空地帯とか緑地とかを作っています。それから身近なのは疎開です。建物疎開、学童疎開です。

例えば東大阪市では建物疎開はたくさん行っています。この戦時の事業によって現在の東大阪市西部の都市計画はその基本ができたと私は思っています。戦争中の強制的に執行した用地収用を受け継いでいます。それがなかったら東大阪市の姿はもっと違ったものになっていた、と感じます。

現在では考えられないこともたくさんあります。例えば柏原でしたらブドウ酒を戦争中も増産を奨励されていた。ブドウ酒を加工して軍需品を作っていた。

それから、神がかり的なことでは、東大阪には皇紀二六〇〇年（一九四〇）に神武天皇聖蹟顕彰碑を二か所も建てています。これ、全国に一九か所造ったうちの二つです。戦意高揚のためのものです。このような大阪府下東部地域の、戦争の時代を物語るものを記録にしようと目論みました。

もう一つ、戦後のことなんですが、柏原市に戦争によって「浮浪児」となってしまった子どもたちの収容施設が四か所もあったということです。修徳学院というのは御存じではないですか？　鐘の鳴る丘。あの修徳学院を含めて四か所もありました。どうして柏原市にこんなに多いのかと、後で調べて分かったこともあります。

いずれにしても、戦後のことまで少しは触れていきたい。そうして河内の全域の戦争の時代を、戦争遺跡を中心に記録にしたい思いました。人々の間で知られているもことが多いのですが、意外にこれらが記録されていない。これらを資料化することのお手伝いが少しはできたかと思っています。

平和を求めて、戦争を知る

もう一つの大きなことは、平和運動ということになるんです。戦争の時代という歴史を知って、それを人に伝えることで「戦争」を知ってもらいたいと思っているんです。これは私の持論なんですが、子供に平和教育するのに「平和」を教えるといっても教えようがないんです。平和というものが分からない。憲法にだって「平和とは何か」という定義は書いていない。平和を知ってもらうために、私は戦争の時代を知ってほしい。

戦争の時代を知ってもらうのにどんな方法があるかというと、日常生活の中に戦争の痕跡があって、現物を見たり、手で触れたり、それについて聞いたりしたら、戦争の時代を感じられる。そこが大事です。私が調べたことを文章化するのも、戦争遺跡について述べるのも、それを子どもたちが追体験してくれたらという思いからです。そして戦争について分かれば、その対極の平和を分かってくれるだろうと思っています。それこそが平和運動になると思います。その伝える方法に出版という方法もあるだろうと思っています。また、今日のようなお話をさせていただような場も大切にしたいと思っています。

真剣に聞いて、やっぱり書いたもので伝えたい。皆さんの中にいろいろもっと貴重な話がまだまだあるんですよね。あるんですけど、それをしゃべったりすることがしにくかった時代が長く続いたんです。皆さんの内に隠されていたままだと伝わらないと思います。

地域の戦争、地域の人々の戦争

日常の中の戦争遺跡

小林　『日常の中の戦争遺跡』の編集の目論見を理解いただくために、そのタイトルに決めた経過についてお話します。

当初の大西さんの案は『八尾の戦争遺跡の本』でした。そうすると八尾という地域の戦争遺跡の本になってしまうので、八尾の人しか手に取っていただけないのではと思いました。この本を出版したアットワークスという出版社の社長の塩見誠さんと大西さんと私の三人で相談した結果が『日常の中の戦争遺跡』でした。これには二つの意味を含ませました。ひとつは当時の人々の日常は、どんな局面においても戦争で覆われていたという意味での〈日常だった戦争〉、もうひとつが現在でも丁寧に見渡したら日常の中に、私たちの〈日々の生活の場の中に戦争の痕跡〉というのが見つかるんだと、この二つの意味をかけてタイトルを決めました。そしてこのタイトルにすることによって、八尾のローカルな問題を、ひとつのケーススタディーとして普遍化することを目指しました。そしてこの本は日本全国に飛んでいってくれたようです。

このような編集するものの意図とは別に、陸軍大正飛行場の存在が大きく、その姿と歴史的意義がこの本のなかで明確になったことからも『日常の中の戦争遺跡』が広く受け入れられたと思います。

「市町村史」にみる地域の戦争

大西さんは八尾を中心に河内の各地域を回られて、戦争の痕跡について収集されてきました。それを通観させていただきますと、たいへん大きく戦争に関わった地域と、さほどそうでもない地域というのがあるなと感じています。『地域と軍隊』の発刊記念の会を大東市でおこなったときに、大西さんが大阪府内の「市町村史」の近代編の中で戦争の記述に何頁ぐらい当てられ、それが全体のどのぐらいの割合を示しているか、ということをお話しされました。

ちなみに、『新修大阪市史』の近代の巻（第七・八・九巻）の中で明治以降の歴史で戦争に対しての記述は一四％だそうです。これに対して私が住んでいる大東市の『大東市史』（近現代編）では四％で、戦争についての一般的記述を除いて個別の地域の戦争について書かれているのは一％にすぎないと大西さんは指摘されました。

市史編纂事業のなかで大阪市は真面目に戦争に対応していて、大東市はそうじゃないんだということが、「市町村史」の頁数に反映している、そういう流れの中での発言かと思います。しかし「市町村史」に占める戦争についての記述の量が、ある意味その地域と戦争との関わりのあり方をそれなりに示しているのでは、と私は思います。

大阪市というのは、西日本における中心で、明治の初めに鎮台が置かれてから軍都として機能しており、その周りに砲兵工廠が造られる。さらにもう一つは、軍事施設ではないですけれども、船場など日本の資本主義の中心地であり、米軍の攻撃の対象になり大空襲を受けています。一四％というのは大阪市の近代の歴史の中で軍事と戦争に関わるものとして真っ当な数字であると思います。

四％の大東市域の戦争

大東の四％はどうかというと、近代を通じて軍事施設ってほとんどないのです。戦争が押し詰まった時期に松下飛行機や松下無線機の工場が造られるだけです。現在のパナソニックの前身の松下飛行機という会社が海軍の命でつくられた。ＪＲ学研都市線住道駅の南西方に大きな工場が造られた。当然そこは空襲も受けたりするわけです。それからもう一つ、寺川という現在の大阪産業大学の辺りにやっぱり松下の無線工場が造られるわけです。非常に性能のいい通信機を作っていたんです。

大東市域における空襲の被害も、松下飛行機などを狙ったものの「流れ弾」に当った程度だと思います。地域の人々と戦争との関わりでは、敗戦直前に大阪市内から疎開してきた人々の疎開を住道の駅の周辺の民家で受け入れていたということがあったようです。それから、山麓のお寺では学童疎開の子どもを受け入れている。飯盛山の麓に物資を隠す防空壕も造られますが、大東という地域と戦争は大阪市内と比べたらまったく顕著ではありません。大東では市史の中で四％を占めるだけというのは理解しやすいと思います。

言い換えますと戦争と大きく関わった地域と、決してそうではない地域というものもあり、大東は後者の方かと思います。

地域の人々の戦争

これまで述べたのは地域の戦争だったんですけど、次は地域の人々の戦争はどうかという問題です。地域の人たちは召集されて、中国とか南方でたくさん戦死しています。基本的には、二十歳代の若い人が多数亡くなるという事態は、地域の問題として、家の問題としてはすごく大きい。地域の歴史の中で、その地域の軍備や戦争とともに、地域の人々の戦争という視点ももたねばなりません。

大東の龍間という、阪奈国道が突っ切る飯盛山中の集落ですが、そこに樋口清春さんという郷土史家がおられて、龍間という地域についていろんな研究をされています。そのひとつに龍間の村の戦争をまとめられた『龍間戦争記』という分厚い本を作り自費出版されています。大西さんにその本について、最近教えていただき市立図書館で見て驚きました。こんな本を知らなくて本当に不明を恥じます。

その本には龍間の村の出身の方が軍隊と関わった記録が網羅的に載せられています。戦病死したのがどこの場所でということ。それから、帰還された人の軍歴なども克明に記されています。それから村の隣組や農作物の作付の記録からそれぞれの家の様子を知ることができます。さらに村の方々の戦争体験の聞き取りがたくさん載せられています。夫を戦争で亡くした奥さんの体験談には、夫の死後の子育てや生活の状況が綴られています。戦場でなくなった村人、残された家族の戦中・戦後や、戦争で被害を受けた家族の歴史を多角的に読み取ることができる貴重な史料です。

大西さんも戦死されたお父さんについて、その戦死の状況を知ろうとすることが、戦争の痕跡を調査・研究される切っ掛けだったと言われています。さらにそれにお母さんやご家族の戦中・戦後をからめれば大西家の戦争の歴史になると思います。

この大西さんが今回まとめられる『日常と地域の戦争遺跡』でも、やっぱりまだそういう村の人たちの記録というところにはまだ届いていないなと思います。

地域ごとの戦争の歴史

それからもうひとつ、東大阪についての記述を見ていまして、現在の東大阪市は、一九六七年（昭和四二）に布施市、河内市、枚岡市の三つが合併してできます。戦時中は布施市、枚岡町と戦後に河内市となる町村でした。この布施、河内、枚岡の地域それぞれが戦争や軍事との関わりが違っています。

建物疎開なんかさせられたのは布施です。布施の町は大阪砲兵工廠の下請企業、さらにその下の孫請の工場、さらにその下の家内工業のような家、そのようなものが広がっており、米軍が空襲するときに民家も工場だとして空襲したといわれますが、布施の西側辺りというのは大阪市域の一四％の戦争の被害の一部を構成していると思います。それに対して枚岡はそういう戦争被害はないです。

地域の戦争は誰が書かねばならないか

「市町村史」に描かれた戦争

大西　『河内四条史』というのがあるんですけど、大東市の一部を構成している四条村、この四条村の歴史の記述は、戦争との関わりが頁数に比例している、という意味とは全く違っています。徴兵されたり、復員してきたりした人など、戦争の時代に登場する人に注目し、さらに銃後にいる人々、普通の民間の人についてや、その人の造った防空壕のことなんかもよく書かれています。いわば民衆の眼を通して見た戦争、徴兵された人のあり方なんかもちゃんと描かれています。

小林さんの話をちょっと横取りしますけど、「市町村史」に戦争についての記述が何％あるかということをもう少し正確に申します。明治初年から現在に至るまでの記述の頁数に対して、太平洋戦争の四年間の記述が何％あるかということを言うてるんです。それが最も多いのがやっぱり『新修大阪市史』なんです。大阪市は戦争の被害が多かった。ほとんど焦土になったわけで、被害が多いから頁数が多い。当たり前です。絶対量から言っても八二八頁を越えています。

じゃあ、その次にどこが多いかといったら『藤井寺市史』が多いんです。これも一四％占めています。藤井寺市域の戦争遺跡というのはあまり目立ったものはありません。しかし、その住民の銃後の暮らしも、前線に出て戦った兵士のことも綿密に調べています。綿密に調べて、公式に言われていることとの違いもきちっと整理しています。つまり『藤井寺市史』を編集して執筆した人がこのような内容の記述をしようという気持があったからできる。いわば住民目線で描いています。できないのは私はさぼっていると思います。

八尾市と柏原市の「市史」は最低の三％です。書く気がなかったとはっきり私は思っています。つまり、「市史」を書くときに、私は一七年かけて調べましたが、「市史」では一七年かけたかといえば、絶対そんなことはないです。太古の時代から現在までのことを書いているんですから。近現代の歴史の部分は少ない部分を書くのにどれだけのエネルギーを注力したか。通り一遍の記事を書いていると私は思うんです。

町村合併があり、その前身の町村、つまり八尾町が現在の八尾市の中心なら、私が住んでいる黒谷が属した中河内郡南高安村は「僻地」です。僻地の村役場の二階かどこかにしまい込まれていた戦争中の記録なんかを誰が見に行きますか。いつの間にか忘れられてしまう。そんな資料を調べる時間も予算もなかった。歴史を書く限りは現代まで書かなあかん。だから政府の発表をそのままそっくり書いてあるだけです。三％の中身はそれですよ。

私、冒頭に言いましたが、多くの「市町村史」を見てみて、がっかりするばかりだと。どれもローカルなその時の状況を書いていないのです。中学の教科書に書いてあるような一般的な社会、経済、軍事の状況なんて別に「市史」に載せる必要はないんです。実際に体験した人に聞き取りをして、住民目線で描く、それは大変なことなんです。

「市史」に現代の歴史まで書くなら、きちんと予算もつけて、人も配置して、一生懸命お蔵入りになっている史料を開いて、さまざまな文献を調べて、ちゃんとした内容の戦争をきちっと書いてほしい。

市民が記すまちの歴史

小林　私はちょっと大西さんとは意見が違っています。私も二〇一九年三月まで地方自治体の文化財の専門職員だったんです。しかし私はあまり行政に依拠したいとは思いません。民間で大西さんが『日常の中の戦争遺跡』やその続編を、市民の立場で調べ上げたということがすごく尊いと思います。大西さんの発言の強さというのは、目に見える形の実績であるからで、「俺はもうとことん八尾の戦争を調べ上げたんやで、おまえら何してんや」と言うことのできるのが大西さんのお仕事の重さだと思います。

大西さんほどの実績もなくて、「市町村史」を開いて、「なんやこの「市史」、何も書いてないやんか」と言う、それはちょっと違うと思います。私たち市民は力の及ぶ範囲で、いろんなことを調査し勉強して、その成果を講演会やシンポジウム、書籍の刊行などいろいろな形で市民の皆さんに示し、その価値を知ってもらう。市民もまちの今と未来を考えて主体的に考える。その一環として地域の歴史を学ぶ。行政は貴重な歴史遺産を指定し保存したり、まちの歴史を総括するために時々に「都道府県史」「市町村史」を編纂する。市民もできることをして、行政もやるべきことをする、このことが大切だと思います。

現在、八尾市で新しい「市史」をお作りのようですけれども、大西さんの本を抜きにして近代の歴史は描くことはできないと思います。大西さんが戦争の痕跡を調べ上げることで、そういう影響を与えられたと思います。

戦争の記憶を伝える

『戦争の記憶』の刊行

大西　八尾市の悪口ばかり言っているわけじゃありません。いいこともやってまして、『戦争の記憶――伝えたい平和の大切さ』(八尾市非核・平和都市宣言三〇周年記念誌)という五〇頁ほどの冊子、これは八尾市が作ったのです。これは八尾市にある戦争遺跡をあるがままに書いているんです。これは地方自治体が出している書物にしては非常に珍しくいい本です。五〇〇円で今でも情報公開室で売っています。市が出すものにしてはよく売れているようです。

というのは、私が言う『八尾市史』というのは昭和五八年（一九八三）にできたのです。この冊子を出してくれたのは平成二九年（二〇一七）です。これを作成する前史がありまして、八尾市が主催する戦争遺跡の見学会で案内人をさせてもらってます。平成二六年（二〇一四）からです。市がバスを出して見学します。実質的には戦争を考え、平和を考える施策の一環で、市も積極的に取り組んでいてくれます。私がしてきたことが少しは影響があったかな、と思っています。

私は戦争遺跡保存全国ネットワークという全国組織に入っています。そこで、どこの市町村がどれだけ戦争遺跡の保存などに熱心かどうか分かるんですけど、ここまでの出版物を出しているところは少ないです。このようなものを出しているのはたいてい地域の郷土史家とか、平和運動団体がほとんどです。行政が出しているというのはほとんどありません。

硬直した平和教育

小林　私はこの『戦争の記憶』という冊子に少しならず不満があるんです。大西さんの『日常の中の戦争遺跡』を基本的にリライトして作った本です。元の本は大西さんの立場でまとめられた、すごく筋の通った本なんです。しかし『戦争の記憶』の方は、行政の立場で、いろいろな考え方と立場の市民を受け手にしています。その点で内容も編集にも限界があります。

さらにこの本の作成を所管していたのは人権文化ふれあい部文化国際課ですが、八尾市の関係する部局の方々にも意見を聞くためにプレゼンテーションをしました。市立の小学校、中学校にも配布して教材としても使ってもらおうとされていたために教育委員会の指導主事の先生の意見も聞きました。プレゼンの段階の原稿では、陸軍大正飛行場に配置されていた陸軍の戦闘機のイラストを載せていました。そうしましたら、指導主事の先生からは戦闘機のイラストは削除するように、という指導があったんです。どうして取らないといけないかというと、美しい戦闘機のイラストを載せたら、子供たちが兵器って、さらには戦争っていいもんだと思ってしまったら問題だ、ということでした。私はその意見を聞いて唖然としました。本当にずれているな、と思いました。

要するに、戦争というのは、苦しくて汚くて暗くて悲惨なものでないといけない、そういうステレオタイプの発想で発言されている。確かに戦争はそういう面も多々あります。しかし兵器というのは近代の科学技術の精華なわけです。そういう科学技術が戦争という形、兵器という形になってしまったことを考えなければいけない。兵器がきれいではだめで、薄汚れていた飛行機なら、悲惨な兵器だったらいい、という議論はナンセンスであると思います。そのとき思ったのは、これが八尾市の平和教育の、ある意味実態かなと。それを指導しておられる指導主事の先生が公的な場でそのように発言されるのですから。

『戦争の記憶』という冊子は、その点がひとつの限界であると思っています。また、市民が受けた戦争の被害についても載せられています。ここで空襲をこんなに受けました、とかというう、ある意味ありきたりの体験談です。どうしてその場所が空襲を受けなければならなかったのかという掘り下げがありません。

大西さんが言われるとおり、八尾市が初めてこういう冊子を作られたということは私も評価しています。

しかし市民が、大西さんが自由な立場で作る『日常の中の戦争遺跡』とは根本的に立場の違いがある、限界があるなということを思いました。すみません、批判的で。

国民ひとりひとりの戦争

大西　私、かねてから思ってるんですけれども、戦争を何かスクリーンの向こう側のこととして見ているような感じがします。私の親の時代、七七年前は軍隊が隣にいたんですよ。父親であり、兄である人間が軍人であり兵士であったんですよ。国民皆兵ですからね。終戦のときは陸軍が五五〇万人、海軍が一七〇万人、合わせて七二〇万人の人々が、家庭であれば親、兄弟が軍人だった。戦争が身近にあったので、それが当たり前だったんですね。今、そんなことを知らない人、感じられない人が八割を超えているそうです。

そういう時代に私は戦争のことを描こうという、意識をいつも持っているんですけど、描き切れないんです。そのことが『日常の中の戦争』という、自分で決めた言葉となかなかフィットしない。本当に戦争を描くということは、そのあたりがちゃんと整理できて描けたら、戦争が分かったことに、平和が分かったことになるのかなと思っているんですね。

大佛次郎と国民義勇隊

今回の本の中でも少し取り上げたんですが、大佛次郎という小説家がいます。『鞍馬天狗』『赤穂浪士』を書いた国民作家です。この人が『敗戦日記』という本を書いています。この本で「国民義勇隊」について書いています。国民義勇隊というのは、戦場に行っていない、男でも女でも普通の働き盛りの人はみんな国民義勇隊に入れられたんです。その数は二八〇〇万人。当時の人口が八〇〇〇万人ぐらいですから、そのうちの壮年の男女がすべて隊員になっているんです。ところが、私がその年代の人に話を聞いても、本人は意識していません。「あんた、国民義勇隊の一人の兵士やったんやで」と言っても、「そんなんあったかな」ってなもんです。短い期間でしたけど、あったんです。昭和二〇年六月に法が施行されて、終戦までの間はみんな国民義勇隊員。意識はありますかと言うたら、あれへん。それで戦争をしていたんですね。

つまり、戦争って、何かうまく説明できないですけど、異常な部分が必ずあって、それを小林さんがおっしゃるように悲惨やとか悲劇やと言うたら、何か一見分かるような気がするんですけど、そうじゃなくて、戦時の日常生活を営みながらも自分自身が戦争の中にいたんだ、ということが言えるんです。大佛次郎氏の『敗戦日記』では国民義勇隊に入っての体験やら、感想やら、義憤までのことを大佛自身が書いています。それを読むことでもって私は納得したんです。皆さんにも国民義勇隊の実態をお伝えしようと、今回の本でもくろんでいるんです。これはこの本で最もおもしろい部分だと思います。

戦争遺跡は「負の文化財」か？

「戦争遺跡」とは

小林　今回の本を作るお手伝いして私自身の認識が大きく変わったのが、「戦争遺跡」という言葉についてです。実は軍事遺跡という言葉はだめだという人がいるんです。戦争遺跡でないとだめだ。それはどういうところから出てきたかということを、『地域と軍隊』の中で「「悲惨」というイメージで戦争のすべてが語れるのか」という文章を書きました。
最初に戦争遺跡の分類をされたのは二〇数年前、名古屋の見晴台考古資料館の伊藤厚史さんが「負の文化財」というタイトルの論文（「負の文化財――戦争遺跡の重要性――」『文化財学論集』一九九四年）で戦争遺跡の分類をされました。つい最近まで戦争の痕跡は負の文化財だと私も思い込んできたんです。しかし改めて考えてみると、歴史学とか考古学という学問で概念や用語を規定するときに、「負」とか「正」とかという価値を前提にしてしまうのはどうかなということに気付きました。負でも正でもなく、戦争に関わった遺跡でいいわけです。

さらに戦争遺跡という言葉がどこから出てきたかというと、実は平和教育をされている学校の先生がつくられた言葉で、平和教育、平和運動の中で戦争遺跡というものがクローズアップされてきました。そして軍事という言葉をどこか忌避されるんです。防衛庁の戦史室の人たちが使う軍事とか軍事遺跡とかという言葉は、やっぱり平和を守る立場とはずれているんだというような発言をされる。そこでも歴史の研究に所与の価値観が入り込んでいるなと思うわけです。だから、一度、正も負もなく、現実の事実として、資料として戦争の痕跡をどのように活用するかが先じゃないのかなとかと思います。それで最近私は「軍事・戦争遺跡」という用語がよいのではないかと考えています。

近代の歴史と軍事遺跡

軍事遺跡というのは、明治の初め近代国家の軍隊が成立していろんなものがつくられた遺物です。師団司令部もあるし、参謀本部もあるし、陸軍省もあるし、非常に多様なものが軍の装置としてつくられます。それから、実際に戦争に向かって造られるもの、例えば国土を防衛するための、この陸軍大正飛行場もそうですし、それから高射砲陣地とか、いろいろな軍事の遺跡があります。それから、現実に戦闘した遺跡もあると思うんです。その辺を一緒にしてしまうのはどうかと思います。

高校の教師を長く勤められた森田俊彦さんの『大阪戦争モノ語り』（清風堂書店　二〇一五年）という本の第三章「戦争をすすめるために」では、「戦争をすすめるためにつくられた施設」として「戦争を指導し、徴集した兵士たちをたたかわせるための司令部の庁舎や、兵器を製造する大軍事工場である砲兵工廠の施設、国内で最初で設置された大きな軍用墓地」などは「大阪城とその周辺に建設された多くの軍事施設のうちのほんの一部分にすぎませんが、軍部がどのように戦争をすすめたかを教えてくれます」と記されています。しかし第四師団司令部や大阪砲兵工廠を戦争するための装置というように位置づけるだけでよいのかな、と思ってしまいます。日本の近代国家において軍事とはなにかをもう少し深く考えなければならないと思います。

文献史学、近代の軍事史の研究をされている一橋大学の吉田裕先生の著作（『現代歴史学と軍事史研究』ほか）をみますと、軍事ということをきちんと真正面に受け止められています。しかし戦争の考古学（戦跡考古学）の方は軍事というのをあまりまともに受け止めていないのではと思います。

二〇二〇年度の日本の国家予算のうちで、国防予算というのは六兆円弱ぐらいです。国家予算の六％ぐらいが通常の年度の軍事に関する経費となっている。ただ、軍事と民需って境目が曖昧になってきているので、どこまでそれが正確な数字かはともかくですけど、アジア太平洋戦争の最後の頃には国家予算のかなりの部分が軍事費でした。そういう意味では、日本の近代の歴史というのは全ての産業が軍事に、軍需に指向してしまって世の中が動いてきたという歴史があるわけです。それを戦後はうまく民需に転換できたという。だから、その辺がやはり戦争と社会の問題を考えるときに重要ではないのかなということを思います。

近代における軍隊

もう一つ、よくこれは言われるんですけども、軍隊というのは国民にとって平等な組織、軍隊の中はすごく過酷であることも確かですけれども、貧農の子が軍隊ではみな米の飯が食える、そして軍隊できちんと務め上げたらある程度出世できるという、そういう社会的な機能も持っていたと思うんです。それがいいか悪いかというのはともかく。だから、日本の近代社会の中で軍事とか軍需ということを真正面に考えていかないと、やっぱり正しい歴史の認識というのは生まれてこないと思います。軍事施設の遺跡を見て「戦争するための道具」という非常に底の浅い見方をしていても日本の近代の歴史は分からないのではないかと思います。現在の戦争遺跡の分類を私なりに組み立て直してみたいなと思っています（本書V‐1参照）。

勝った戦争、負けた戦争

今ここでお話したような内容を市民も広く参加されている研究会で報告しましたら、「おまえな、戦争の悲惨さを分かっていないやろ」と叱られました。でもその思いは変わっていません。さらにもう一つ踏み込むと、本当に戦前の人たちが戦争を嫌いだったかどうかということも思ったりするわけです。負けた戦争は嫌だったんですね。でも、勝った戦争は提灯行列をしていたという厳然たる事実もあるわけです。だから、私は提灯行列した場所というのも一つの戦争遺跡じゃないのかなと思っています。

戦争で負けて悲惨な思いをしたから戦争はだめじゃなくて、もっと根本的に軍事というものが近代社会の中にどういう意味があって、あんな戦争になってしまったんかということをきちんと考えていかなければならない、と思います。ちょっと口幅ったい話になってしまいましたけど。

戦争遺跡の保存

大西　今おっしゃられたように、戦争遺跡を専門に扱っている戦争遺跡保存全国ネットワークでも定義が曖昧だといわれています。皆さんのお手元に配りました「戦争遺跡　全数調査六件」という見出しの新聞のコピー、二〇一九年の一二月八日付の『毎日新聞』の夕刊です。

戦争遺跡について「統一的な定義」はないとしたうえで、この記事では、それぞれの都道府県にある、それぞれの都道府県で戦争遺跡とするものを調査する、管内の市町村を使って調べる事業の進展状況を整理しています。すでに実施したのは六つ、七つの府県しかないんです。これから調査をしますというのが四一都道府県。これはいまだ調べ切っていませんと言っているんです。要するに、ほったらかしてきた、ということです。

なぜ、今の時期に戦争遺跡があれこれ言われ始めたかと言いますと、消えてしまうからなんです。今じゃないとできません。自治体も危機感を持ちはじめています。
たとえば福岡県の場合、福岡県が戦争遺跡とした遺跡の数と、市町村や市民団体が戦争遺跡としているものの数が二桁違うというんです。これは統一的な「戦争遺跡」の定義が存在していないからだと思います。戦争遺跡の保存も市民の声の大きいところから進んでいます。これが現実です。声が大きくて、これがこの市町村、この府県にとって戦争遺跡だという定義をつくって、それで頑張ったところがおのずから「戦争遺跡」として指定・登録されている。

指定され保存されることとなった「戦争遺跡」をあげます。二〇一九年七月末現在で二九六件あるんです。毎年二〇件ずつぐらい増えています。国指定は三九件、都道府県指定が一八件、市区町村指定が一三二件、国の登録文化財八九件、市区町村登録文化財が一二件、北海道資産・市民文化資産が六件。圧倒的に市町村レベルの指定・登録のものが多いんですね。

私がかねてから言ってますが、現在の陸上自衛隊八尾駐屯地（かつての陸軍大正飛行場）中の飛行二四六戦隊の戦闘指揮所も垣内の掩体壕もいまだ指定されていません。しかし市民が大きな声をあげれば指定・保存への道が開けると思っています。

陸軍大正飛行場軍事・戦争遺跡群

小林　大西さんはこれだけ八尾の戦争遺跡を調べ上げておられるんですから、陸軍大正飛行場の戦闘指揮所の建物と掩体壕の保存を訴えるだけじゃなくて、体系的に陸軍大正飛行場を理解する遺跡群という形で市民の立場で選定したらいいんじゃないですか、大西さんとここにいる皆さんといっしょに。

大西　ぜひお願いします。

小林　市民はこう思っているという声をやっぱり行政に向けたほうがいいんじゃないかと思います。「行政がやっていないのは不真面目だ」という主張をするだけでは市民としては不十分だと思います。市民にできることはどんどんしなければ、というのが私の立場です。

大西進さんの三つの課題

そういう軍事施設なども組み込まれるんですけど、大西さんのこれまで調査されてきたことを見渡しまして、三つぐらいにまとめていただきたいということがあります。一つ目は大阪、軍都と資本主義の中心である大大阪を守るため、防空のための軍事施設がこの地域には配置されていたということです。この地域を守るんではなくて、大阪を守るためのそういう軍事施設が配置されていた。防空の施設が配置されていた。このことが一つ目です。

それによって造り上げげられたいろんな軍事施設などが、戦後の都市計画に非常に大きな影響を持ったということ。それが二つ目。

それから、八尾だけではなくて、先ほどから言われている松下飛行機の問題もそうですけど、河内にあった民間の工場が軍需工場としてどういうふうに使われ、それがまた戦後どういうふうに発展していったのかということ。これが三つ目です。

以上のような三つの点の概要を少しお話いただければと思います。

大阪の防空体制

大西　大阪府域東部の防空体制はというと、大阪市域を守るための防空の装備は大阪市を中心に同心円、半月形に配置されているんです。非常に形よくできています。

地上兵力の高射砲があったのが、今津西、北にあがると鶴見緑地の中にあったんですね。南へ来ると巽があって、そしてその次は大泉にあったんです。つまり、同心円が構成されているんです。それと軍事基地としての陸軍大正飛行場を守るために独立高射砲がありました。その高射砲をサポートするためには、一つの高射砲について四、五か所ほどの照空隊がいたんですね。その照空隊は、大体取り巻くようにできていますね。さらに、生駒山脈を越えた向こう側、奈良県の平群町、三郷町、それから、今度は逆に山を越えて八尾の恩智に聴音隊というのがいたんですね。こういう軍の防空装備ができていました。

当然迎え撃って敵機をやっつけるというのが飛行機です。内地での防空は陸軍の担当です。飛行場は、陸軍大正飛行場を中心に存在したんです。伊丹にあったんですね。伊丹も、この半円形を少し延ばしていけば伊丹に行きます。そのように飛行場を配置していた。盾津飛行場は、それの補助の飛行場として存在したんです。

防空の軍事施設と戦後の都市計画

このように大阪市を防空するための軍備が整備されて、一方で都市計画の整備も行われていました。現在の中央環状線のところに防空空地帯というのができていました。その空地帯のところどころ、鶴見緑地、それから久宝寺緑地、大泉緑地というのがまたそれにぶら下がっていました。それが大阪府が実施した防空装備です。これも同心円的にあるんです。それを戦後利用して、大阪府が空地帯、「河内空地帯」のところを中央環状線として道路としました。建築規制を長い間かけといて、それを都市計画で緑地地域にして、落ち着いてきたら「十大放射三環状」という大阪府の幹線道路の整備計画のメインである中央環状線に転用します。鮮やかですね。元をただせば強制的に建築禁止をした河内空地帯そのものです。

つまり、戦争中の「光と影」、これもうまく戦争中の強制執行、あるいは悲劇も生みながらの国や軍の強制力を戦後の行政官がうまく利用している。これがなかったら大阪中央環状線もできません。

大正飛行場と戦後の工業団地

小林　ちょっといいですか。今の大西さんのお話に関連して、『地域と軍隊』の中で小田康徳先生が、次のように書かれていました。大阪だけじゃなくて日本中どこでも敗戦間際にいろんな軍事施設を強制的に造ろうと用地をどんどん軍が集積するわけです。それが戦後、高度経済成長のときのコンビナートの用地になったり、大工場の用地になったり、それから学校とか大学とか公共施設の用地になったりした。そういう意味では、戦争の中で軍が集積したものが戦後の日本社会を構築する上で重要な要素になったといわれています(小田康徳「地域と軍隊」)。それは全てが別にプラスではないんですけれども、そういうことを小田先生がお書きですので、ちょっと併せて。今の大西さんのお話はそれの河内版かなと思うんですけれども。

大西　戦争中の防空構想に基づいたものが戦後の都市計画のなかで大いに利用されています。身近なことで言いますと、陸軍大正飛行場は周囲を水濠で取り巻いているんです。延長一一キロメートルの周囲をすべて水濠で取り囲んでいるんです。軍の飛行場は要塞ですから守らなきゃならない。そのために幅が広い水濠を造ったわけです。戦後、水濠の幅の三分の二を道路にして、残りの三分の一をコンクリート張りの水路にしました。その道路部分が現在も都市計画道路で、それがあるからこそ上下水道を引くことができて、そして現在の工業団地の幹線道路になっているんです。

現在の八尾空港は、陸軍大正飛行場の三分の一の面積です。残りの三分の二はどうなっているかというと、ほとんどが工業団地と住宅の用地になっているんですね。八尾市の戦後の機械金属工業はここを起爆剤にしているんです。飛行場の用地は元の地主に戻ったけども、食糧増産の時代が終わったら、工業団地とすることになった。飛行場の水濠を幹線道路にさっと造り替えて、区画街路は古代の条里制の跡のあぜ道を利用した。非常に簡単に工業団地とすることができた。それが八尾の現在の発展の原点です。

建物疎開と戦後の都市計画

先ほど述べた中央環状線は空地帯指定地を利用し、緑地にしても規模はだいぶ縮小していますが、戦時の遺産を引き継いでいます。

近場では、布施の都市計画ですね。布施から河内小阪の間、布施から俊徳道の間、この辺りにある都市計画道路とか駅前広場、これらは戦争のときに空襲を避けるために交通疎開、駅前広場疎開などの疎開事業を強制的に行いました。その結果として、現在の駅前広場もあり、それにつながる道路も整備されました。もしその戦争のときの強制疎開がなかったら、なかなかこうはいきません。

これも戦争のときに、大阪砲兵工廠から下請けの工場がどんどん東へ広がってきて、それに対応するために布施の高井田辺りに区画整理が行われて、随分軍需工場の下請けの部品工場が集積しました。それを守るために周辺にある木造の一般住居を全部取っ払うんです。それが疎開なんです。つまり、軍需工場を生かすために周辺の木造の一般住居を取り除くというのが疎開のもつ意味なんです。

交通疎開というのも、鉄道の交通を確保するために沿線の両側を疎開させるのが交通疎開。駅前広場を造るための駅前疎開というわけです。

戦争を継続し、かつ軍備を守り、軍需工場を守るために疎開ということを行いました。それが今になって生きているということが、布施辺りでは顕著に見られます。

八尾では表町と近鉄の旧八尾駅前で強制疎開がありました。ここも幅の広い道路になっています。昔は二間幅の道路だったんです。それを防災のために、延焼防止のために火除地を造って空地帯として、強制疎開しました。戦後に都市計画で道路としました。

河内の飛行機工場

戦争が始まってから後、飛行機工場をばたばたと三か所も造っています。大東の松下飛行機では、木製の機体の飛行機を造っていました。布施の高井田には川西航空機の部分品の工場ができています。これも戦争中にできている。さらに大阪市平野区喜連のところに大阪金属工業大和川製作所という、これは屠龍という陸軍の戦闘機を造っている工場が、戦争が始まった後にできています。

これらの工場は現在どうなっているかと言いますと、松下飛行機の工場は、飛行機生産は無論やめて、基本的には先年買収された三洋電機の工場になっていました。それから、川西航空機は明和機械工業所と名を変えて民生品の生産などをしていましたが、昭和三五年（一九六〇）に新明和工業に統合されて移転しました。大阪金属工業は、飛行機工場が操業中止をしたら、元の地主に戻すという約束をしており、戦後すぐに地主に土地が返されて農地に戻りました。今は大阪市営や大阪府営の高層住宅団地になっています。最も重要な兵器であった飛行機を造る工場が、この狭い中河内に三か所も戦争中に急にできて、戦争が終わったらすぐやめている。大変興味深いことと思います。

大西さんへの質問

小林　まだもう少し時間がありますので、大西さんに対する御質問とか、何か、こんなこと知っているということがありましたら、ちょっとお話しいただけたらと思うんですけど、どなたかございませんでしょうか。

「白地に赤く　日の丸とカッポウ着」

坂手日登美　大変厚かましいんですけれども、中学校のときから大西さんの同級生だったものですから、この戦争の遺跡の話は、前からいろいろ聞かせていただいて、今日お願いしたいこともあって来ました。大西さんが今度出される予定の『日常と地域の戦争遺跡』に関わり、憲法九条という物差しで歴史を見る問題とか、地域の人々が戦った戦争とかということに関わるものとして少しだけお話しできたらと思っています。

戦死者の遺骨を乗せて海外から日本へ持って帰った「遺骨英霊船」という船があります。このあいだ、新聞に載っていたのですが、私の父が満州で戦死をして、その英霊船というので遺骨を日本へ持って帰ったんですね。私はその船に乗った覚えがあって、そのまま靖国神社へ連れていかれて、靖国神社の参道を遺族として行進した記憶があります。それは戦争にいって頑張って戦ったら、死んでからこの靖国神社に祀られるから安心して戦争に行きなさいと、国がそういう政策を立てて、どうもそういうことを積極的にイメージをつくるために利用して、そういう運動をしたらしいんですね。その英霊船の記事を見て、はっとそれを思い出しまして、私はそういう世代なんだと。

私は、実は地元の八尾高校の在学中演劇をやっていまして、卒業後同窓生たちと一緒に、先輩も後輩もいるんですが、今までずっと演劇をやってきました。最近、友達が、「あんた何でそんな戦争の問題ばかりする演劇やんねん」と。「おもしろい話、笑う話も男と女の話も、じいちゃんとばあちゃんの話もあるのに、「何で戦争ばかりすんねん」大西さんがずっとこの長い間頑張って戦争の遺跡を調査してこういう活動をしてきはるのに大変勇気をもらいまして、私かてもうあと一年働けるかどうか分からへんねんから、やっぱり終わるまで戦争反対という意志を貫かなあかんかなという思いで今日は来ました。

それから、ひとつだけお願いしたいのは、戦争の遺跡で人的被害の問題なんですけど、石切にずっと昔から私の先祖のお墓があるんですが、日清戦争、日露戦争からの戦没者の名前を全部刻んだ碑があるんですね。あれを見ていて、人口に対してどれぐらいの割合で徴兵が来たのかと。その数字が全体にもっと、私は今まで注意して見ていなかったんで、改めて見ていたら、えらい多いんですね。今回の第二次世界大戦はもちろんなんですけど、その碑を、全人口の何ぼの中で、日本全国にたくさんの戦没慰霊碑があるので、そこに自分の村や町で、これだけの人が徴兵されたんやという数字があったらよく分かるのかなと思いました。

それと、最後なんですが、これお芝居のチラシなんです。「白地に赤く　日の丸とカッポウ着」という芝居です。これ、私の劇団含めて五つの劇団が合同でやるんですけど、実は戦争中の「国防婦人会」と「愛国婦人会」の話です。

それで、皆さん記憶にあるかなと思うんですが、「国防婦人会」ができたのが、大阪市港区の市岡で、初めは本当に皆さん大阪港から、軍艦に乗っていく兵隊さんたちに、「御苦労はんでんな」と言うて、町のおばちゃんたちがお茶の接待していたのがえらいことになっちゃって、終いになったら全国組織の「大日本婦人会」となり、兵隊さんを積極的に送り出すとか、送り出せへん家は非国民やというような組織に変わっていったと。

「白地に赤く　日の丸とカッポウ着」は女の側の戦争の責任問題を書こうというお芝居で、四〇人ほど女性が出るんです。人足らんから、この間、私の劇団の人が、「あんたも出たらどうや」と私に言うたのですが、「何ぼ何でも私みたいな肥った人はあのときいてはらへんやろう。食糧難で大変なときに、私みたいなん出ていったら芝居壊す」と言うて断ったんですが、この作者の胡桃澤伸さんが今年度の文科省の文芸関係の大きな賞を取っています。胡桃澤さんはついそこら辺に住んではるんです。でも、この方のお祖父さんさんは第二次世界大戦の時に長野県のある村の村長で、村からたくさん開拓移民とか満蒙開拓青年義勇隊に、たくさんの若い人たちを送り出したという、そのときの村長さんで、そのことを大変重く感じられて、戦後、自死しておられるんですね。ＮＨＫでやっていました。その村長さんの孫が書いた作品です。もしよろしかったらチラシだけお配りしますので、また機会があったら御覧いただいたらと思います。

何人が兵隊になったのか

大西　今のお話の中で軍人が人口に対してどれぐらいいたかという話があったかと思うんですけど、正直に言うと分かりません。徴兵制ができたのは明治五年（一八七二）。二〇歳になると徴兵検査が必ずあって、徴兵検査に合格した人のうち、実際に兵役に就くのは二割程度なんです。二等兵から始まって一等兵になって、上等兵になったら退役します。一般人に戻ります。満州事変の頃は多くても五〇万人くらいと言われています。ところが、太平洋戦争のときにどうかというのは分かります。開戦の時は大体二四〇万人です。陸海軍合わせてです。それで戦えると思っていたんですけど、終戦のときは、七二〇万人まで、とにかく師団をたくさんこしらえて、もうみんな兵役にぶち込んでしまいました。当時の人口が八〇〇〇万人ぐらいでしょう。そのうちの七二〇万人やから、実質九%ぐらいですか。だから、いかに太平洋戦争のときに、とにかく充分な軍備もないのに人間だけどんどん増やして戦争させたというのが実態です。

昔も今も空からの攻撃に備える

『やお市政だより』の平成二九年、その七月号に面白い記事がのりました。ちょうど北朝鮮が日本海を越えて、当然日本も狙えるような弾道弾を開発したということでみんな騒ぎました。八尾市が市内の要所要所にスピーカーつきの防災無線を設置しました。そのときにたまたま北朝鮮がミサイル打ったんです。『やお市政だより』には、緊急メッセージが流れたら、机の下にもぐってなど、こうしなさい、と書いてくれているんです。その内容は、まさに人間中心です。

それは太平洋戦争が始まって三年目の昭和一九年(一九四四)の一二月に、大阪府の警察局警防課が配布した「家庭隣組防空指導書」と同じことを書いているんです。何も八尾市が昔の文献をまねたわけじゃないです。一方は弾道ミサイルです。もう一方は焼夷弾だったり、爆弾です。人間の身の隠し方はこれしかないんかという感じですね。内地での戦時の空襲の対処はいつまでたっても同じなんです。

明野陸軍飛行学校

松田圭吾 今日は貴重な話、本当に参考になりました。この中で大阪砲兵工廠と地域社会というので私ちょっと思い出したんです。大阪城公園のなかに大阪砲兵工廠の名前の入った記念碑があるんです。それは今、石ころのように寝転がっている。そして、それを偶然私が発見して、写真に撮ってピースおおさかへ持っていったんです。こういうのがあるから、できたら皆さんに分かるようにということで行ったんだけども、いや、自分たちも初めて見たと言われたんですよね。それ以降どうなっているんか、いつ行っても、その周りにはネットを張って草がぼうぼうと生えて、もう字も読めない状態になっているのが非常に惜しまれてならない。それ以外にも、大阪城の中には結構戦争の遺跡があるわけです。銃弾の跡とか、そういうものにできれば説明板でも立てて、戦争の遺跡の痕跡を示してくれればありがたいなと私は思いました。

私は一九四三年、韓国から日本に渡ってきました、今は日本に帰化しておりますけども。三重県明和町に旧陸軍第七通信連隊がありました。実は私、その明和町の斎宮というところの斉明中学を卒業してます。その中学が建っているのが連隊の練兵場跡なんです。練兵場の兵舎が校舎でした。今はもうその学校はないんですけれども、そういう軍事施設を使って学校が生み出された。そして、その練兵場跡は、戦後、たくさんの人が入植されて農業を営んでいました。それと、明野飛行場、陸軍飛行学校がありましたが、そこの労務者として私の父は働いていました。昭和二〇年の空襲のときに明野飛行場がもうこてんぱんにやられました。たまたまその日、私は兄たちに連れられ蕨取りに行ったんです。そのときに空襲にあって飛行機がもう目の前で跳ねるのを見ていました。

その当時の明野飛行場というのは、今みたいにフェンスも何もない。出入り自由です。ただ、土手があるだけ。そこに朝鮮人の、いわゆる労務者の部落がありました。皆バラック作りで、何棟か。そこに住んでおったわけなんですけど、四月二二日でしたかね、昭和二〇年の。明野飛行場がやられて。飛行機というのはほとんど模擬飛行機ばかりで、迎え撃つ飛行機一機すら見ていない。それ以前に飛行訓練をやる飛行機というのはほとんどが布張りの飛行機でした。

私たちが正月になって餅をついて食べていると兵士たちが来て、餅をねだるわけです。飛行機に乗せてやると言われ。訓練機に乗せてもらって、実際に水平尾翼を動かしたり、そういう体験をさせてくれたんですよ。そういうところはおおらかというか。私が乗せてほしいと思ったら、兄貴と一緒に餅を持って行くわけです。すると乗せてくれます。

小林　空は飛ばんかったんですか。

松田圭吾　いやいや、それはないです。

そして、敵の飛行機を分捕ったということで、見せてもらいました。機体の中にはグリーンのビロードがあって、水道の蛇口のようなものがついていたことを私は記憶しています。私はそのときはもう小学校に入る前でした。ただ本来は昭和二〇年に小学校に入らないかんのを、父親と母親は危険だということで学校へ入れなかった。だから、私は一年遅れになる。そういう体験をしております。

それと、明和町の有爾中というところがあるんですけど、そこにはコンクリートを固めた高射砲の台座が一つあります。それと、近くの池の横に半地下式の兵舎がある。その兵舎が二つぐらいあったんです。当然電灯が引かれていました。その電線のケーブルを戦争が終わった後に、兵舎の裏でケーブルを掘り返していました。朝鮮人なんて仕事がないですから、父親が古鉄業をやっておって、廃品回収業ですね。

ですから、私ぐらいまででしょうか、ちょうど大西さんが言われたように、戦争の記憶はやっぱり生々しく持っております。私自身はたまたまそういう体験をしておりますので、今日はたいへん興味深く聞かせていただきました。

そういうような体験がふっといろいろと走馬燈のようによぎるんです。私は短歌をやっていますので、その記録を題材にした短歌などをまとめて出版しました。そして、エッセイもつけて、明野飛行場のこと、戦争のことというのは自分が知る限りには詳しく一応書きました。『知らざる故国　何ぞ恋しき』（中井書店二〇一二年）という本です。興味のある方は図書館に行かれて、ぜひ一度読んでみてください。

以上です。ありがとうございました。

小林　ありがとうございます。私も拝読しました。いい本ですから、皆さんも手に取っていただけたらと思います。

大西　今のお話で、戦争の痕跡の保存のため砲兵工廠の碑を保存するということは、私も同じように思います。八尾市内でも結構戦争に関わる慰霊碑とか忠霊碑とか記念碑とかたくさんあります。それが建っている場所が公有地、例えば旧中高安村の名義で二坪でも三坪でも土地があったら残っているんです。ところが土地の所有権が移ってしまい公有地でなくなったら自然に消滅しています。八尾市内にあるそのような碑を調査し整理しなければならないと私も思います。結構あります。八尾の太子堂の勝軍寺の国道を挟んだ前には旧竜華町の役場跡があって、そこにある記念碑は大変立派です。そんなふうにあるものにもっと目を向けて大事にすることが必要です。

それから、明野飛行場というところは陸軍大正飛行場とは多少縁がありまして、八尾におった第一一飛行師団の司令部の配下にありました。もともとは教育隊だったんですが、終戦の半年前ぐらいには教育訓練中の教育隊も一つの戦闘隊に、実質は伴わないのに戦闘隊として組織しました。めちゃくちゃですね。その犠牲になったのが明野です。だから、明野から特攻隊の隊員がたくさん出ています。そんなことを私も思い出しました。

それから、布張りや木で機体を造った飛行機というのは、私も何か変だなと、ずっと思っていたんですが、識者の人に聞くと、飛行機の始まりはやっぱり布張りとか骨組みを木で造るのは当たり前だったそうです。それが金属のフレームになり、機体はジェラルミンになったんだそうです。大東にあった松下飛行機は、多少工法は違うけれども、木造で造ることに格段の違和感はなく、できるはずだということだったようです。

予備滑走路——府道八尾枚方線

吉本憲司　八尾の穴太交差点から西郡のほうへ道路が直線になっていますね。私、小さいときから聞いていることは、ここに飛行場を造るつもりやったと。でも、途中で中止になったとか。その割には周囲には何もないし、これについて何かありませんか。

大西　盾津飛行場があり、大正飛行場の建設計画が二年後ぐらいの間にあり、北には枚方の弾薬庫があり、南の泉州には野砲兵、騎兵隊がいた。その間を産業と軍事を兼ねた道路を造った。それが今の府道八尾枚方線。戦争の色がだんだん濃くなってきた日中戦争のさなかに産業道路を造るのに、ただ道を造るだけではもったいない。ドイツにアウトバーンという道路があって、これは一〇〇メートルの幅を持っていて、いつでも航空機の滑走路に転用できる、と海軍の技術者が知ったようです。それを新たな産業道路造りのときに適用するということで、西郡から六太の、二キロメートルの間を真っすぐにこしらえて、当時コンクリート舗装というのは珍しかったんですが、八メートルの道路幅の分だけコンクリートで舗装して、その両側の三〇メートルを建築禁止区域にした。だから、産業道路という名前で造りながら、電柱とか工作物を道の両側の幅一〇メートルの範囲には建てられへんというたら、これは軍事的な目的しかありません。

近場の人に数人からしっかり聞き取りしました。そうしましたら昭和三六年（一九六一）までその道路の沿道の利用が一切なかったと言うんです。戦争が終わったのが昭和二〇年でしょう。ところが一六年間沿道の開発を控えていたというわけです。このあたりの都市計画は昭和二四年ぐらいにできているんですけど、このときに道の両側を緑地地域としています。それに引っかかって、沿道の人が建物を結局建てられなかったのです。

初めて建ったのが昭和三六年。西郡に近いところで、端から三軒目ぐらいのところに自動車屋さんがあります。そこの自動車屋さんのおっちゃんに、「昭和三六年まで家が建てられなんだということを聞いているんやけど、おっちゃんとこはいつできたんですか」と聞きました。「昭和三六年や」と自慢しはりました。「うちがここへきたときに関電に電柱、つまり電気を引くことを要請したん、わしや」と言わはった。ほんまかいなと、関電の営業所に問いました。ちゃんと記録を調べました。昭和三六年に初めてその自動車屋さんが申請出して、そのときに初めて緑地地域を解除して電柱を建てた。それから後、急速に沿道の開発が進んだようです。

予備滑走路がコンクリート舗装だったら形骸が残っているはずだと思いました。大阪府八尾土木事務所に聞きましたら、周辺で家を建てる時八〇センチメートルぐらい土盛りするから道路が八〇センチメートル上がっている。現在の道路面の八〇センチメートル下に、確かにコンクリートの舗装がずっとあり、二キロメートルほど続いていたそうです。ですから今でも、地下に形骸は残っているんです。

予備滑走路――府道大阪羽曳野線

参加者　藤井寺に小山という交差点があるんです。終戦の二年ほど前ですか、その頃はイチジク畑やったんです。滑走路を造るというんで、その太い道を造りよったんです。ほんで、近鉄の鉄道があるのにどないして着陸しよんのやろうと思ったら、その南のほうへずっと延びた道路を造ったんで、補助滑走路というようですが、そこへ飛行機を下ろしよったんですね。ほんで、飛ぶときもそこから飛んだんです。掩体壕をあちこち造ったそうですが、イチジクの林の中に飛行機を三機ほど置いとったんです。敵機が藤井寺観音の上を通ってきて、そこのイチジク畑をバリバリと撃って、そこへ飛行機を隠してあるのを知っとったんですかね。かわいそうに、女の子ですが、一人それに撃たれまして、太ももの肉が取れてもうて、戦後に手術して治ったというような話を聞きました。その補助飛行場について話はないんですか。

大西　藤井寺の藤ヶ丘二丁目だったと思います。その地点の南と北に大体五〇〇メートルと六〇〇メートルの簡易な滑走路を造りました。それは大阪羽曳野線という府道なんですね。これを戦争中の、それも昭和二〇年になってから強制的に、もちろん沿道に住居があったんですけど、それを両側、さっきと同じで、真ん中一〇メートル、両側一〇メートルずつの三〇メートルに引っかかる住居を、それこそ強制的に立ち退きさせまして、真っすぐに五〇〇メートルと六〇〇メートルの道路を造る。敗戦時にはそういう形にまで仕上げた段階までいっていたようです。陸軍大正飛行場から整備兵が、藤ヶ丘の二丁目のところには建物までこしらえて、十数人、整備兵がおったようです。飛行機も四、五機は藤ヶ丘に置かれ、あとはちょっと傑作なんですけど、おとり戦術を立てました。この道路の南の端、北の端の両側に、もう使いものにならなくて部品のないおんぼろの飛行機を五、六機ずつわざと見せるように置いていたといわれます。つまり、ここに基地があるということを見せかけて襲撃させるんです、これは大体六人ぐらいの方から聞き取りました。地元ではよく御存じでした。

国民義勇隊と峠三吉「倉庫の記録」

山東健　豊中からやってまいりました。ひとつ質問ですけれども、国民義勇隊について、少し前にテレビで福井の勝山市で資料が発見されたと報道されました。この国民義勇戦闘隊とはまた違うのでしょうか。八尾や河内にも国民義勇隊あったのかどうか。簡単でいいですから教えていただければと思います。

もう一点は、これは質問ではないんですけども、広島にある被爆建物、旧陸軍被服支廠です。軍服やとか軍靴、靴を作っていた工場の建物が存続の危機にあるという記事が一月九日（二〇二〇年）の朝日新聞に出ていました。豊中に生まれて広島で育って活躍した原爆詩人、峠三吉さん、御存じの方いらっしゃると思うんですけど、この方の『原爆詩集』のなかに「倉庫の記録」という詩があるんですけども、そこで登場する工場の建物なんですよね。

これは今、広島県が所有しておって、そしてもう古いから解体するという状況にあるようなんですけども、これは何とか残したいなというのが豊中の私の思いです。

大西さんの話の中でありましたように、遺跡の保存は声が大きければ残るということで、この被爆建物、被服支廠を残そうという運動が広島でも二〇一九年暮れから高まっているようで、今、署名用紙も広島から送っていただいております。、あまりここでいろいろ説明することはできませんけども、保存するためには、大西さんの言われるように、声を大きくし、まずは署名やと思いますので、皆さんの御協力もあればなと思います。よろしくお願いいたします。

国民義勇隊と国民義勇戦闘隊

大西　国民義勇隊についての法律は昭和二〇年六月に成立しています。そのでき方も非常にいびつな形で、昭和二〇年の頃の政局というのは、東条内閣が退陣させられる。またソ連に和議の仲介を申し出る案もある。絶対交戦だという強硬派も、非常に難しい情勢、そういうときにあったんです。

産業戦士という言葉が当時あるんです。軍需工場等に産業のために国民がみんな一致団結して軍事品を作って戦争を継続しましょうということと、それから軍はとにかく兵隊の数が足らんから、兵隊を増やしたら戦争は継続できるという。四月頃の情勢では、産業戦士として優先して働くことのできる国民を軍需工場に放り込めと。もう学校行かんでもええと。軍のほうは、海外でもどんどん戦病死していくから、まだまだ軍隊に召集せなあかんという情勢で。結局のところ、その四月から六月の二ヶ月の間に軍のほうの勢力が強くなって、国民義勇兵役法という形で法律になっちゃったんです。ということは、産業戦士じゃなしに軍役に就きますということが優先されたんです。そういう法律でもって、自動的に、つまり徴兵という手続きを経ないで、その年齢に達した人は、国内におる人はすべて国民義勇隊員になったんです。六月に。

それでも何も辞令が下りたとか、そんなことはないんです。兵役をするというわけじゃない。ただ軍が国内で陣地造りをしたりするようなときに、市町村長を通じて労役、使役させられる。だから、自分は産業戦士としてある会社に勤めていて軍需工場の部品を作っていても、もう一方で国民義勇隊に入っていますから、何月何日にどこどこへ軍の陣地造りに行くから出てこいと言われたら、自分の仕事はさておいてやむを得ずこっちに行っちゃうんですね。そういうことが国民義勇隊員だった。だから、二八〇〇万人とカウントしていることは、ほとんど国内におる健康な働き手はみんなそうなる。国民義勇隊員になっていた。

したがって、先ほど言いましたように、大佛次郎はどう言っているかというと、そんな命令出されても、そんな家におる、地区隊というんです。こっちは職場隊員というわけです、産業戦士のほうね。産業戦士は会社行っている。家におるのは六〇歳近い年寄りと一五歳くらいの子供しかおれへん。それと主婦です。そういう人を駆り立てるための兵役法をつくったんだというふうに大佛次郎は嘆いているんですね。そういうもんですよ。

国民義勇戦闘隊というのは何かというのは、これやはり兵役法の中にあるんですけど、これが適用されたのは樺太だけなんですね。というのは、法の成立時には沖縄はもう地上戦が始まっていました。もう自然に戦闘状態になっていた。沖縄で若い人がいっぱい亡くなっているのはそのためです。ただし沖縄では「陸軍防衛召集規則」によって若者が動員されている事実がありました。一方、内地では終戦になってしまったんで地上戦はありませんでしたから、国民義勇隊員は大勢いたけれども国民義勇戦闘隊員はおりません。

戦争の記憶を記録せよ！

小林　最後に、締めをお願いします。

大西　八尾での調査の方法をほかの市町村でも同じぐらいの精度でやりたいと思っていましたけど、人に会うて聞き取りをするという部分は、語り手の皆さんもご高齢になられて、会うことができないということも度々起こりました。確率が悪くなりましたね。五人を選んでひとりに会えるかぐらいの確率にぐっと落ちました。他の人が調べたことを記した文献ばかりを参考にしても自分自身が納得できません。耳で聞いて、お年寄りの話のヒントをもらって、それを文献で裏打ちしてという形をとってきたこれまでの方法で調査ができなくなった。

今がもう戦争遺跡そのものでも情報でも確定できる最後の機会だと思います。

先ほども頂いたような、ごく当たり前と思っているような話でも聞ける話もいっぱいあります。ぜひ情報をお持ちの方は提供していただいて、少しでも調査をすすめたいと思います。記録がなかったら歴史上なかったことになってしまうというのはもう本当にもったいないですね。それも地域のローカルの戦争の話が消えてしまうのは本当に残念です。

小林　今回『日常の中の戦争遺跡』の続編を作ります。八年前この本を作っていただいたアットワークスの塩見さんは惜しくも三年前に亡くなって…。『日常の中の戦争遺跡』と同じ形の本を作れというのが大西さんの指令なんです。この本に負けないような本を作って塩見さんに恩返ししなきゃあかんなと思っています。『日常と地域の戦争遺跡』が出版されたならまたこの会場で発刊記念の会でもしたいなと思います。皆さんの御支援をよろしくお願いします。

本日は長時間、ありがとうございました。

I 陸軍大正飛行場の戦争

大西進

陸軍大正飛行場に隣接して大阪航空廠が建設された。ふたつの機関は一体となって中部から中四国の防空を担った。さらにその周辺には多くの関連する軍需工場が誘致された。一帯は飛行場を中心に「軍都」と呼ぶに相応しい様相をもちつつあった。しかし敗戦により軍・民それぞれの戦後を迎える。

戦争末期、陸軍の航空兵力の再編の中で陸軍大正飛行場はその中心に位置づけられる。陸軍航空総軍の司令部の設置と中枢機能の疎開準備など、敗戦直前の慌ただしい状況に翻弄される。

1　大阪陸軍航空廠と八尾の軍需工場

航空戦力の増強を希求する陸軍は、昭和一四年（一九三九）八尾に軍専用の防空飛行場を企画した。そして二年後の太平洋戦争開戦時には長大な滑走路を備えた高規格の大正飛行場を誕生させ、飛行戦隊が駐留していた。

この大正飛行場（現在の八尾空港）は二つの軍事組織を伴っていた。

第一一飛行師団司令部は四個の飛行戦隊と一個の偵察隊を配下に持つ実戦の司令部であった。当初中部軍の指揮下にあったが、後には航空総軍の直隷下に入った。

大阪陸軍航空廠は陸軍省管轄の航空本部に属して、本土内では六ヵ所に配置された航空廠の一つであり、東海、近畿、中・四国圏内の陸軍飛行場へ、軍用機の整備と修理用の資材や燃料弾薬を補給していた。また当廠はすべての陸軍機を修理できる高い能力を備えていた。

本章では大阪陸軍航空廠について説明し、これに部品供給をしたとみなされる近郊の軍需工場を紹介する。

図 3　陸軍大阪航空廠の全景（『八尾・柏原の百年』郷土出版社 1995 年刊）

大阪陸軍航空廠

大阪陸軍航空廠は大正飛行場と誘導路で結ぶ隣地に、昭和一六年（一九四一）六月頃に開設された。

航空廠の業務は、前線の飛行戦隊のために飛行機、発動機をはじめ各種兵器の整備・修理や燃料・弾薬等の補給を行なうことであり、後方の生産工場から第一線の飛行場までの間に、航空作戦に必要なあらゆる兵器、機器、材料、消耗品に至るまでの調達・配給を管理することであった。

このため航空廠は約五〇万平方メートル（一五万坪）の敷地に発動機や計器・機体・機関銃その他の工場群と倉庫群を備えていた。管轄区域は岐阜県各務原から福岡県太刀洗までの広範囲に所在する陸軍飛行場となっていた。

当航空廠の特徴は工業化度が高い阪神地域を後背地に、先進技術を要する多種、多様で量の多い航空機の部品を生産できる企業が管内に所在したことであった。また枯渇が懸念された燃料、弾薬を円滑に供給するため大阪陸軍航空補給廠が併存していた。

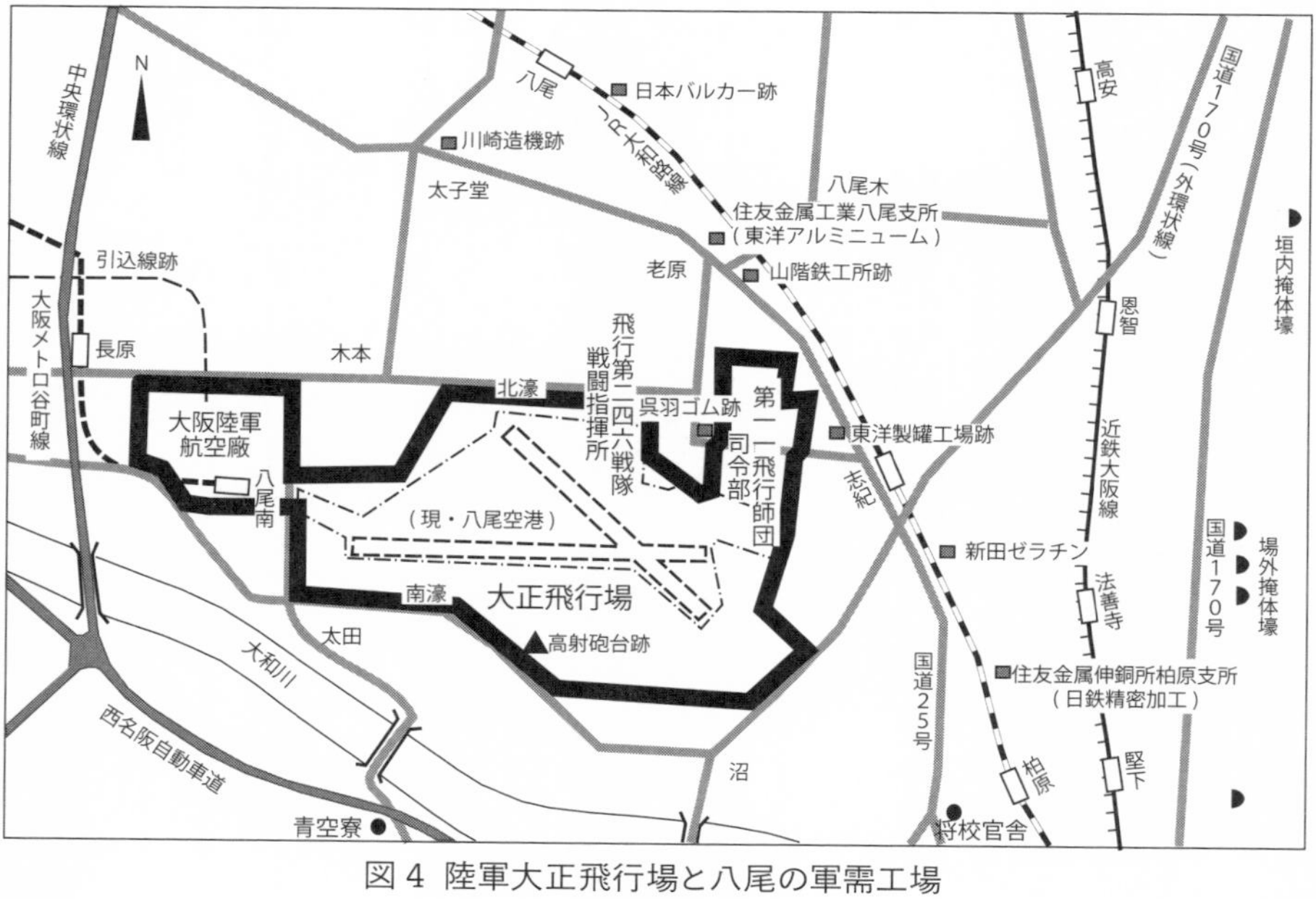

図４ 陸軍大正飛行場と八尾の軍需工場

航空廠には軍管理指定工場はもとより、数多の軍需工場から生産品を納入させたが、今では個々の取引内容は不明である。しかし戦時に、最も損耗が激しい兵器である飛行機を扱いながらも、日夜、軍需工場を叱咤激励して、戦力の維持に努めた航空廠は、大阪の軍産複合体を代表していると想える。

廠の構成要員について、記録によれば総員一六六〇名の内、軍人を除く工員は一五〇〇名で、民間人の嘱託、雇員、軍属、挺身隊、勤労学生であった。軍属には飛行場拡張で農地を買収され農業から転職させられた中高年者が多いという。また工員の六割は地元出身者であったとされ、廠が地元の雇用を発生させたといえる。

戦時には飛行機の工場は爆撃の第一目標であったため偽装工作が行われた。航空廠への貨物輸送のために関西線の竜華操車場から軍専用引込線が敷かれていたが、戦時発行の地図から線路が完全に消されている。

城東貨物線は昭和六年（一九三一）に、竜華操車

図５ 航空廠の引込線貨物ホーム
（福林徹提供 米国国立公文書館蔵）

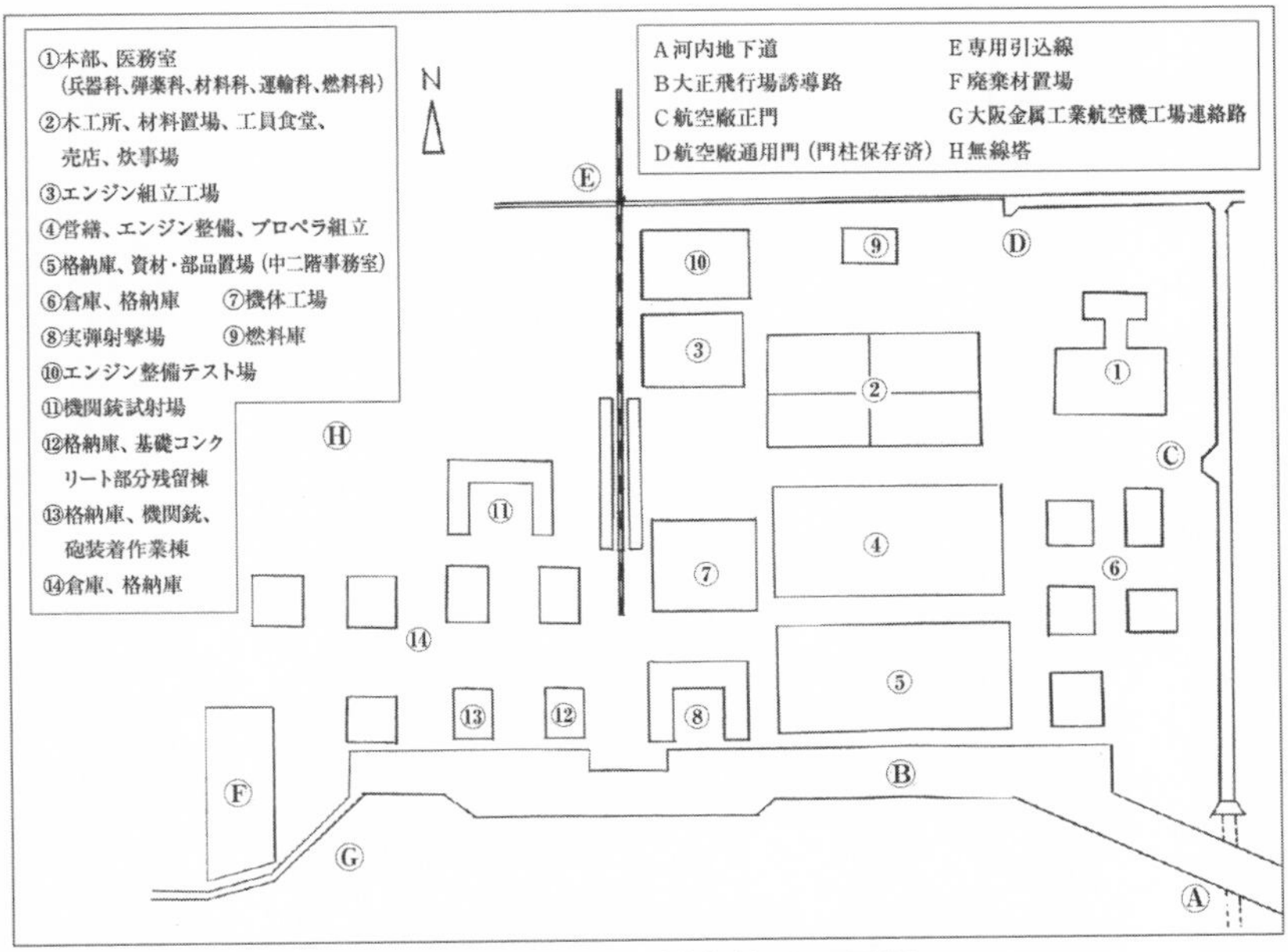

図６ 大阪航空廠構内施設配置図

場は昭和一三年（一九三八）に開業しており、廠への軍用引込線は昭和一六年（一九四一）に開通しているにもかかわらず、先の昭和一五年（一九四〇）二月に発行された由良要塞司令部検閲済の「大阪府」図でも城東貨物線の消し痕が顕かであり、昭和一七年（一九四二）四月大阪府警察部発行の「大阪防空空地及空地帯指定参考図」では、軍専用引込区間は線路の表示が全て省かれている。鉄道省も軍産複合体の構成員であり、軍機密保持のために隠蔽に同調したのである。

なお、航空廠の日常の業務体制や業務内容をはじめ、工場・格納庫などの配置のこと、戦況が厳しくなってからの地方への分散疎開のこと、特攻機の修理加工のことなど、大阪陸軍航空廠の歴史は太平洋戦争の縮図とさえ思うが、拙著『日常の中の戦争遺跡』（Ⅰ‐5）にかなり詳しくこれらの記録をしたので、本書では省略する。

ここでは、戦後の国の復興政策において旧軍用地をどのように活用しようとしたのか、なかでも当航空廠跡地がどのように取り扱われたかを記事にする。

大阪陸軍航空廠の戦後

戦後の政府が先ずなすべきことは食糧と住宅を確保することであった。食糧も住宅も極度に不足していた終戦直後においては、旧軍用地は農地や開拓地や簡易住宅用地に、旧軍の残存した兵舎などの建物は住宅に転用して使うことが先決であった。大正飛行場にあってもこの事例がある。

陸軍の官営工場としての大阪陸軍造兵廠や大阪陸軍航空廠には空襲を逃れた、或いは被害が少ない建物や機械設備がかなりの数残っていた。

政府はこれら施設の有効活用を前提として、民間の学校や研究所からの使用（購入）の要望を受け付けることや、自らも民生安定に寄与する製造品目を想定して事業体を募ることなどの素案を持っていた。

大阪陸軍航空廠に関しては、今村洋一氏が最近に出版された『旧軍用地と戦後復興』によると、陸軍航空本部が、終戦後二ヶ月も経ない昭和二〇年（一九四五）九月二九日付けで作成した「航空関係作業庁平和産業転換計画」の中に当航空廠の記事が出てくるのである。勿論、進駐軍に対する接収逃れの策と考えられる。ここには大阪陸軍航空廠は飛行機整備並びに修理が従来の作業であったが、新転換した平和産業の案として自動三輪車や玩具の製作が望ましいと記載されている。航空廠に残されていた建物や機械設備を民間事業者の平和産業用に提供することと、退職軍人軍属の失業救済という目的で軍の機構は改編しても、平和産業の機構として存続させるという点が、こうした案を作った意義と考えられる。

実際には自動車や玩具の工場にはならず、農林省の「大阪農林水産試験所」となり、公営復興住宅の敷地にもなり、また建物は民間航空会社の施設物に移行したのであった。

近郊の軍需工場

戦争中は大正飛行場の近郊に、様々の飛行機や兵器の部品を製造していた軍需工場があった。現在に至る間には社名も業種も変動してしまい、当時は軍用生産品目・量や納品先の軍隊名などは秘密にされており、軍需工場の戦後の時日を経てからの調査は容易ではない。

大正飛行場軍産複合体に該当するか否かに拘らず、資料の得られた軍需工場について記録する。当時の軍需工場についての情報は少ない。大正飛行場の近郊に所在した学校の学校史に勤労動員先として記載や、工場疎開の聞き取りや飛行機部品を作っていた当時の噂話などが情報収集の始まりで、一貫性はない。

日本バルカー株式会社

昭和二年（一九二七）から竜華町（現・安中町五丁目）で操業し、昭和九年（一九三四）以来海軍の艦船配管用や、航空機用・燃料工業用のパッキンを生産していた。大規模な工場で国鉄関西線から専用線を引き込んでいた。軍は社名の「日本バルカー」を敵性語と断じ、「帝国パッキン工業」と改めさせた上で、昭和一九年（一九四四）陸・海軍省および軍需省の共同管理工場に指定し、軍需生産一途に邁進させた。軍需省は事実上航空機生産省の性格をもつ行政機関であった。秘匿名を「神武六六〇五工場」とされた。この工場の空襲の火災の延焼防止のために、四五戸の木造住宅を強制疎開させたのである。

木村薫著『私たちの町にも戦争があった』には、「一九三二年の入社時には従業員は二五人だったが一九四四年には三〇〇人いて、海軍の注文があると朝の七時から夜一一時まで働いて納期を守った。大阪市内の学校から女子生徒が動員で来ていた」と書かれている。現在、工場は移転し跡地は住宅街になっている。

住友金属工業八尾支所

昭和六年（一九三一）頃から住友アルミがしていた航空機用のアルミ箔・板製造を、昭和一九年（一九四四）に継承し軍需工場の指定を受けた。会社は民有民営形態を残しながら、軍需事業の優先遂行を義務付けられたという。秘匿名は「神武一〇一三工場」という。

昭和一九年（一九四四）夏には旧制八尾中学校の生徒二〇〇名以上が動員され、女子挺身隊も就労した。現在の東洋アルミニウム株式会社である（現・八尾市相生町四丁目所在）。

光洋精工柏原工場

昭和一四年（一九三九）から国分工場で航空機用を含め各種のベアリングを生産していた。昭和一七年（一九四二）頃には自社の高精度ベアリングを用いた戦闘機「光洋号」を軍に献納した。戦況の悪化後は軍の命令で超重点を航空機生産に集中し、軸受け改良に最後の努力をした。戦争という非常時が、国産の高精密軸受の製作技術を大きく進化させたという。

現在の社名はジェイテクトである（現・柏原市国分東条町所在）。

呉羽ゴム

田井中地区（現・田井中二丁目）の大正飛行場に至近の位置にあった。昭和一八年（一九四三）に東洋紡績株式会社が個人経営のゴム工場を買収し、呉羽ゴムとして発足させた。陸軍航空本部から特需製品の航空機用防弾ゴムの製造を命ぜられたが、実際の製品はゴムホースとゴムの板だったという。

後には統制会社をつくらされ、実際には軍特需品用以外には原材料の供給がなく、販売も制限され、生産が出来なかった。空襲の巻き添え被害が大きいという。

戦後直ぐに廃業し現在は住宅街になっている。

ミカドプロペラ

明治三五年（一九〇二）から銅合金金物の鋳造をはじめ、船のプロペラが主製品であった。昭和一五年（一九三五）から大阪市平野区の加美工場で、陸軍と海軍から受注した船艇のプロペラを製造した。

昭和一九年（一九四四）海軍の管理工場に指定され、労働力不足を多くの中学生を動員して補った。空襲の最中も本土決戦用の小型船艇用プロペラを製造し続けた。

敗戦後、海軍の管理を解除される際、軍の機密書面は廃棄したが、自社の図面は梱包し屋根裏に隠したという。現在の社名はナカシマプロペラ株式会社である。

新田ゼラチン株式会社

昭和九年（一九三四）に柏原工場をもち写真乾板やフイルム用のゼラチンを製造した。

昭和一六年（一九四一）陸軍航空本部の監督工場になりゼラチンと膠製造の指示をうけた。写真用のゼラチンは軍事上の重要資材で昭和一二年（一九三七）の一二トンから一六年には三〇〇トンに増産した。

皮革もまた陸海軍の軍需品であり、皮革業界内で統制会社を設立して、陸軍と海軍の管理下に入るが、逼迫する原材料と資材の入手には、事実上軍は無力であったという。秘匿名は「神武六六五二工場」である。

昭和一七年（一九四二）頃、工場の煙突が大正飛行場の航路に近く、不測の事故を懼れる戦闘機部隊から、上部一〇メートルを切断せよとの命令を受け、止む無く施工したという。

木村薫氏の著作には「元従業員のYさんは東の山から現れたグラマンから機銃掃射をよくうけた。迷彩のために工場の外壁にタールを塗った」と聞いた記事がある（現・八尾市二俣二丁目所在）という。

川崎造機

八尾市太子堂交差点の東にあり、飛行機の部品や魚雷のエンジンを製造した大型工場であった。技能を教える学校を備え、関西線に結ぶ引き込み線を準備していたという。戦後の五年間は機関車部品製造をした後、廃業したとみられる。

戦時に当工場周辺の木造家屋を強制疎開させたことが注目される。天王寺商業学校から勤労動員を受けたという。

日本蓄電器

現在の八尾市西山本町四丁目にあった。格段の軍需工場ではなく節電のためのコンデンサーを作っていたという。関西電力や近鉄電車に出荷していたという。工場の従業員は二〇〇人以上いた。八尾中学校、八尾高等女学校の生徒が勤労動員されている。戦後は住宅地になった。

東洋製罐

大正飛行場に通じる国道一二五号沿（現・志紀町一丁目付近）に東洋製罐系列の軍需工場があった。木村薫氏の調査によると昭和一八年（一九四三）に「日満電機」を買収して操業したという。製罐技術を応用して弾丸の薬莢や機関銃の弾倉を製造していた。従業員は学徒動員を含め八〇〇人程いたという。

山階鉄工所

国道一二五号の老原交差点付近に工場があった。昭和一六年（一九四一）には紡績機械部品ならびに車両部品を製造して、主として東洋紡績の全国の工場に納入していた。戦時中には軍需品に特化して爆弾の羽根（翼部）を生産していた。爆弾の回転を止め方向性を高める羽根である。工場へは柏原の高等小学校の生徒も動員されたという。

その他の軍需工場としては住友金属伸銅所相原支所、筒中セルロイド工業、柏原兵器作成所、機械メーカーの高木鉄工所、松本油脂製薬があった。

以上の数々の企業は戦時の航空機にかかわる軍の特需を得て、雇用を生み、製造技術を向上し、設備を更新し、規模を拡大していった。これらの大正飛行場にかかる軍産複合体は、戦後になって企業の発展に、人、物、技術の面で大きな良い影響を受けたと想われる。

［参考文献］

『志紀村誌』（一九五五年）
『創業五〇年の回顧』（新田ゼラチン株式会社　一九六八年）
『光洋精工五十年史』（一九六九年）
防衛庁防衛研修所戦史室『戦史叢書　陸軍航空兵器の開発・生産・補給』（朝雲新聞社　一九七五年）

『日本バルカー工業50年史』（一九七七年）
『東洋アルミニゥム株式会社五十年史』（一九八二年）
『天商70年史』（天王寺商業高等学校同窓会　一九八二年）
『呉羽ゴム50年史』（一九九三年）
三宅宏司『大阪砲兵工廠の研究』（思文閣　一九九三年）
『ミカドプロペラ一〇〇年史』（ライフヒストリー研究叢書　二〇〇二年）
平野区誌編集員会『平野区誌』（創元社　二〇〇五年）
『柏原の戦争――柏原にもあった戦争の記憶Ⅱ』（柏原九条の会　二〇一〇年）
大西進『日常の中の戦争遺跡』（アットワークス　二〇一二年）
今村洋一『旧軍用地と戦後復興』（中央公論美術出版　二〇一七年）
『新田ゼラチン一〇〇年史』（二〇一九年）
木村薫『私たちの町（八尾）にも戦争があった』（八尾平和委員会　二〇一九年）

2　陸軍航空総軍の西進移駐計画

昭和二〇年（一九四五）四月の本土は大都市が猛爆撃を受け焦土と化し、地方都市も空襲に見舞われ始め、国民皆が不安と恐怖に陥っていた。

本土防衛の任にある陸軍は、四月から航空部門に関わる総ての部隊を、一元的に統括する航空総軍を組織して、本土での航空戦闘に備えることにした。そして航空総軍の配下で、大正飛行場に位置する第一一飛行師団が、配下の四個の飛行戦隊を指揮して、京阪神圏と名古屋圏の防空に活躍していた。

一方、昭和二〇年（一九四五）五月頃から陸軍中央では、連合軍の南九州への進攻上陸を同年一一月頃、関東へは昭和二一年（一九四六）三月頃と予想し、本土決戦への準備を始めていた。

すでに海軍は昭和二〇年（一九四五）四月には全海軍部隊を統一指揮する海軍総隊を創設し、戦争に最も重要な情報通信を確保するために、司令部を横浜市の日吉台の大型地下壕に移駐し、この壕から艦隊に指揮命令を発信していた。

そこで陸軍は大正飛行場にほど近い奈良県香芝市の屯鶴峯に大規模な地下壕を掘り、ここに航空総軍の戦闘指令所を設けることを企てた。同時に堅固で確実な連絡通信網を、東京市ヶ谷（航空総軍本部）と大正飛行場並びに屯鶴峯間に構築しようとしていた。そして航空総軍の司令部を大正飛行場付近に創設する計画であった。

南九州が前線となる時の後方基地としては、東京よりも西進して大阪が適していたのである。大阪と奈良は太平洋沿岸とは由良要塞地帯で保護されており、一方、南九州と交通するための陸路も海路も、内陸部を通れる有利さがあった。

それに加えて大正飛行場は滑走路が一六〇〇メートルと一三〇〇メートルの二本が交差する高規格であり、飛行師団の持つ通信機は優秀であった。さらに大阪陸軍航空廠は飛行機の加工・修理・補給の能力が高く、総合的に見て優秀な飛行場であった。そして大正飛行場を航空総軍司令部の移駐先としたのである。

屯鶴峯地下壕と通信網の構築

この件の調査結果は拙著『日常の中の戦争遺跡』(Ⅵ-19「本土決戦と軍備」)に記録した。今般は概要のみを報告するが、屯鶴峯地下壕は殆ど原形を残して現存し、現物を見学できる状態であり、通信網についても防衛省防衛研修所戦史室の現存資料に拠っての史実である。

屯鶴峯地下壕

屯鶴峯地下壕は、航空総軍隷下の地下施設

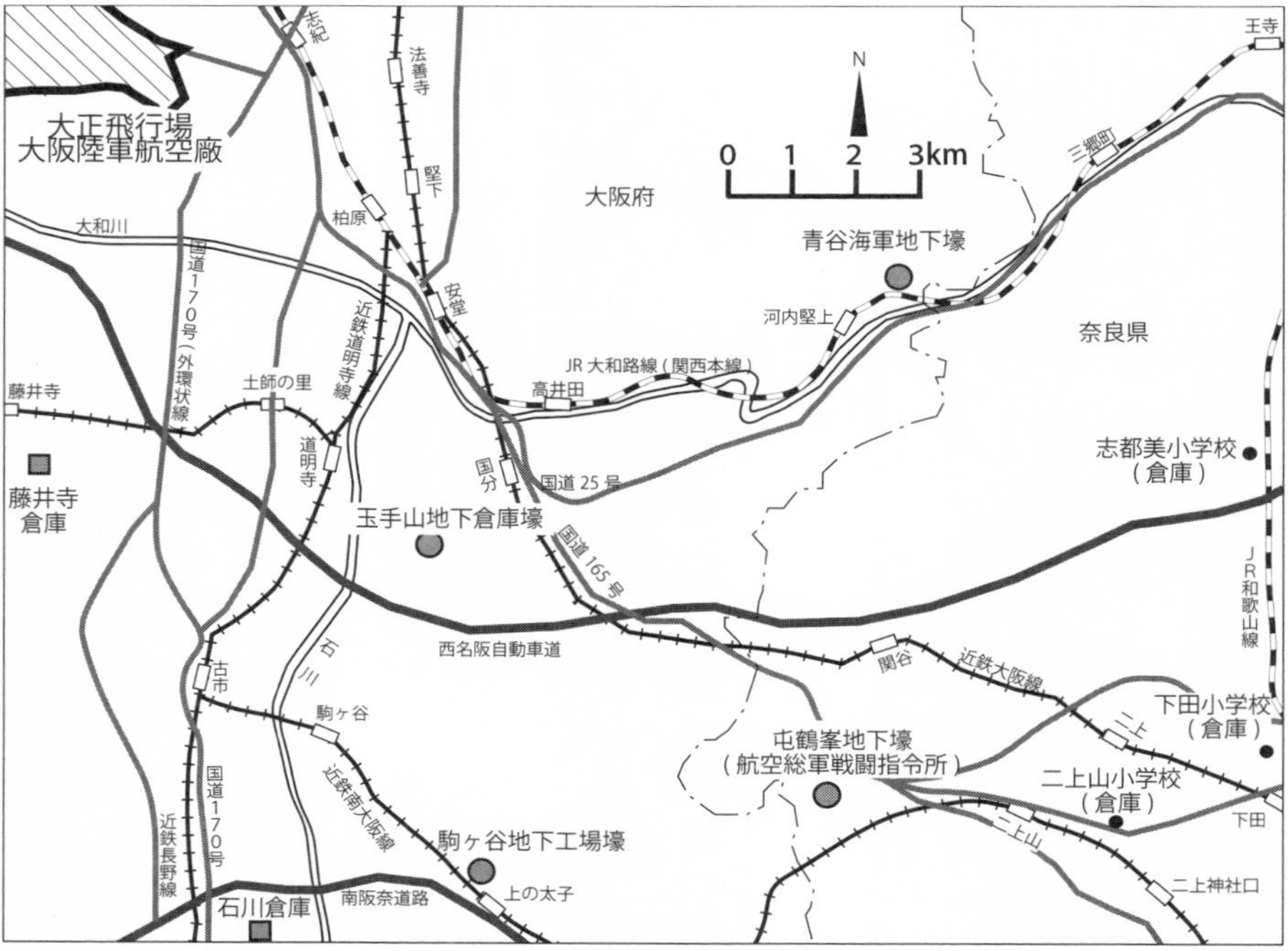

図 7 陸軍大正飛行場と関連軍施設位置図

隊に拠って終戦までの二、三ヶ月に掘られ、二ヵ所（E壕とW壕）に別れているが延長二キロメートルの洞窟を概成させていた。

地下施設隊とは航空総軍の直轄部隊で、飛行機の地下工場や機材倉庫、燃料弾薬の倉庫などを造るための銃に替えてスコップを持つ正規の軍隊であった。屯鶴峯には奈良で編成された第一九地下施設隊が居たことは確実であるが、第一一飛行師団で編成された第一三地下施設隊も居たと推測している。

凝灰岩に掘られた素掘り坑で、断面は平均幅三・五メートル、高さ二・五〜三・〇メートルで天井はアーチ状、平面的には梯子状の陸軍規格で掘られている。この壕を軍中央では牡丹洞とか地名を生駒山とよんでいる。

航空総軍はこの戦闘指令所になるべき地下壕の完成を急ぎ、昭和二〇年（一九四五）八月一〇日付で担当部長あてに、工事を督促する左記の命令書を残している程である。

しかし現在では、指令所としての造作が施工された跡は見えず、軍用資材の搬入の跡も見られず、総ての作業が終戦で中断した様子である。現地では洞窟自体は凝灰岩質のせいか、崩落がわずかに見られるが、良く原形を保って残存している。

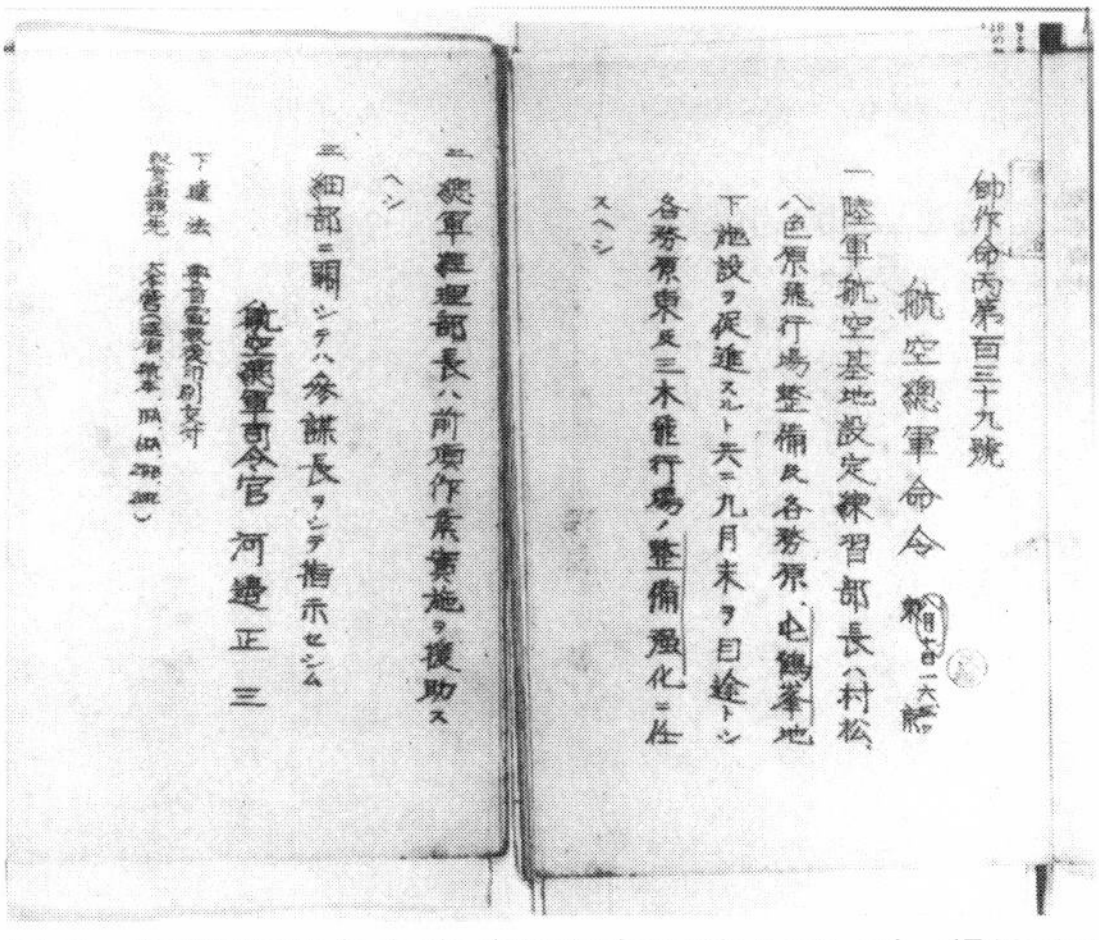
師作命丙第百三十九號
航空總軍命令
一 陸軍航空基地設定練習部長ハ村松、八色、原飛行場整備及各務原、屯鶴峯地下施設ヲ促進スルト共ニ九月末ヲ目途トシ各務原東及三木飛行場ノ整備強化ニ任スヘシ
二 總軍經理部長ハ前項作業實施ヲ援助スヘシ
三 細部ニ關シテハ參謀長ヲシテ指示セシム
航空總軍司令官 河邊正三

図８ 航空総軍命令書（師作命丙第139号）（『航空総軍後方関係命令綴』防衛研究所戦史研究センター蔵）

通信網の整備

航空総軍では昭和二〇年（一九四五）六月頃には、本土決戦用の警戒監視組織と通信組織の整備が必須であった。航空情報は、主として東京、大阪（大正飛行場）及び福岡の各方面軍に集まる航空情報を市ヶ谷の航空総軍作戦室に収集しようとしていた。通信組織は無線通信網と有線通信網を併用したが、新た

に建設中である屯鶴峯地下壕には格段の高度な装備を要した。

昭和二〇年（一九四五）六月一四日付で出された航空総軍命令では

「一、航空総軍指定航空有線通信網ヲ別紙第一、第二ノ如ク構成ス

二、各航空軍司令官ハ六月末日迄ニ前項通信網ノ完成ヲ推進スルト共ニ其ノ通信実施ニ任スヘシ」

と装備の完成を急がせている。

さらにこの文書の別紙第一図の囲み記事には「航空総軍戦闘指令所牡丹洞ニ推進ト共ニ切換フルモノトス」とあって、屯鶴峯の通信装備の重要さが解る。

以上のように屯鶴峯地下壕とこれに通じる通信網への期待は、残存する文書に明解に書かれている。

ちなみに筆者は令和三年（二〇二一年）に至って、有線通信網の一回線を成す、大正飛行場と信貴山送信所と屯鶴峯を結ぶ電線路工事を担当した見習士官の手記を得た。陸軍第一八航空通信隊の一中隊が空襲の合間をぬって山川を越えて架線を布設し、終戦の日に屯鶴峯に到達したと記したものである。

しかし筆者が従来から行っている調査の主題である大正飛行場が、軍中央では本土決戦の作戦上でどのように位置づけられているかを、明解に書き記している文書が見当たらず、拙著『日常の中の戦争遺跡』を出

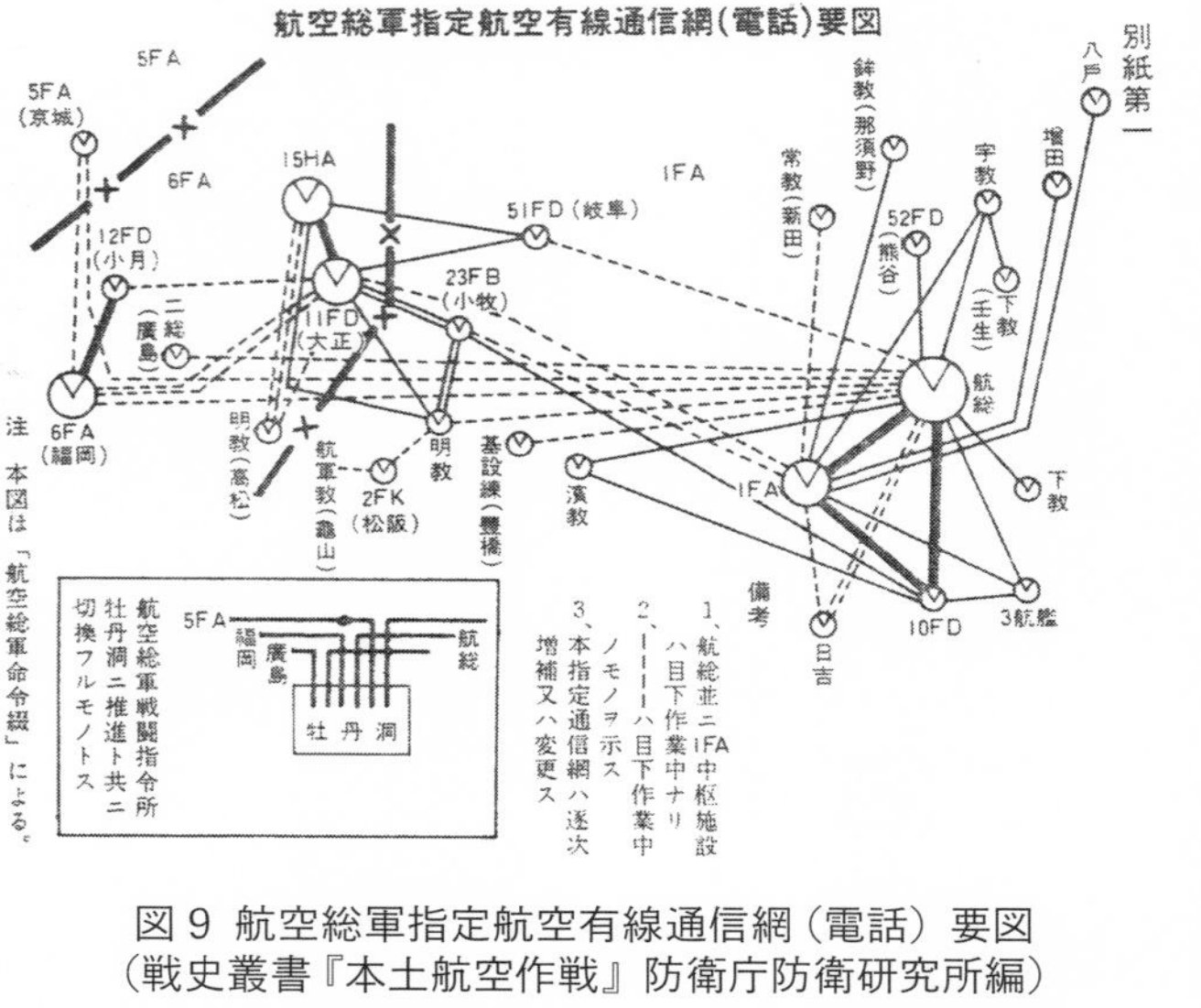

図9 航空総軍指定航空有線通信網（電話）要図
（戦史叢書『本土航空作戦』防衛庁防衛研究所編）

版した平成二四年（二〇一二）時点では不明であった。

今般、航空総軍司令部が大正飛行場に進出して、海軍総隊と協同して本土決戦を指揮する、と明記した筆者には驚きの文書を見付けたことを報告する。

決号航空作戦ニ関スル陸海軍中央協定

大本営では主として西日本に連合軍が来攻することを想定して、陸海軍のもてる航空戦力を統合し、主として特攻攻撃によって上陸する船団を撃破するための協定を、昭和二〇年（一九四五）七月一三日付で陸海軍が結んだ。いわば大日本帝国の運命を決める協定であった。

「決号航空作戦ニ関スル陸海軍中央協定」の問題の箇所を転記する。

「第四　指揮関係
陸海軍協同作戦ヲ本則トス　但シ航空部隊最高指揮官ハ　作戦間同一場所又ハ至近地ニ位置シ　緊密ナル協同ニ努ム　右急速実施ノ為　両軍現地指揮官ハ　速ニ其ノ場所等ニ関シ協定スルモノトス」

と書かれている。

右の原文は、防衛庁が編纂した『戦史叢書　大本営陸軍部10』『戦史叢書　本土防空作戦』『戦史叢書　陸軍航空の軍備と運用3』『戦史叢書　大本営海軍部・連合艦隊7　戦争最終期』にも同文が記載されている。しかし筆者が検索している後段の、航空

図10「大東亜戦争全史」草案第九篇（アジア歴史センター閲覧　防衛研究所戦史研究センター蔵）

総軍の大正飛行場へ移転云々、の文言は、戦史叢書のどの巻にも省略されたのか、記載がないのであった。

そこで筆者はやむなく平成二四年(二〇一二)発刊の『日常の中の戦争遺跡』の記事では、屯鶴峯に関わる種々の文献を調べた結果として、右の航空部隊最高指揮官の居場所を大正飛行場と推定して記述したのであった。指揮する場所を明解に記載した公文書に出会えないまま、傍証に拠って推定していたのである。

ところが近年、偶然の機会があって、防衛省防衛研修所の所蔵文書に「大東亜戦争全史草案」という文書が保存されていることを知り、本件を検索した結果、真に的確な記事を発見したのである。

「大東亜戦争全史草案」の記事のなか、「決号航空作戦に関する陸海軍中央協定」の題で、その該当部分を転記する。

「四、指揮関係
陸海軍協同作戦を立前とし　協同を緊密ならしむる為　作戦間　陸海軍航空部隊の指揮官は　同一場所又は至近の距離に位置する。
九州方面の作戦に当っては　航空総軍司令部は大阪近郊の大正飛行場付近に、亦海軍総隊司令部は奈良県大和飛行場に　位置する予定であった。」

と位置について明解な記述があった。両方の協定日付は同じ昭和二〇年（一九四五）七月一三日であり同じ協定を表示している筈であるが、戦後になってから歴史書として纏める段階で、或いは表記する段階で、何らかの理由があって、後段の文章が省略されたり付加されたりすることがあったと思われる。

したがって、もしも終戦に至らず連合軍の南九州への上陸があれば、全陸軍航空隊の統合指揮をとる司令部が所在する大正飛行場のある八尾は、必然的に集中攻撃を受け、大被災の都市と化したことが確実である。

「大東亜戦争全史草案」とは

「大東亜戦争全史草案」は、昭和三一年（一九五六）に防衛研修所の戦史資料室に収蔵されていた。その由来は戦後すぐの昭和二〇年（一九四五）から昭和二九年（一九五四）までの間に、軍人の復員及び軍の残務処理の担当者が、その業務を適確に行うために、戦時の当事者に聞き取りを行い、残る手元の記録資料を集めて作成されたものとされている。

この膨大なかつ極秘の軍事資料を自由に引用使用できる立場にあったのが、元大本営陸軍部作戦課長でありながら、戦後は一転して連合軍の司令部の歴史課員となった服部卓四郎である。同氏が著作者として昭和二八年（一九五八）に同名の『大東亜戦争全史』を出版し、結果として戦後初めての準公式な太平洋戦史として扱われた。『戦史叢書』が登場するまで唯一の権威あるものとされていたという。

この中には当然、草案と同じように航空及び海上部隊の作戦計画のなかに「決号航空作戦に関する陸海軍中央協定」の中に大正飛行場のこと、大和飛行場のことが記載されている。同書は昭和四〇年（一九六五）に再版されたが、一貫して記述内容は変わらない。

同書は、服部個人の著作となっているが、草案のできた段階の事情といい、また元軍人の多数が関与したと思われる状況もあり疑念がある。筆者は、常に戦時の史実を証明してくれる公刊の『戦史叢書』が、その第一回目配本でさえ昭和四一年（一九六六）であり、日常的に参照している『本土防空作戦』は昭和四三年（一九六八）の発行であって、かついずれの戦史叢書にも大正飛行場への移動云々の記述は、書かれていないか省略されていたことについては不覚をとった。

そこで原点に戻って再度調べてみたのである。まず連合軍司令部が進駐後直ぐに、日本軍の動向を調べる質問に対する日本軍の公的な回答書を見た。昭和二〇年（一九四五）一〇月二九日から一一月三日付けの回答書の中に「決号航空作戦ニ関スル陸海軍中央協定」があるが、その第四、指揮関係には前段の記述はあるが、やはり後段の記述はないのである。これは第一復員省第一復員局の政治的な意図があるのかもしれない。連合軍に対して何事にも穏便に小さく、触れなくてよいものは触れぬというのが方針なのかもしれない。

戦史叢書の限界

結局、『戦史叢書』を編集する段階で何らかの圧力が働いて、肝心な部分が抜け落ちたまま、あるいはわざと脱落させて執筆、第一回の配本を行ったと想像する。

終戦時のとても重要で深刻な協定が、地元にとっては重大で切実な影響がある箇所が、何人もの執筆者や編集者が関わってきた『戦史叢書』のいずれにも取り上げられなかったのである。むしろ終始一貫して記述することを避けているのは『戦史叢書』なのである。

元復員省の史実調査員の奥宮正武氏は、『太平洋戦史の読み方』の中で、「『戦史叢書』は資料の多いものには多くの頁を割り当てられるが、たとえ重要な事項でも資料が少ないものは簡略にされているようである。したがって記載されていない重要な事実があることも忘れてはならない。」と述べている。

また陸軍史研究会の『日本陸軍の本総解説』では「『大東亜戦争全史』は服部卓四郎著とはなっているが実際には各戦域の作戦参謀級の幕僚が分担執筆し、稲葉正夫（終戦時陸軍省軍務局軍事課員）が纏めたもの」と言っている。

海軍の指揮官の位置については高野眞幸氏の著作がある。『幻の天理「御座所」と柳本飛行場』は海軍総隊が位置するという大和飛行場を、その所在地から柳本飛行場（現・奈良県天理市）と表現し、近郊の山麓に残る地下壕の調査を行ない、海軍の一部には長野県松代に先立つ「御座所」にする案があったことなどに触れている。

屯鶴峯の洞窟が掘られて、陸軍の大正飛行場との通信網が作られつつあったこと、海軍の大和飛行場とこれを支援する天理の洞窟が整いつつあったことは、航空総軍が西進して八尾の大正飛行場に本当に移駐する計画であったことを、現地の遺跡が物語っている。文書資料が乏しくても現物が残存している限り、地元の史実の解明に努めるべきである。

[参考文献]

「航空総軍後方関係命令綴」(防衛庁防衛研究所戦史室所蔵)
「連合軍司令部の質問に対する回答文書綴」(一九四五年一〇月二九～一一月三日)(防衛庁防衛研究所戦史室所蔵　国立公文書館アジア歴史資料センター閲覧　REFC―5010006200)
「大東亜戦争全史草案第9編」(一九五六年　国立公文書館アジア歴史資料センター閲覧　REFC―307134180)
服部卓四郎『大東亜戦争全史』(鱒書房　一九五三年)
服部卓四郎『大東亜戦争全史』(原書房　一九六五年)
防衛庁防衛研修所戦史室『戦史叢書　本土防空作戦』(朝雲新聞社　一九六八年)
防衛庁防衛研修所戦史室『戦史叢書　大本営海軍部・連合艦隊(七)』(朝雲新聞社　一九七六年)
防衛庁防衛研修所戦史室『戦史叢書　大本営陸軍部(一〇)』(一九七五年)
防衛庁防衛研修所戦史室『戦史叢書　陸軍航空の軍備と運用(三)』(朝雲新聞社　一九七六年)
『屯鶴峯地下壕』(香芝朝鮮文化研究会他　一九九二年)
陸軍史研究会『日本陸軍の本　総解説』(自由国民社　一九八五年)
奥宮正武『太平洋戦史の読み方』(東洋経済新報社　一九九三年)
馬島珪一「書簡文」(一九九八年)
高野眞幸『幻の天理「御座所」と柳本飛行場』(奈良県での朝鮮人連行に関わる資料を発掘する会　二〇〇三年)
大西進『日常の中の戦争遺跡』(アットワークス　二〇一二年)

Ⅱ 河内の戦争体制とその戦後

大西進

陸軍大正飛行場と河内の軍事遺跡は、日本の産業・軍事の中心である大阪市を空からの攻撃から守るための防空体制を構築する施設の痕跡である。防空体制によって造られたさまざまな軍事施設や防空緑地・防空空地帯の跡が敗戦後の都市計画や産業の復興の礎となるという逆説の歴史を刻む。戦争末期に建設されたこの地域の軍用飛行機工場の道行きもそれぞれの地域の歴史に大きな足跡を残している。

1　大阪府域東部（河内）の防空体制

大阪の防衛力の進展

大阪は地理的には日本本土の中央に位置することから、対外防衛上では常に重要な拠点になっていた。幕末には大阪湾岸に台場や砲台を設け、外国の黒船の侵攻に備えた。明治政府は国防のために富国強兵策をとり、大阪を陸軍の養成地として、明治一二年（一八七九）には造兵司、後の砲兵工廠を建設し、明治二一年（一八八八）には陸軍第四師団を設置した。

以後に航空機体の生産を除き、太平洋戦争が終結するまで、大阪砲兵工廠と陸軍第四師団は大阪の軍事、軍備や民間を含む軍需のすべてに関与し決定づけた。そして日清戦争、日露戦争時には大阪が海外への侵攻作戦の、有力な兵站基地として機能していたのである。

実戦に対応する軍備は、日清戦争（明治二七年（一八九四））に備えて軍は敵艦船の進入が予想される紀淡海峡に、新式の大砲をもつ由良要塞を築き、陸軍は要塞部隊と後備部隊が、海軍は水雷隊と海兵団が防衛の任にあたっていた。由良要塞は和歌山県の深山と友ケ島、兵庫県の生石に、今に至るも堅固な砲台群と付属施設を残しており、日本が外征して勝利する戦争をしていた間は無用とされたが、太平洋戦争でＢ29機による南方向から来る大阪空襲を受けるに至って、高射砲の陣地に復帰した。

大阪の防衛体制は昭和一二年（一九三七）まで陸軍第四師団が中心であった。昭和七年（一九三二）の第四師団編成表では、大阪府下に本部が所在するのは司令部と、隷下の歩兵第七旅団、歩兵第八連隊、歩兵三七連隊、騎兵第四連隊、工兵第四連隊（高槻）、野砲兵第四連隊（現・和泉市信太山）となっている。

師団の経理部は大阪の軍事政策や軍人事の実務を司り、府民の防空を指導し、大正飛行場や伊丹飛行場、また恩智（現・八尾市）の射撃場でさえ用地買収や建設の当事者であり、終戦まで正に大阪の軍の顔であった。

師団にたいして、大大阪を自負する民間団体は大阪の防衛を委ね、紡績業に劣らぬ重化学工業や金属機械工業の軍の特需を期待し、昭和五年（一九三〇）には師団の新庁舎を民間募金のみで建てたのである。

また我が街を護るべき大阪師団へ、高射砲、航空機の献納が経済界と新聞社の催しで度々行われた。

師団は、攻撃的な地上戦闘を訓練し、外地での実戦指向の連隊を内部に編成していた。

防空体制の整備

軍の中央では第一次世界大戦（大正三年（一九一四））時から、航空機による空からの強大な攻撃力が、戦場を局地から敵国領土の全域に拡大し、空襲が前線の兵士に限らず、後方本土の全国民にまで加害する戦争に態様を変えたことを実例でもって認識し、防空体制を整えることが重要課題であった。

しかし実際上では、満州国を建てた昭和七年（一九三二）時点で、大阪の第四師団には未だ飛行戦隊の配備はされていなかった。

民防空の面では早くも昭和三年（一九二八）に第四師団が指導して、大阪市と官民の各種機関や団体に参加させ、防空演習を行い、全国初の事例となっていた。そして昭和九年（一九三四）には第一回目の、実際の空襲さながらの阪神防空大演習を行っていた。

戦時色が濃くなってきた昭和一二年（一九三七）に至り師団の上位に、戦時編制の中部防衛司令部が設置され、国土の防衛、その課題が防空体制の強化であった。中部防衛司令部により、他の師団隷下の飛行戦隊を編入して大阪の軍防空体制が緒に就いた。

昭和一二年（一九三七）に空襲を予見して被害を最小限に止めるために、「防空法」が施行されて軍防空に即応して、行政も国民全体も灯火管制、消防、防毒、避難、救護、防空に必要な監視、通信、警報の実施を求める体制が義務づけられた。

昭和一四年（一九三九）にはドイツが航空機と戦車をもってポーランドに電撃侵入し占領した。一方英国は既にレーダーによる地上からの管制で、体系的に敵の航空機を迎撃する方法を開発していた。海外のこうした情報の重大さとともに、陸軍では自らソ連軍と争ったノモンハン事件で敵の空軍機に攪乱させられ、航空作戦の巧拙の重大さを認識した。

この時以後に、大阪の防空体制は急速に本格的に増強されることとなる。戦時体制の中部軍司令部が昭和一五年（一九四〇）七月に発足して、第四師団のほかに防空専任飛行隊と要地に高射砲隊が配属された。これ等の部隊はやがて太平洋戦争に入り、第一八飛行団が四個飛行戦隊を配下にもつ第一一飛行師団に拡充し、砲隊が高射砲三個連隊と独立高射砲三個大隊をもつ高射第三師団に成長したのである。

軍の本土防空に対する思想

柳澤潤「日本陸軍の本土防空に対する考えとその防空作戦の結末」を参考にして当時の軍、官、民の防空思想の一端に触れてみたい。

本土防空の任にある陸軍は、日本の都市が空爆にはきわめて脆弱であり改造も不可能に近く、敵機の性能向上と爆撃力の増大を見通した上で、防空の最良手段は、敵に勝る空軍を育て機先を制して敵の航空基地を急襲し破壊するという、正に「攻勢防空」の思想が基調になっていた。

次に、本土要地に来襲した敵機に対しては、その地域に予め配備した防空戦闘機と高射砲を集合し、集中的に迎撃するとしたが、著しい敵航空機性能の進歩に、航空機も砲も立ち遅れている懸念があり、かつ配備数が過小であると認識していた。レーダーなどの電子技術の未熟も自認していたという。

しかし、国土防空の最初の検討から軍全体にあった攻勢第一主義の種が蒔かれ、外征思想が貫かれていたため、国内の防空装備は軽視され続け、弱体な兵力のまま、実戦の空襲の惨禍を見ることとなったという。

真に正確な分析である。戦時に普通に行われた論説を調査してみると、軍も政府もいかにこの近代戦争を甘く観測していたかを思い知らされる。

航空機が強大な戦力に発展することを知った少数の軍人は、同時に日本の都市が全く火災に弱く大損害を被ることを予見していた。行政に対して都市施設物に防空的な着意を求め、建物には不燃化を求め、都市内に防火帯を設けることを主張している。同時に民防空についても防空演習のこと、消防・救護等の訓練の必要性を説いている。都市の構造を変えるのは百年の大計であることを承知しつつ、可能なことのみを実行せよと説いていたと思われる。

太平洋戦争が開戦する昭和一六年（一九四一）の春頃の閣議決定では、都市が空襲に耐える対策として敵機への監視通信網の拡大強化、重要都市の防火施設の整備ならびに主要施設の防護、重要都市の現状以上の膨張抑制などが決定された。以後の大阪府域と大正飛行場で実行された軍・官・民の防空事業の方向は、この政策に基づいて行われている。

大阪の防空の基本的体系を精緻に描いた文献を筆者は未見であるが、調査した限りの大要を表記する。

軍の防空は先ず洋上の敵機を電波警戒機（レーダー）や偵察機で捉え、陸上では軍と官の防空監視哨で見張って軍司令部に通報する。作戦命令が発せられて迎撃戦闘機が発進し、要地に接近する敵機には高射砲隊が砲撃を開始する。

官行政は予め軍事施設用に土地の収用と建設を施行した。また住民避難のための防空緑地や延焼防止のための防空空地帯、街区内空地の指定を行なった。密集市街地では強制疎開を執行した。

空襲空爆の直接回避には軍・官・民がそれぞれの目的に適した防空壕を掘った。

住民は夜間の空襲に備えて灯火管制を行い、火災の自力消火、負傷者の救護、自家の防空壕掘り、防空訓練を受けること、隣組での助け合いが国民の義務とされた。

大阪東部（河内）の陸軍防空体制

本章では大阪府東部（河内）地域の太平洋戦争が予見された時期からの軍の装備を具体的に紹介することとし、次章においては軍の装備以外の大阪府がした都市計画的な防空事業の実際例を紹介する。

先ず本土の潮岬など太平洋岸に置いた電波警戒機乙（レーダー）で、敵機を洋上二〇〇キロメートルに捉え、次いで大阪湾口に電磁波を発する複数の電波警戒機甲で位置を知った。また同時に敵機情報を得て第一一飛行師団司令部は、専属の司令部偵察機を飛ばし追尾させた。さらに敵機が本土に接近すれば、船上と陸上の要所の高地に設けた中部軍と飛行師団の軍監視哨と後述する民防空監視哨が動向を監視した。

中部軍の作戦に従い、地上部隊の高射第三師団司令部（通称号炸）は大阪南地区の一二一連隊、北地区の

図 11 中部高射砲集団阪神要地防空配備要図（戦史叢書『本土航空作戦』）

一一二連隊、西地区の独立高射砲一一大隊に伝達し、連隊は配下の照空、高射砲、高射機関砲、聴音隊に戦闘態勢を命じた。

大阪東部では高射砲は大阪市域を同心円的に守備する形に、守口（守口市）、鶴見緑地（大阪市鶴見区）、今津西（大阪市城東区）、真田山（大阪市天王寺区）、巽（大阪市生野区）、大正飛行場（八尾市）、長居（大阪市東住吉区）、大泉緑地（堺市）に布陣していた。高射砲は鶴見緑地と真田山と今津西と大泉緑地には強力な口径八センチメートル砲が配備されたがその他は七センチメートル砲であった。有効射程は八キロメートルと七キロメートルとされていた砲である。照空灯と聴音機は夜間や曇天時に光線か音で敵機を捉え、高射砲隊に位置を知らしめる兵器であった。

各高射砲の陣地と各照空隊本部は対をなし、各照空隊本部には五から六か所の分隊が所属して群をつくっていた。分隊には照空灯と聴音機を備えていた。

照空分隊は古川橋（門真市）、横堤（大阪市鶴見区）、三ツ島（門真市）、鴻池（東大阪市）、長田（東大阪市）、今里（大阪市東成区）、小阪（東大阪市）、長瀬（東大阪市）、若江（東大阪市）、萱振（八尾市）、久宝寺（八尾市）、八尾、平野（大阪市平野区）、六反（大阪市平野区）、瓜破（大阪市平野区）、三宅（松原市）、丹南（松原市）、石原（堺市）

全神經を空へ・護る帝都
晝間さへ休みなし
敢闘續ける"空の戰闘主體"
照空隊
高射砲隊
亂射をつゝしむ
この"自信"と"心構へ"

図12 地上防空兵器の新聞記事
（東京朝日新聞 1944 年 12 月 13 日付）

などに配備された。しかし位置は固定的でなく移動している。

高射機関砲隊は空襲の状況に応じて機動的に配備された。大正飛行場には一四門が配備されていた。さらに外周部には独立の聴音隊がいて飯盛山、生駒山、上垣内（奈良県平群町）、信貴畑（奈良県平群町）、恩智（八尾市）、国分（柏原市）、大道（太子町）、大ケ塚（河南町）に配備されていた。

民防空監視哨は大阪府警察局が管理していた。府下には一三か所に分散設置されていた。大阪東部では二上山の雌岳頂上に昭和一五年（一九四〇）に新設された。二四時間、六、七人の若い訓練された監視隊員が常在して、大阪と奈良の視界内の敵機を捉え、即時に防空本部に直通電話で報告していた。昼間は望遠鏡で目視し、夜間曇天時は地中の聴音壕で爆音を聞き分け、機種、機数、高度、進行方向を観測していた。結果として監視精度は極めて高かったという。（拙著『日常の中の戦争遺跡』Ⅳ-13「対空監視哨」参照）

飯盛山頂にあった監視哨は昭和一八年（一九四三）に軍監視哨に統合されたが、当時の監視小屋が残存している。また生駒山頂にある遊園地の飛行塔が戦時は海軍の監視哨に転用されていた。

陸軍航空部隊の防空体制

陸軍飛行戦隊に防空戦闘を発令するのは第一一飛行師団司令部であった。

師団司令部は近畿圏と東海圏を中心に静岡から中・四国の東部までの広域の防空を担当し、隷下に四個の防空専門の飛行戦隊を置いていた。

隷下の戦隊とは偵察の独立飛行第八二中隊と、近畿圏を護る大正飛行場に第二四六戦闘隊、伊丹飛行場に第五六戦闘隊、東海圏を護る小牧飛行場に第五五戦闘隊、清州飛行場に第五戦闘隊であった。他にも大阪府下では盾津飛行場と佐野飛行場が師団の支配下にあった。

迎撃戦は敵機の動向について、中部軍司令部からの情報に加えて、師団が独自に設けた監視網からの情報と気象班の予報をもとに作戦を立て、各戦隊に出撃命令を出したのである。

太平洋戦争の実際の状況は、昭和一九年（一九四四）秋からの陸軍航空隊による近畿と東海圏での防空戦闘はB29、グラマン、P51など敵機に対して、各飛行場から発進する鍾馗、飛燕、疾風、屠竜など陸軍戦闘機がかなりの戦果を挙げていた。

しかし時間の経過とともに飛行機の性能は次第に後れを取り、損耗に比べて補充生産が無く、昭和二〇年（一九四五）春以降はB29への迎撃は行うが、敵の小型機には出撃しないという消極的な戦術に変わった。昭和二〇年（一九四五）七月頃には敵の小型戦闘爆撃機の跳梁激しく、本土決戦のために温存していた戦闘機を使っても空襲機に対してやむなく体当たり攻撃に傾いたのである。

昭和二〇年（一九四五）四月に創設された航空総軍の統制力をもってしても、国の工業生産力の反映である戦力の回復はならず、飛行戦隊の迎撃戦闘は特攻戦のみしか戦術がなく、師団配下の飛行場は沖縄方面に向かう特攻隊の中継ぎ基地をも兼ねたのである。

大阪の防空飛行場

陸軍航空部隊が根拠地にした大阪の飛行場の由来を説明する。

昭和一六年（一九四一）に陸軍が飛行戦隊の根拠地飛行場としていたのは八日市、各務原その他の飛行場であり、機動飛行場としたのは盾津、伊丹、大正、佐野飛行場であった。

盾津、伊丹飛行場と大正飛行場について、軍備としての成立経過をみると、帝国陸軍の威力と計略が透けてみえる。

盾津飛行場は昭和九年（一九三四）に笹川良一が住友財閥の寄付を仰いで、近畿大防空演習に合わせて建設し、軍に献納した。第四師団は資金難であったが、軍中枢と新聞が新設を呼号し民が同調した結果であった。

伊丹飛行場は昭和一四年（一九三九）初に、半官半民会社の航空路線と、逓信省の郵便輸送をもつ飛行場として逓信省予算をもって成立した。ただし陸軍は場所選定から買収、工事施工までに関与し、軍民共用を目論んでいた。大型機の使用が出来るように拡張した昭和一六年（一九四二）には、開戦時対応として陸軍の根拠飛行場に指定され、直ぐに飛行戦隊が配備された。そして戦時中は完全に軍専用の飛行場として使用された。

大正飛行場はその起源が阪神飛行学校であり、民間の資金をもって建設された。当然第四師団が関与していた。昭和一五年（一九三五）には陸軍が学校を接収し、民間を主に大阪府、市、軍が資金を拠出して大拡張を行い、戦時対応として直ぐ飛行戦隊が常駐した。大正飛行場の滑走路は本土防空の中心となる高規格の新鋭であった。すなわち滑走路は長さ一六〇〇メートルと一三〇〇メートルの二本が交差するもので、幅一〇〇メートルがコンクリート舗装され、当時東洋一と言われていた。間もなく近畿圏と東海圏の防空を担う第一一飛行師団司令部の所在する飛行場となった。

師団隷下の飛行第二四六戦隊は専用のコンクリート造の戦闘指揮所をもっていた。この建物が今も残存して自衛隊の広報展示室となっている。

さらに飛行機の修理と物資の補給を担当する大阪陸軍航空廠を併設した。航空廠は大大阪の工業生産力を背景に成立し、燃料を含め単なる整備工場、補給所でなく、

図 13 陸軍大正飛行場周辺の軍備（国土地理院蔵 1948 年米軍撮影の空中写真）
①大正飛行場 ②第 11 飛行師団司令部 ③飛行第 246 戦隊 ④大阪陸軍航空廠 ⑤飛行偵察第 82 中隊（旧阪神飛行学校跡）⑥高射砲陣地

軍防空を支える重要な兵站基地であった。

また大正飛行場では飛行機を空襲から防護するため、多数の掩体壕が造られた。八尾市垣内に一基現存しており戦争遺跡として全国的に知られている。

これらの三飛行場に共通する経緯は、民間と官の資金で建設はしたものの、実際の使用は戦時においては軍専用であったことである。なお、佐野飛行場は昭和一九年（一九四四）に陸軍航空本部が飛行戦技の教育所として開設したが、戦況に対応して実戦の特攻用に、また防空用に転じた。

これらの飛行場は本土への空襲機を迎撃する防空飛行場として活用されていたが、連合軍のフィリピンから沖縄への上陸進攻が始まると、本土に残る飛行機を特攻に使わざるを得ず、その中継ぎ飛行場ともなった。

終戦時　大阪の防空

大阪府域への最初の空襲は、昭和一九年（一九四四）一二月一九日の深夜、B29が航空機工場を標的に爆弾を落としたのがはじまりである。そして大阪大空襲と言われる昭和二〇年（一九四五）三月一三日の都市焦土爆撃の日までに、二三回の爆撃があった。この間は高射砲隊も戦闘機隊も健在であり防空の実績があった。

ところがこの日一日の空襲は、終戦までに受けた被災家屋三四万四二四〇戸の四〇％、被災者一二二万四五三三人の四一％、死者一万二六二〇人の三二％をしめる凄惨なもので、応戦した軍の高射砲隊

図14　陸軍大正飛行場における出陣式（フィリピン進攻時）
（武田喬提供）

と飛行戦隊も大きく消耗したのである。

大都市が三月の空襲でほとんど壊滅状態になり、軍の反撃戦力の減退が明らかになった昭和二〇年（一九四五）四月に、陸軍は航空戦力を一元的に統合し、特攻作戦を主にして本土決戦に臨むため、航空総軍という指揮組織をつくった。

しかし現実の状況は、ますます空襲は激しくなるが、迎撃する戦闘機も砲弾も減退する一方であった。大阪府下では昭和二〇年（一九四五）三月の大空襲以後に、大空襲を七回受け、単発的な空襲に二七回も見舞われた。一回の空襲に敵軍は数百機の編隊で押し寄せてくる実状に対して、これに対抗するべき第一一飛行師団が保有した固定防空用の戦闘機は、七月時点で僅か八二機であった。大正飛行場を根拠地とする固定防空の戦闘機は僅か一八機という実態であった。高射砲隊では一発必中という形で砲弾を極端に節約したという。

一方で軍中央では航空総軍の実行力に期待していた。

すでに近海の制空権・制海権を奪われた戦況のなか、昭和二〇年（一九四五）秋には九州南部への米軍上陸、更に昭和二一年（一九四六）春の首都への上陸侵攻が予想され、航空総軍は司令部を本土の中心に位置する大阪に西進し、大正飛行場に設定して本土決戦の統合指揮を計画していた。

大正飛行場には第一一飛行師団が常在し、滑走路や情報通信機能が優れ、修理や加工の装備の整った航空廠を併設しており、ここに総軍を移動する戦略が効果的であった。

終戦時には、総軍の戦闘指令所用に総軍直轄の地下建設隊が屯鶴峯

図 15 大正飛行場への連合軍の進駐
（福林徹提供　米国国立公文書館蔵）

（現・奈良県香芝市）に掘った延長二キロメートルの地下壕が完成し、航空部隊全軍と結ぶ有線・無線の複数の通信網は整備の途上にあった。

昭和二〇年（一九四五）八月一五日に終戦をむかえて大正飛行場に航空総軍は移駐しなかったが、仮にも戦争が長引けば航空総軍所在の八尾は自ずから軍事施設の大集積地となり、反面に空襲の好目標となって大被害を受けたと予想されるのである。

なお大正飛行場は終戦後の九月二八日に進駐した連合軍第六軍第一軍団第九八歩兵師団によって、武装解除がなされ接収されたのである。

〔参考文献〕

岩田恒『空襲と都市防空』（大阪市教育部　一九三七年）

磯村英一『防空都市の研究』（萬里閣　一九四〇年）

防衛庁防衛研修所戦史室編『本土地上防空作戦記録（中部地区）』（復員局　一九五一年）

防衛庁防衛研修所戦史室編『戦史叢書　本土防空作戦』（朝雲新聞社　一九六八年）

砲兵沿革史刊行会編『砲兵沿革史　第四巻（下2）』（偕行社　一九七二年）

近藤新治・生田淳『目でみる陸軍百年史』（端午会

図16 連合軍による武装解除（福林徹提供　米国国立公文書館蔵）

一九七五年）
防衛庁防衛研修所戦史室編『戦史叢書　陸軍航空の軍備と運用3』（朝雲新聞社　一九七六年）
下志津修親会編『高射戦史』（田中書店　一九七八年）
小山仁示『大阪大空襲』（東方出版　一九八五年）
小山仁示・芝村篤樹『大阪府の百年』（山川出版社　一九九一年）
原剛・安岡昭男編『日本陸海軍事典』（新人物往来社　一九九七年）
北村恒信『戦時用語の基礎知識』（光人社　二〇〇二年）
柳澤潤「日本陸軍の本土防空に対する考えとその防空作戦の結末」（『戦史研究年報』第一一号　防衛省防衛研究所　二〇〇八年）
塚崎昌之「伊丹飛行場の成立の背景と戦時期の軍用飛行場の実態」（『地域研究いたみ』第三九号　二〇一〇年）
大阪空襲写真集編集委員会編『写真で見る大阪空襲』（ピースおおさか　二〇一一年）
大西進『日常の中の戦争遺跡』（アットワークス　二〇一二年）
原田敬一編『地域のなかの軍隊　四（古都・商都の軍隊・近畿）』（吉川弘文館　二〇一五年）

2 防空構想・施策と戦後の都市計画

本章では国内には様々な防空構想があったが、そのうち大阪府域で実施された事例について解説する。

国の行政施策においては、戦前から木造建物の密集する都市の危険性を指摘して火災対策の必要性を説く向もあったが、実施された都市計画としての防空緑地の建設は開戦時の昭和一六年（一九四一）からであり、防空空地帯の指定は戦時中、直接的な延焼防止策である建物疎開事業は激しい空襲に曝されてからであった。

空襲が予想された大都市では災害の拡大防止や住民の避難地として、また軍や官の予備地、救難基地として大規模な防空緑地を近郊に新設した。また東京都と大阪府では都心からの延焼を遮断し、多大な避難者を収容し、軍備の予備地として幅広に環状の空地帯を設定し建築制限をかけた。

実際に受けた空襲が激烈なものであった都市では、市街地の火災の拡大を防止し、重要建物への延焼を止めるために、予防措置として建物を破壊・除去して空地帯を造るために建物疎開を行った。

大阪府が施行した防空施策について、次の二件はやや特異な事例と考えられるので本章に記録する。

府道八尾枚方線の一部は建設時の昭和一三年（一九三八）から、軍用の予備滑走路として利用出来るよう設計された。

陸軍大正飛行場の水濠は建設時の昭和一五年（一九四〇）から、切れ目なく全周を囲み幅広に設計され、戦中戦後には貴重な公有水面であったとともに、戦後には工業団地に必須の道路と水道敷地に容易に転用出来たのである。

戦時防空緑地

大阪府は国策に従い太平洋戦争の始まった昭和一六年（一九四一）一二月に、防空都市計画として服部緑地（約一六〇万平方メートル・四九万坪）、鶴見緑地（約一三〇万平方メートル・四〇万坪）、久宝寺緑地（約一三〇万平方メートル・四〇万坪）、大泉緑地（約一二五万平方メートル・三八万坪）、を急いで戦時防空緑地に指定し買収した。

目的は「一朝有事ノ際、軍防空兵力配置ニ備エ、平時青年学生ノ演練、府民ノ厚生ニ充ツ」である。具体的には高射砲、照空灯、聴音機他の兵器の配備、滑走路の新設、防空器材倉庫、演習場宿営地を予定し、残りを馬場、漕艇場、運動場に使う計画であった。今一つの目的は大阪の空襲から逃れる避難者を、多数収容できる空地の確保であった。このため大阪に通じる幹線道路二本と、河川に二箇所で接する位置にあるという条件を備える必要があった。

事実、戦時には大阪大空襲の際にも

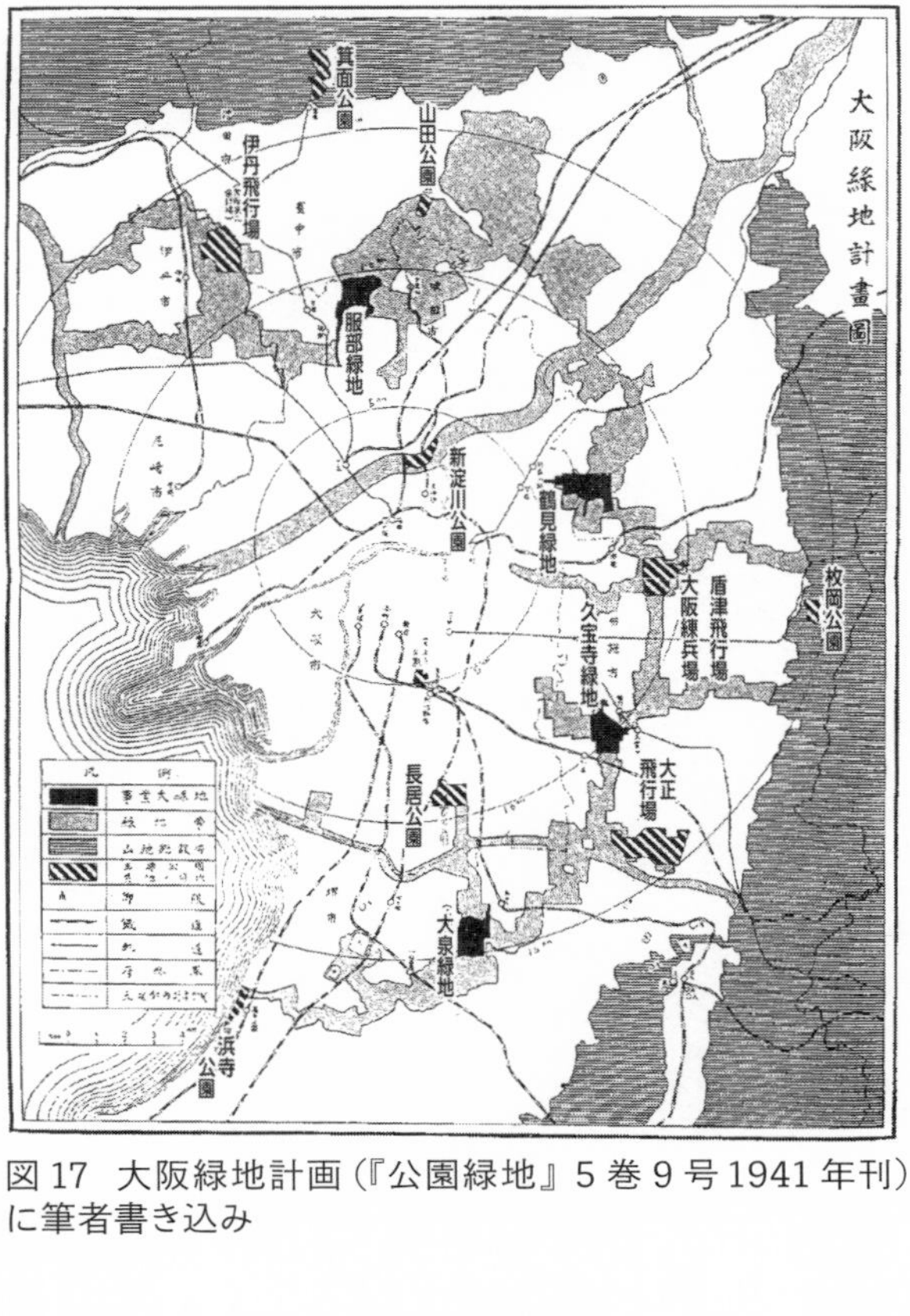

図 17　大阪緑地計画（『公園緑地』5 巻 9 号 1941 年刊）に筆者書き込み

大阪からの避難者を受け入れ救護する場所として重要であったという。

また久宝寺緑地以外の三緑地には高射砲の陣地があり、軍用地の色彩が濃かったとも言われている。

建設当時の状況について、久宝寺緑地の場合は四〇万坪の殆どが優良農地であったが、戦時の施策では買収は憲兵立会で否応無く強制的に、いわゆる戦時統制価格が適用されて即日押印させられた。

戦後の久宝寺緑地は農地解放により土地は元の地主に戻ったが、過半の土地は昭和三〇年代の都市集中で木造や鉄骨造二階建が連続する新興住宅地になり、昭和五一年（一九七六）に遂に計画変更を行い現況の範囲の約五〇万平方メートル（一五万坪）に縮小した。

戦後の服部緑地と鶴見緑地は戦時の面積が公有化され、大泉緑地は概ね七割の面積が買い戻され公有地になり、現在は府民の望む慰楽休養の場になっている。

大阪の四大緑地と同じく、名古屋、東京の名のある大規模な公園緑地の大半は、戦時法制がもたらした防空緑地の現在の姿であり、戦争の遺産であるといえる。

防空空地帯

本土への空襲が現実のものとなった昭和一八年（一九四三）には大阪と東京圏にのみ、大空襲を予想して防空空地帯を設定した。目的は大阪市域を中心に環状の空地帯（幅一〇〇〇〜二〇〇〇メートル）と放射状の空地帯（平均幅四〇〇メートル）を設定して、空襲されて発生する大火災を遮断する防災火除地、被災者の避難地、救護のための資材の集積地、予備の高射砲や照空灯の陣地などの軍要地にするものであった。

地内では農林業、公園、運動場、緑地のみの使用が許可されるものであり、それ以外の工作物は禁止された。大規模な土地の使用制限であり、また農作業用の小屋以上のものは建築制限が行われたのである。

今に残る区域参考図によれば内環状空地帯五ヵ所約七七〇万平方メートル（二三四万坪）、外環状空地帯五ヵ所約六四五〇万平方メートル（一九五五万坪）、放射状空地帯四ヵ所約五七〇万平方メートル（一七四万坪）で、合計約七八〇〇万平方メートル（二三六二万坪）におよぶ壮大な都市計画であった。

外環状空地帯のうちに河内空地帯が含まれ現在の大東市、東大阪市、八尾市の一部（府道八尾枚方線の予備滑走路を含む）が指定され、長吉空地帯には現在の八尾市の一部が指定されている。放射状空地帯のうちに高井田空地帯が含まれ現在の東大阪市の一部が指定され、久宝寺空地帯には現在の東大阪市と八尾市の一部が指定されている。

当時の都市の構造を根本から変え、不燃都市を構想して木造密集市街地の膨張を抑制しようとした、さらに産業公害を抑止する緑地帯構想と結びついていたという説もある。

戦後は緑地地域制度や市街化調整区域制度などの土地法制度が適用されるなどの変遷を経て、防空空地帯の過半が、戦後に設定された「三環状一〇大放射線」という、戦後の幹線道路事業の敷地に変身し、交通面ではかなり有効に活用されていることが読み取れる。

大阪東部地域においては河内空地帯と長吉空地帯が現在の大阪中央環状線（大阪府道二号）に転じている。

図 18　大阪防空空地および空地帯配置図
（『公園緑地』7 巻 4 号 1943 年刊）

また高井田空地帯は現在の国道三〇八号そのものである。
戦時の強硬な空地の保存政策が、戦後の幹線道路事業に貢献している反面に、人の健康に寄与するべき公共用地の緑地帯は殆ど実現されておらず、夢幻に終わっているのである。

建物疎開

本土への爆撃が迫る昭和一八年（一九四三）一二月には市街地の延焼防止のために建物疎開が始まる。その目的は、市街地の中心部で、可燃性建物が密集する地域に延焼を遮断するための幅広の空地帯を造ることであり、軍事施設、軍需工場、重要施設を保護するために周辺に幅広の空地帯を造ることであった。また市街地の中で消火や防災活動の拠点にする数多くの小空地を造ることであった。

そのために支障する建物と工作物を強制的に解体撤去させて、その跡地を帯状の空地帯、間引き小空地にする事業であった。都市を焦土にする焼夷弾攻撃に対して、受け身の国の作戦は被害を最小限に止めようとした表れである。

建物疎開とは防空法の改正で、昭和一八年（一九四三）一〇月から内務大臣、後には知事が区域を計画設定して、建物所有者に除却、改築その他必要な措置を命じ、必要な補償は公費でするとしたのが法的根拠であった。

図 19「建物疎開」のポスター（昭和館提供）

当然この事業は緊急性があり、指定されると同時に持主の意向は無視され建物破壊が強行されたから、事務を含めて執行は警察局の担当であった。このため対象地の住民は突然に通告を受け、通常一ヶ月以内の短時日に営業中止、空き家探し、荷造り、引っ越し、建物撤去、後片づけを余儀なくされる過酷な事態が発生した。補償も行われたが戦時統制の価格であり、不十分なものであった。しかし当時はこの国家事業に対して異議申し立ては禁物であった。

指定の目的は四種類あった。第一は疎開空地帯で、重要地域を貫通する空地防火帯を設け、災害を遮断し避難路とするもの。第二は重要施設疎開空地で、軍備、軍需工場、官公署、変電所、水源地などの周辺五〇メートルを空地にするもの、第三に交通疎開空地で、重要駅前広場や鉄道沿線、幹線道路沿線を空地にするもの。第四に密集市街地に分散して小規模の間引き空地にするものであった。

大阪府下での建物の強制疎開は、大阪市から始まり逐次郡部に展開し、大阪東部では旧布施市域を始めとして旧八尾町と旧龍華町でも実施された。

まず大阪市内の九〇〇〇戸の第一次建物疎開が昭和一八年（一九四三）一二月を始めと

疎開荷物
警察署に相談所
三日から 輸送特別処理期間
建物疎開に 戦車も出動

図 20　建物疎開の新聞記事
（朝日新聞 1945 年 4 月 1 日付）

して、以後堺、岸和田、布施、守口へと建物疎開を推進した。旧布施市域では昭和二〇年（一九四五）二月から終戦までに四回の疎開が行われ三八八三戸が撤去された。郡部であった旧八尾町と旧龍華町でも昭和二〇年（一九四五）七月に一九七戸が疎開した。結果として大阪府下の九万二〇〇〇戸に強制疎開が行われたのである。

終戦時においても空襲はますます激しく、一方軍の防空戦力は減退していたため、建物被害を止めるには計画的に建物疎開を進めるほかに策はなく、次々と施行命令が出されていたのである。

予防的な建物疎開の効用について、府下の空襲の被災は大阪府警察局が調べた「大阪府空襲被害状況」には、死者一万二六二〇人、家屋の被害三四万四二四〇戸、罹災者一二二万四五三三人とされているから、もし事前の疎開が行われていなければより多くの被害が生じたと思われる。

疎開空地と戦後の戦災復興計画

空襲に被災した跡地や建物を強制疎開した空地は、戦後の都市計画に重大な影響を与えている。旧布施市域にある現在の駅前広場や駅に結ぶ街路は、戦時の疎開地と空襲地を最大限度まで活用していることは当然のことであり、現在の地図でみて、ある区間のみ異常に幅広の街路を見出すことも出来る。

これらの戦争時の短期間に生じさせられた公共用地の偉大さ、国家総動員法の持つ威力は、戦後に行われる都市計画事業の遅々たる進行に比べて巨大と思える。戦争は技術革新の母と言われるが、都市計画事業を実行した父と言っていいと思う。

戦時に公有地化された建物疎開跡地や権利関係の不確かな空襲跡地は、戦後の生活を支えたとも言える闇市の適地であったため、戦後の長期間にわたって違法状態で占拠されたのも事実である。

旧布施市ではこうした疎開跡地や空襲跡地に重ね合わせながら、戦災復興事業として、早くも昭和二一年

（一九四六）九月には、旧布施市中心部の駅前広場や駅に結ぶ幹線道路、街区の公園と区画整理地を事業決定している。旧八尾町では生産都市復興事業として昭和二二年（一九四七）二月から表町通の道路建設事業を始めている。

筆者の私見ではあるが、現在に生きている殆どの旧布施市域の立派な駅前広場や駅に結ぶ幹線道路、ならびにある区間だけ異常に幅広く膨らむ街路の姿は、戦時の強制疎開の実施地そのものであると考えている。またその陰には戦時の国家総動員政策がもたらした多くの犠牲と災禍があったと考えている。

なお建物疎開の詳細については本書Ⅳ‐6「東大阪の建物疎開」と拙著『日常の中の戦争遺跡』所収のⅤ‐15「強制疎開」を参照願いたい。

その他の戦時施策

予備滑走路　府道八尾枚方線

大阪府は昭和一二年（一九三七）に府域を南北に貫く府道八尾枚方線道路を新設するにあたり、軍用道路としての利便に加えて、大正飛行場の開設（昭和一六年（一九四一））を予想してその予備滑走路の機能を持たせた。延長二キロメートル区間を直線に不陸なく、幅九メートルをコンクリート舗装で施工し、両側各一〇メートルを建築物の禁止区域に指定して、小型航空機の発着を可能にする設計であった。道路は枚方の兵器弾薬庫、盾津飛行場、八尾町、阪神飛行学校を経て信太山を結ぶ軍用道路であった。当時は飛行場との接続道路には高率の国庫補助があり、飛行道路と称した国策事業であった。

戦後に現地に掲げられていた告知板「非常時に於ける救援連絡　航空機離着陸予定地　之より前方一〇〇〇米区間　昭和三十年六月　大阪府」により、この道路が戦前から戦後の昭和三五年（一九六〇）頃まで予備滑走路として認識されていたことが解る。

また府道八尾羽曳野線の一部には終戦間際の頃に、本土決戦用に「と号飛行場」が設定された。藤井寺市の藤が丘付近が大正飛行場の秘匿飛行場に指定され、特攻機の使用を目論み道路を改造した。沿道建物を撤去して約六〇〇メートルの長さの直線区間が二か所設定された。駐機場には古墳の空堀や沿道空地を用い整備兵も常駐し、実戦体制であったという。

大正飛行場の水濠

軍部では、飛行場などの軍事施設を設けることを築城と云い、外周を囲う水濠も築城の一部であった。大正飛行場の水濠は、軍用地と民有地の境界に沿って四周全体に掘られた環濠であり、総延長一一キロメートルを測る。水濠の幅員は最低でも二〇メートルを測り最大は五〇メートルに達するものであった。他の飛行場では見られない大規模な水濠を掘った理由は、二八〇ヘクタールの一面の水田を完全に排水するために容量の大きい水濠を要し、飛行場内を貫流していた河川を外周の水濠に移設したことにあった。

しかし、軍設備とは言え木造建築が殆どであった飛行場内で、空襲による火災発生時の消火用水に使用出来ること、被爆しやすい高射砲や機関砲の陣地にする空地帯であったこと、飛行機を護る掩体壕の配置場所であったこと、外敵の侵入を防ぐ防壁になっていたこと、場外の農地への農業用水に使えることなど効用の大きい水濠であった。

戦後の水濠はその幅広の敷地全体が公有地に編入され、都市計画の各種施設の底地に転用された。工業団地を成立させる条件には基幹線の道路や水道が不可欠であるが、これらの敷地はもとより区画街路や駅前広場の敷地に元の水濠敷地が転用されている。また一部の水濠では長大な洪水調整池を建設し、平常時は親水公園として活用している。

戦争時に農地を強制的に買収して造った大正飛行場の一部であった水濠が、現在の都市計画を容易に施行するための重要な公有地となっている。

なお予備滑走路と大正飛行場の水濠については拙著『日常の中の戦争遺跡』所収のⅢ‐8「軍用予備滑走路――府道八尾枚方線」とⅡ‐6「大正飛行場の水濠」を参照願いたい。

［**参考文献**］

「緑地設定事業ニ対スル答弁資料」（大阪府　一九四〇年　大阪府公文書館蔵）
『公園緑地』第五巻第九号（日本公園緑地協会　一九四一年）
『公園緑地』第七巻第四号（日本公園緑地協会　一九四三年）
「大阪防空空地及空地帯指定参考図」（大阪府警察部　一九四三年）
防衛庁防衛研修所戦史室編『戦史叢書　本土防空作戦』（朝雲新聞社　一九六八年）
小山仁示『大阪大空襲』（東方出版一　九八五年）
越澤明「大阪の公園緑地計画の推移」（『公園緑地』第五一巻第二号　日本公園緑地協会　一九九〇年）
木村英夫「戦前における大阪の都市計画」（『公園緑地』第五一巻第二号　日本公園緑地協会　一九九〇年）
石原佳子「大阪の建物疎開　展開と地区指定」（『戦争と平和　大阪国際平和研究所紀要』一四　二〇〇五年）
大西進『日常の中の戦争遺跡』（アットワークス　二〇一二年）

3　航空機産業の戦中戦後

太平洋戦争において、航空機は戦力兵器の中心であり、その性能と物量が勝敗を決したともいえる。ノモンハン紛争や日中戦争で航空機の重要性を再認識した軍部は、以後民間の航空機製造会社はもとより、自らの軍工廠に対しても性能の向上と生産技術の改善を要求した。

その結果として太平洋戦争の開戦時においては各社の技術開発の競争の成果があって、零式艦上戦闘機に代表される優秀な航空機を輩出させていたのである。

太平洋戦争は緒戦にはこれらの航空機を活用して攻勢であったが、前線が遠くかつ広域に拡大するにつれて、生産力は増えず兵力の補充は徐々に損なわれた。一方米国軍の戦力は時間の経過とともに急回復を見せて反撃に転じ、次第に日本軍は制空権も制海権も奪われる戦況になった。

そこで軍と政府は兵器の生産とりわけ航空機の増産に躍起となり、関連の部品工場を含めて民需品の製造を抑制し、軍需品製造に集中させるために徹底した統制を加えたのである。すなわち衣料品に関わる紡績工場などは不要不急とみなして操業を中止させ、金属機械の加工工場に転換させたり、兵器生産に必要な資器材や燃料は民需品への供給を停止させ、これを軍需工場にのみ割り当てて供給したのであった。

労働力においても軍需工場の大方の熟練工は既に出征しており、代わりには休業した民需品工場の従業員を応徴士として処遇し、素人同然の勤労動員された生徒や挺身隊員を工員とした操業体制に至ったのである。

軍と民間企業との関係においては戦時には非常時の体制がとられた。元来陸海軍は別々に兵器の質と量を担保するために指定工場制をとり、技術指導をすることから資機材の優先的な分配、生産品の固定買い上げに意義があった。ところが戦況の悪化とともに常時軍人の監督官が工場に駐在し長たる立場で指揮をとることから、工場丸ごと買い上げ国営工場にすることまで、軍が生産に直接介入を始めたのである。しかし軍や軍需省の介入は生産増に実効性は乏しく、事の本質である原材料や燃料の不足はますます顕著になり、軍需工場を狙い撃ちする空襲は激しくなることもあって、兵器類の生産量は終戦時においてはむしろ減退していたのである。

本章ではかつて河内に存在した三ヵ所の民間の航空機工場や航空機部品工場を取り上げて、戦時中に工場を新設した経緯、製造した航空機、その事業体の戦後の推移について調査の結果を紹介する。そして戦時における日本の軍用機が果たした役割を再認識することとする。

一件目は大阪市平野区瓜破二丁目にあった大阪金属工業（現・ダイキン工業）大和川航空機製作所のことであり、二件目は東大阪市高井田中二丁目にあった川西航空機布施工機工場であり、三件目に大東市灰塚にあった松下飛行機工場を紹介する。

大阪金属工業大和川航空機製作所

大阪金属工業は元大阪砲兵工廠に勤めた山田晁氏が大正一三年（一九二四）に創立し軍の飛行機用のラジエーターチューブや瞬発信管を受注したことに始まる。昭和に入ってからは圧搾加工品で海軍省指定工場、薬莢・信管で陸軍省の指定工場となり、昭和一〇年（一九三五）代には冷凍機のメーカーとして、また各種の飛行機部品のメーカーと認められていた。さらに弾丸砲弾塗装の専門業者として業容を拡大し、社内には技能者の教育施設をもち青年学校も併設した有力企業であった。

昭和一七年（一九四二）には航空機機体の組み立て専門工場を新設し、次年には複座戦闘機「屠竜」の全組み立て作業も開始した。これによって同社は戦時中生まれの新航空機メーカーとなったのである。

同社の特徴は、昭和一三年（一九三八）に陸軍から航空機部品の製作指令を受けて以来、大増産を要求され、旧来の工場での増産では済まず相次いで既存の他業者の工場を買収すること、出資すること、吸収合併するなどの手段を使って業容を拡大し、軍の増産要求に応じ続けたことにある。

航空機製造の分野においては昭和一七年（一九四二）に新設した淀川航空機製作所において陸軍航空本部と川崎航空機工業の要請を受けて、キー四五改機「屠竜」の主翼、胴体、尾翼の生産を開始し、次いでキー六一・三式戦闘機「飛燕」の尾翼を手掛けていた。

昭和一八年（一九四三）には改めて川崎航空機工業から直の要請を受けて、「屠竜」の完成組み立て業務を引き受け、試験飛行もすることになった。ここに初めて戦時中に有力航空機メーカーが誕生したのであった。

大阪金属工業に対する航空機増産の要求はますます厳しく、内容は完成機のみでなく陸海軍の多種の航空機に必須の脚の部品や発動機の部品、発動機の冷却器なども対象であった。そして航空機を担当していた淀川航空機製作所では、完成機組み立て部門を分離することにして昭和一九年（一九四四）に本件の大和川航空機製作所の新設に及んだのである。

完成機組み立て専門工場

会社は昭和一八年（一九四三）から瓜破地域の地主や耕作者と買収交渉を行い、昭和一九年（一九四四）には地元警察や特高警察の威圧的な監視下で、地域農地の七割相当の約八九万平方メートル（二七万坪）を買収した。この買収は戦時中の事例には珍しく、「買収した土地は軍需工場にのみ使用し、他の目的に転用する際には元の農民に耕作権を全部返還する」という確約の下に調印されたのである。

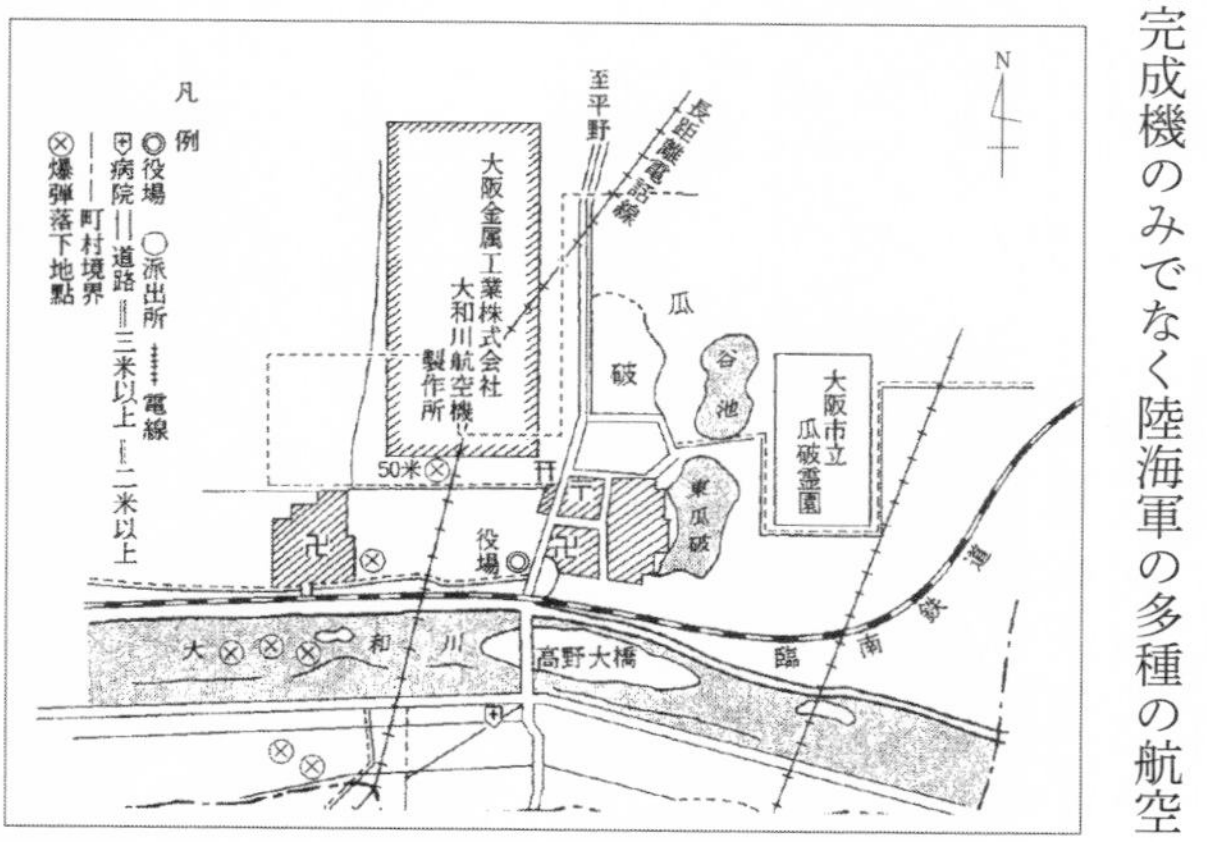

図 21 大和川航空機製作所の位置
（『松原市史』5 巻史料編 3）

工事には陸軍の施設隊も関与し、朝鮮人労働者を使った突貫工事であったと言われている。『平野区誌』によれば、建物について主工場は現在の瓜破中学校の北側に位置する木造平屋建てであって、飛行機の組み立ての出来る棟の高い構造であったという。建設には瓜破国民学校生徒や勤労動員で来た生徒も屋根瓦の運搬などを手伝い、よもぎの粉を原料にした蒸し団子の配給を喜んだと書かれている。

工場は昭和一九年（一九四四）一月に大和川製作所と命名され同年四月に完成した。設備と人員は殆ど淀川工場から移動し、八月には全面的に稼働した。そして軍は工場名を「神武カリガネ製作所」と呼ばせていたのである。

操業は社内の別の工場と川崎航空工機で造られた部品を集めて完成機に仕上げるのが主業務であった。終戦までにキー四五改（屠竜）を二七機、キー一〇二乙（双発襲撃機）を一〇機完成させていた。

工場の労働力の実情は現員者（普通の従業員）七〇〇〇人、自社内の青年学校生（養成中の従業員）九〇〇〇人、応徴士（軍需産業以外から動員させられた者）五〇〇〇人、動員学徒一〇〇〇人、女子挺身隊員三〇人がその構成であった。ここに川崎航空機工業から一〇〇〇人、三菱重工業から一三〇〇人を加えた総数二四六〇〇人を数える巨大さであった。戦時の異常さが解る事例である。

完成機を運送した先は、現在の長居公園通りと瓜破霊園東側を通り三・五キロメートル先にある大正飛行場であった。仮設の誘導路を通って人力と牛の曳く台車で運んで、時速四キロメートル程で一時間かかったという。誘導路は幅員二〇メートルのうち中央部分八メートルのみ盛土をして砂利を突き固めたものであった。途中には空襲時の待避用に木や竹で作った掩体壕や高射機関砲の銃座が備えられた。

図22　二式複座戦闘機「屠龍」（戦史叢書『本土防空作戦』）

当時この沿道の住民に最新鋭の双発の戦闘機を見せ、敗色濃い戦況で軍への不信感が強まるなか戦力の健在を誇示する効果があったという。

空襲と戦後

大阪府下への初めての空襲はこの大和川航空機製作所が標的であった。昭和一九年（一九四四）一二月一九日の深夜にB29単機が高度三〇〇〇メートルから一八個の爆弾を投下した。工場の被害は爆風で窓ガラスが破損した程度で、近隣の田畑と大和川の川床に大穴を空けたのみで、軽傷者が二人であった。むしろこの空襲は警戒警報の発令と同時に爆発したことから不信を招き、以後は大坂府下の軍、官、民の防空体制を本格的に固めねばならない契機になったのである。

戦争が終結するに至って工場は操業中止、工場閉鎖、建物解体が行われた。そして戦時の約束に従って、昭和二〇年（一九四五）九月から一二月にかけ進駐軍が接収して旧軍の飛行機を破壊する期間の後に、工場敷地は旧地主に返還されたのである。

連合国軍が旧軍の兵器工場を接収する状況が『ダイキン工業50年史』に見られる。昭和二〇年（一九四五）九月二五日に和歌山に上陸した第六軍第一軍団の大尉他四人が、二八日にジープで乗り付け接収を通告した。大正飛行場と近くに所在する当工場を、真っ先に武装解除と兵器の破壊を目的に接収したのである。

翌二九日には将兵二〇人が進駐し工場は完全に接収された。完成していた双発襲撃機二機は、米国に持帰るために一〇月五日に大正飛行場に搬送された。仕掛り中の屠竜五機、双発襲撃機八機は徹底的に一一月中旬までに破壊された。そして一二月末には接収自体が解除されたのである。

そして一二月には工場敷地の一部を除き、先の約定の土地返還の条件が適用されて、敷地は元の地主に返還された。その後は自作農創設措置法によって地主から国が土地を買い上げ、さらに耕作者に売り渡す処分が行われたのである。

現在では市街化が進み工場の形跡は全くなくなり、唯一の痕跡は大正飛行場への誘導路の一部が生活道路に使われているのみである。

戦時体制が短期間に大型の航空機の生産工場を生み、敗戦とともにあえなく命脈が尽きたのである。一部は残された大和川航空機製作所は昭和二六年（一九五一）に大阪金属工業の支配を離れた。しかし戦時に培われた最先端の技術は従業員だった人たちを通じて戦後の民需品の生産技術に応用され生かされたのである。

川西航空機布施工機工場

川西航空機は戦時に存在した航空機製造会社であり、現在の新明和工業株式会社の前身である。第一次世界大戦に登場した航空機の将来性に着目した川西清兵衛が国産飛行機の製造を目指して昭和三年（一九二八）に川西航空機を創立した。

当時の日本は世界的な大恐慌であり、政府は経済を回復させる一つの手段として満州（中国東北部）への投資を増やし支配を強める政策をとりある程度は景気の回復を遂げた。昭和六年（一九三一）の満州事変以後は必然的に戦時経済体制に移行し、陸海軍の軍備の強化が叫ばれ、軍需品の生産拡大が行われ、このことがまた国内の不況感を一掃したのである。

従来から海軍と関わりのあった同社は、軍用機の開発を通じて国策に乗っていくのである。日中戦争の始まった昭和一二年（一九三七）には現西宮市の鳴尾に飛行艇の工場を新設して、軍用機のメーカーとして成長を始める。昭和一三年（一九三八）には同社は海軍の管理工場となっていたが、太平洋戦争を予測する海軍から航空機の機種、数量、納入期限を示した強い生産要求を受け、各地に相次いで工場用地を買収し、また他の工場自体を買収して新工場を稼働させた。この間海軍からは強力な援助と斡旋を受けていた。

さらに昭和一六年（一九四一）には宝塚工場が操業を開始し、昭和一七年（一九四二）に甲南（現・神戸市東灘区）

と姫路に新工場を建て、昭和一八年（一九四三）には鳴尾工場の大拡張を、戦況の悪化している昭和一九年（一九四四）に至って新たに鶉野飛行場（現・兵庫県加西市）にも工場を新設し、軍の要求に応えようとしたのである。

生産力の拡充の上で非常に隘路になったのは工作機械の不足であった。これを解消するため旧布施市高井田（現・東大阪市）にあった中堅の工作機械メーカーの川添鉄工所を昭和一四年（一九三九）に買収して川西航空機布施工機工場としたのである。

そして、航空機専用の工作機械、主には飛行機体の主桁を削る長尺フライス盤などの製造を開始した。敷地は七三〇〇平方メートル、建物は三六〇〇平方メートルであった。

昭和一九年（一九四四）には旧布施市域の大機械メーカーの中川機械に次ぐ生産力をもっていた。また昭和二〇年（一九四五）の七月に国営化されたときには、鳴尾工場を第一製造廠と称して、その系列のこの布施工場は第一一支廠と称していた。当時は敷地の買い増しや増築の結果として一一〇〇〇平方メートルの敷地に七七〇〇平方メートルの建物をもつ大工場になっていたのである。

殆どの製品は親会社の川西航空機に納めるものであり、海軍の大型飛行艇や局地戦闘機の「紫電」、「紫電改」を造る工作機械類であった。

当時の工場内の状況について、戦後の後身である新明和工業の社史は鮮明に伝えている。

作業員は熟練者が軍に召集されて、これを他産業からの応徴者や勤労動員生徒、挺身隊員で員数上では補

図 23 川西航空機布施工機工場（『社史Ｉ』写真提供 新明和工業株式会社）

充するが、未経験者であり実質的な労働力にはなり難かったという。

工場内の労働は改善されても、飛行機は何万という部品から成る複合機械で、社外の三四〇にもなる協力工場（素材・機能部品・構造部品・その他）で、板金部品の四〇%、機械加工部品の五〇%が協力工場で生産されており、個々の生産技術や品質において他産業からの転換工場もあって問題が多かったという。

また生産ラインにおいては、戦況の変化によって海軍の発注する機種や数量が大幅に変更されることが度々あって現場が混乱したことも多いという。極端には海上機から陸上機に変わることや、偵察機が戦闘機に変わることもあった。

これに加えて昭和一九年（一九四四）一一月からは本土空襲、とりわけ航空機工場は爆撃の主目標になるため分散疎開を急遽行ったのである。

川西航空機では学徒動員で授業のない校舎の八〇校、休止中の工場倉庫の一〇〇ヵ所に分散して、人員・工具・資材を疎開させて被害の拡大を防ぎ、生産の継続を図ったという。その範囲は福知山、丹波篠山、現加西市の鶉野、姫路、小松島に広がり、盾津飛行場内（現・東大阪市内）にも昭和二〇年（一九四五）一月に盾津工場を造ったのである。

図 24　九七式飛行艇（戦史叢書『海軍航空概史』）

国営工場化と布施工場の戦後

終戦間際の昭和二〇年（一九四五）七月九日には驚くべき事態が発生した。軍需省が兵器生産を国営ですることを決め、工場施設や資器材の総てを国有にして、人員を含めて国営の第二軍需工廠としたのである。軍と国は航空機の大増産を達成するには国営化が最上策と断定したのである。生産資源、燃料の絶対的な不足という事実を直視せずに、軍人社長などがする強引な組織運営で生産力の回復など土台無理であった。そして終戦をむかえて直ぐに資産などは返還され、国営第二工廠は四六日間の短い歴史を閉じたのである。

ここからは布施工場の戦後を紹介する。

終戦後はＧＨＱの命令で飛行機の生産は禁止され、一切の軍需生産用の物資が凍結されたため、会社は民需産業に転換する必要に迫られた。そこで事業部制を採用して事業部ごとに独立採算のとれる事業に乗り出そうとしたのである。

この時布施の工機工場は明和機械工業所と名称を変えて、独立した会社の体裁を採った。工業所は発足当初には工作機械の修理や機械加工の臨時仕事や、家庭用の電熱器などを作りながら工場を保守していたという。昭和二一年（一九四六）八月になると、敗戦国であったがために、工業所の設備機械が賠償物件に指定された。止む無く機械を使わなくてもすむ自動車修理や消防自動車の架装を始めると同時に、明和機械工業所を明和興業株式会社布施工場に改めたのである。

新明和興業株式会社を昭和二四年（一九四九）一一月に設立すると、布施工場では農業用の発動機の下請け生産や、昭和二五年（一九五〇）の朝鮮動乱時には他の機械会社の下請け加工を行っている。

昭和二八年（一九五三）以降は安定した自社新製品の開発に取り組み、自吸式水中ポンプとワイヤーストリッパー機の開発を完成し製造を開始した。また一方で陸上自衛隊向けのロケットランチャーの板金部品の製作を受注した。これによって布施工場は独立した事業部として整った。しかし昭和三五年（一九六〇）に布施工場は大半を他社に譲渡、設備を鳴尾工場に編入して機械製作工場としての幕を閉じた。

その後の新明和工業は往年の技術と人を活かし、自社の開発品目を加えて進展を重ねており、各種の輸送用機器製造業として今日の隆盛をみているのである。

松下飛行機株式会社

松下電器産業は戦前から多量で廉価な電気製品を供給するため「流れ方式」による大量生産設備を採用し

ていた。戦時の陸海軍はこれを高く評価し、松下電器を逐次軍需産業に転換させた。松下電器はやむなく軍の要請を受けて、軍需部を創設して協力体制を敷いたのである。電気メーカーが木造の飛行機を技術開発しつつプレハブ式に量産製造を行ったのである。

以下に松下電器産業株式会社の社史を主に、その他の得られた資料から松下飛行機の事跡を紹介する。

軍は昭和一七年（一九四二）夏のミッドウェー海戦以来、航空戦力に決定的な打撃を受け、昭和一八年（一九四三）から航空機、船舶と関連資材の生産に全産業を動員する非常措置をとった。

松下電器は軍の要求を容れて当時は全く未経験の分野である戦時標準型の木造船を造ることとして、堺に造船所を新設した。ここで電気製品の生産で培った「流れ作業」方式を採用して、船台をレールに乗せて流し各工程で部品を装着し、最後に艤装を終えてそのまま進水する画期的な方法であった。これが大成功で六日に一隻の割合で進水させたのである。この流れ作業の効率に海軍がおおいに着目し、木製飛行機の製作にも応用させて量産を目論んだのである。

会社は木製飛行機の製作は初めての経験であった。ただし会社はすでに合成樹脂の積層板の技術を生かしてプロペラと合板の生産を開始していた。

一方海軍では航空技術廠を中心にして古い飛行機は主構造材が木材であったことに着目し、木材の材質、接着剤の種類、接着方法に改良を加える積層木材の開発を行っていた。当時マレー半島から積み出されるジュラルミンの原料であるボーキサイトの輸送船は、途中で敵の潜水艦などに沈められて入手できない状況であった。これに代えてフエノール系や尿素系の樹脂を木材に浸透させた板を組み合わせ熱と圧力を加えて接着する集成材で軸組や胴体を造るのであった。

そして昭和一八年（一九四三）の六月頃には「明星」という、練習機とは言うものの爆撃機の系列に入る試作二号機を一応完成させていた。明星は一〇五〇馬力の発動機を備え自重三・五トン、五〇〇キログラム爆弾二個を搭載できることが目標であった。この試作機を量産するのに松下電器の流れ作業方式を活用しようとしたのであった。

松下電器では昭和一八年（一九四三）一〇月に松下飛行機株式会社を設立し、住道町灰塚（現大東市）の約四三万平方メートル（一三万坪）の敷地に新工場を建設した。そして昭和一九年（一九四四）四月には海軍の指定工場になった。

当時はすでに資材事情は極度に悪化しており、常駐の軍人監督がいて軍からの原材料の割り当てはあるものの、実際に工場に入荷する現物がないうえに工作機械も満足に集まらず、労働力も不足し肝心の製作技術も未完成のまま操業を始めた。家電製品などの木工製品には実績があるものの航空機に求められる絶対的な高品質、高強度に信頼性が保たれなかったという。

そこで松下電器は社員養成所から優秀な青年を選抜し、工業専門学校の卒業者とともに、工場の基幹要員として教育するため、海軍の航空技術廠に派遣までしていた。一方で航空技術廠からも将官級の技術者が工場で指導にあたったという。こうした海軍と松下飛行機の献身的な協力は昼夜兼行で一年四ヶ月続いたという。

なんとか試行錯誤を重ねて「試製九九式練習用爆撃機二型　通称明星」の第一号機は漸く昭和二〇年（一九四五）一月に進空式を行えた。進空式は工場から約一・五キロメートル南の盾津飛行場で行われ海軍と松下幸之助社長が見守ったという。松下飛行機工場と盾津飛行場とは仮設の誘導路で結ばれていたことが戦

図 25　木製爆撃機「明星」1号機（株式会社せきれい社提供）

図 26　明星の発進式風景　1945 年 1 月 31 日
（『社史資料NO 7』松下電器産業）

後の航空写真からも窺える。

しかしこの頃から本土全体が大空襲に見舞われており、設備資材事情は一層悪化したため生産は進まず、当初の計画は月産二〇〇機であったが、それには遠く及ばず結局終戦までに実用機は三機を製作したに止まったのである。もっとも試作機では七機を数えるという。

府営朋来住宅と三洋電機住道工場などの場所が本工場で、胴体や翼の木工作業場と組み立て作業場があり一〇〇〇人が働いていた。別に太子田（現・大東市）に飛行機の組み立て工場と、鴻池町（現・東大阪市）に木工場がありそれぞれ七〇人から八〇人位働いたという。なお同社にも昭和二〇年（一九四五）五月には職域の国民義勇隊が結成されていた。

松下飛行機会社の戦後

同社は昭和一九年（一九四四）四月に軍需産業の財閥指定を受けていたため、戦後には賠償工場に指定されたが、間もなく解除され、会社は解散し飛行機の生産は以後行われなかった。

しかし戦時の強化合板や樹脂の技術開発が戦後の民需品の生産に大きく貢献したという。一般に兵器生産は時代の最先端の技術を生み一流の技能者を育てるというが、大阪砲兵工廠や大阪陸軍航空廠が戦後の大阪の工業発展に果たした功績は極めて大きいものがある。同様に松下飛行機にも当てはまることである。

なお『大東市史（近現代編）』には戦時に工場が攻撃目標になり、かなりの空襲を受け戦後には飛行機工場跡に七個の不発爆弾が見つかったという。

以上のように戦時中に登場した三ヵ所の大規模な航空機製造工場は、いずれも軍の要求に応じて民間企業が事業化したものであった。戦時の戦力増強にはさしたる貢献は出来なかったが、戦後の工業化の促進には明確な効果があったと考えられる。

［参考文献］

大阪金属工業大和川航空機製作所

ダイキン工業社史編集室『ダイキン工業50年史』（ダイキン工業　一九七四年）
ダイキン工業社史編集室『ダイキン工業70年史』（ダイキン工業　一九九五年）
日本経営史研究所編『ダイキン工業80年史』（ダイキン工業　二〇〇六年）
平野区誌編集委員会『平野区誌』（創元社　二〇〇五年）
大西進「陸軍大正飛行場軍産複合体」（『大阪春秋』一六三号　新風書房　二〇一六年）

川西航空機布施工機工場

『社史Ⅰ』（新明和工業　一九七九年）
『東大阪市史　近代Ⅱ』（東大阪市　一九九七年）
沢井実『近代大阪の産業発展　集積と多様性が育んだもの』（有斐閣　二〇一三年）
『紫電写真集　水上機王国　川西航空機の挑戦』（大日本絵画　二〇一七年）
「川西航空機」（ウィキペディア　二〇二〇年五月閲覧）

松下飛行機株式会社

『社史資料』ＮＯ２・ＮＯ７（松下電器産業　一九六二年）
『松下電器産業創業三五年史』（松下電器産業　一九五三年）
『松下電機五十年の略史』（松下電器産業　一九六八年）
『大東市史（近現代編）』（大東市教育委員会　一九八〇年）
碇義朗『海軍技術者たちの太平洋戦争』（光人社　一九八九年）
『日に新た　松下電器75年の歩み』（松下電器産業　一九九四年）
佐々木拓哉「大東の近代化遺産と戦争遺跡（『大阪春秋』一六〇号　新風書房　二〇一六年）

III 河内の人々の戦争

大西進

アジア・太平洋戦争は物資も人員もすべて戦争に振り向ける総力戦であった。国家総動員体制の下では単なる労働力であり、兵力とみなされた。

職場から戦場に狩りだされたあとを、学校で学ぶべき生徒たちの学徒動員が担った。身近な学校にも、また身近な工場にもその歴史が伝えられている。

敗戦直前、すべての国民が戦争に動員され「国民義勇隊」に編成されていた。国民の一人ひとりはそのことにほとんど気づかないまま、竹やりを持たされて本土に上陸する軍隊に対峙させられる可能性があった。

1　勤労動員

忘れてはならない一五年戦争の時代を描いて記録にしたいと念じているが、史実のみを具体的に書くためには、やはり戦争遺跡と言われる軍の設備、兵器や官の施設などの、物を主役に捉えざるを得ない。「あの戦争の戦没者は三一〇万人でうち二三〇万人が軍人」と人の死を統計の数のように軽く扱うが、職業軍人は僅かで殆どの人は普通の市井の父であり兄であり、個々に調べて夫々の生き様があったことを実証的に描きたかった。

しかし軍隊の兵士の徴兵、出征、戦歴、復員、戦没の個人情報は、尋常の調査法では得られるものではなく、もはや人を主役の地域の戦争史の調査に進展はないと思われる。

そこで戦時の国内では労働力の供給源とみなされた旧制中学生等の勤労動員について、残された確かな資料も多く動員先の軍や軍需工場の資料も得られたので、この事情を描くことにした。

本章では東大阪市域に存在した学校と軍需工場を題材にして、国策事業であった勤労動員を解説する。またその内容の説明に最適な河内付近の学校と事業所の実例を加えて報告する。

勤労動員とは

太平洋戦争時に国は総力戦体制をとり、全ての資源と人員を戦争遂行に総動員することにした。社会、経済その他のあらゆる分野で、全ての地域で動員が進められ、不要不急とみなされた民需産業を縮減するとともに、軍需産業を拡大してそこに資源と人員を集中的に投入することが追求された。

青壮年は軍人軍属として前線に動員され、銃後の青少年等は産業戦士として軍需産業に、あるいは開拓戦士として動員された。さらに本土への進攻が予想される戦況の悪化とともにさらなる軍需品生産の強化と、銃後の兵員増による本土防衛の強化も叫ばれていたのである。

開戦前には、学生については昭和一三年（一九三八）六月に「集団勤労作業実施」の通牒を発し、翌一四年には奉仕作業を正課に準ずる形をとった。中学校では愛国勤労奉仕団といい、護国神社、橿原神宮などの造営に動員された。

昭和一六年（一九四一）二月には「食料飼料等増産運動」が通達されて、中学校において年間三〇日以内で正課として農業奉仕に従事させた。昭和一六年（一九四一）八月には「学校報国団体制確立方」を訓令し、各中学では勤労報国隊が結成された。

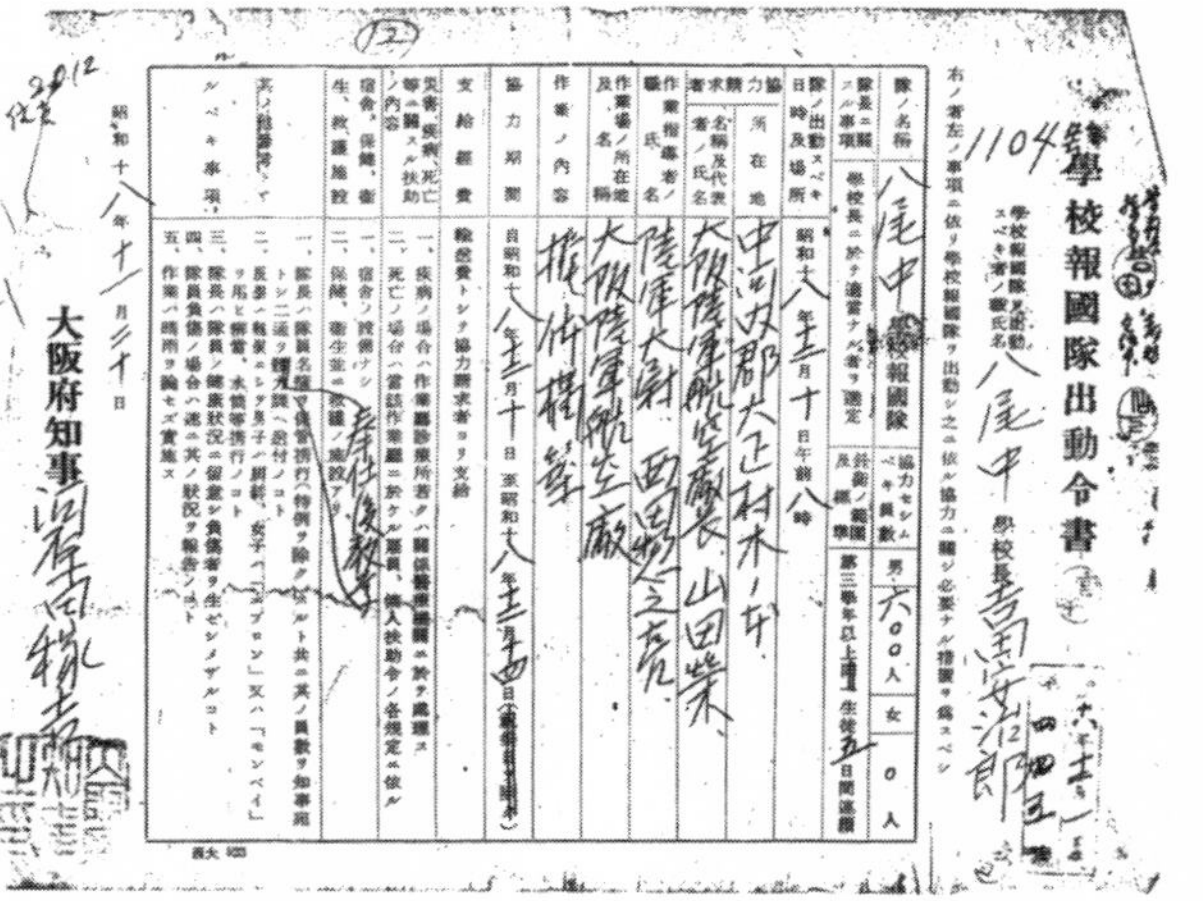
學校報國隊出動令書

隊ノ名稱	八尾中學校報國隊
隊ノ出動スベキ日時及場所	昭和十八年十一月十日午前八時
協力期間	自昭和十八年十一月十日 至昭和十八年十二月十四日
支給經費	輸送費トシテ協力要求者ヨリ支給

大阪府知事

表1 学校報国隊出動令書 1943年11月
（大阪府立『八尾高校百年誌』）

昭和一八年（一九四三）頃には戦況が厳しくなり、前線では玉砕が相次ぎ軍人の動員が俄かに増加し、銃後の学徒は労務の供給源として注目された。同年六月には「学徒戦時動員確立要綱」が出され、学徒が生産、輸送の各方面に組織的に動員されることになった。

昭和一八年（一九四三）一〇月には戦時非常措置として動員期間を「在学期間中一年ニ付キ概ネ三分ノ一」相当期間とした。なおこの時大学高等専門学校の文科系学徒は、徴兵猶予が停止され多数の学徒が出陣した。同時に中学校の五年制を四年に一年間短縮を決めている。また同年九月には学徒以外の未婚女性を女子挺身隊に組織して動員することも決めたのである。

昭和一九年（一九四四）一月には「緊急国民勤労動員方策要綱」を出し動員の強化を図った。なかでも学徒を国内の生産労働力の七割を担うとして、さらに動員期間を年間に継続して四ヶ月と定めた。戦況がますます不利となるなか、「勤労即教育」とか作業場を「行学一体の道場」と言っていたのである。

昭和一九年（一九四四）三月にはついに「決戦非常措置要綱」が出され、学徒の常時の通年動員が決まった。全国の学徒は四月半ばから通いなれた校舎と決別して、続々と軍需工場に通勤することになった。また一四歳未満の中等学校一・二年生と国民学校高等科生も動員されることになった。

この頃B29の本土爆撃が現実のものとなった。昭和一九年（一九四四）七月には「学徒勤労の徹底強化」が下令され、残業を合わせて一日一二時間労働、深夜業も、中等学校三年以上の男子にも女子にも課することになった。この頃動員学徒は二九〇万人に達し、九三万人は軍需工場に、一五七万人は食料増産に、その他が五〇万人であった。

昭和二〇年（一九四五）に入ると本土空襲は国民全部を戦場に放り込み、三月には「戦時教育令」が発せられて「学校における授業は四月一日から停止」されたのである。また三月に卒業する者は上級学校への進学決定者以外は付設課程に行くことが義務づけられ、専攻科と称して工場勤務を継続させられた。

動員者数

大阪府下の動員者数について小山仁示は『空襲と動員』のなかで、昭和一九年（一九四四）四月から二〇年（一九四五）八月までの間に、通年動員された府の学徒は約一九万人と推計されるという。対象にならない低学年は麦刈り、稲刈り、貯水池掘り、建物疎開の引倒し、防空壕掘りなど二・三日程度の動員が繰り返されたという。

全国的な統計は文部省の『学制八十年史』にある。全国で三一〇万人が動員され、中心である軍需生産に従事した中等学校生男子は六七万人、女子は五五万人であった。次いで国民学校高等科生は五九万人が軍需工場で働いていた。食料増産は一〇一万人で、うち七一万人が国民学校高等科生であった。学徒動員による死亡者は一一〇〇〇人、傷病者は九八〇〇〇人という。

戦況で強化される動員

戦況の悪化に伴い勤労奉仕と動員の事情が変化していく様子が、大阪府立清水谷高等女学校の学校史に、具体的に的確に記録されているので引用して記事にする。

昭和一三年（一九三八）には年間に低学年は三日、高学年は五日程度の集団的勤労奉仕の作業をすると決められ、高学年は軍服の縫製を、低学年は陸軍墓地の掃除、寺社・公園などの軽補修や掃除、軍隊に召集された農家の手伝いなどを実行した。

昭和一四年（一九三九）になると愛国勤労奉仕運動が盛んになり、先の奉仕に加えて護国神社の清掃と橿原神宮の整備奉仕が年一、二回分増加する。地区によって真田山墓地や四條畷神社、伴林神社が対象になった。

昭和一五年（一九四〇）になると年に二日から七日の陸軍被服廠や軍に関わる施設への動員が顕かになり、倉庫での動員は仕事が防寒衣、航空衣、防毒衣の縫製となり、軍国色が強まり、守秘義務の強化を言い渡された。

昭和一六年（一九四一）度にはそれまでの動員に加えて年に一日から三日の陸軍病院や大阪陸軍造兵廠で直接的な軍施設への動員があった。

学徒動員数（昭和20年3月現在）

種別	区分	学徒数（人）	動員学徒数（人）					動員比率(%)
			軍需生産	食料増産	防空防衛	重要研究	計	
大学高専（教員養成学校を含む）	男	228,000	110,000	20,000	15,000	2,000	147,000	64,5
	女	53,000	27,000	5,000	1,000	0	33,000	62,3
	計	281,000	137,000	25,000	16,000	2,000	180,000	64,1
中等学校	男	1,189,000	669,000	165,000	106,000	—	940,000	78,0
	女	800,000	551,000	115,000	23,000	—	689,000	86,1
	計	1,989,000	1,220,000	280,000	129,000	—	1,629,000	81,9
国民学校高等科	男	1,186,000	328,000	362,000	—	—	690,000	58,2
	女	1,029,000	259,000	348,000	—	—	607,000	59,0
	計	2,215,000	587,000	710,000	—	—	1,297,000	58,6
合計	男	2,603,000	1,107,000	547,000	121,000	2,000	1,777,000	68,3
	女	1,882,000	837,000	468,000	24,000	0	1,329,000	70,6
	計	4,485,000	1,944,000	1,015,000	145,000	2,000	3,106,000	69,2

表2 学徒動員数 1945年3月（文部省『学制八十年史』）

昭和一七年（一九四二）は開戦後で完全な労働力として扱われ、三日から一ヶ月単位で大阪連隊区司令部や陸軍造兵廠に動員されている。就労にあたっては軍属並みの守秘義務と規律を要求されたという。

昭和一八年（一九四三）には軍関係の作業に加えて労働力不足が深刻になってきた民間の軍需工場に八月以降は動員されている。東洋新薬、早川電機、森下仁丹に交代制で出勤している。

昭和一九年（一九四四）には校内の体育館が造兵廠管轄下の軍用衣類の縫製所に転用され、当然これに従事するとともに、以外の生徒は枚方の造兵廠天川工場をはじめ、民間の軍需工場九ヵ所に出動していたのであった。この体制は終戦まで続いた。造兵廠第五製作所天川工場では皆が軍属の身分を与えられていた。この間通勤途上の空襲等怖い事態にもあいながらも、最後まで軍国の少女らしく健気に就労したと記されている。

勤労学徒の動員先

東大阪の学校と動員先

戦時に東大阪市域に在った中等学校と、その勤労奉仕先と勤労動員先を調査した。閲覧または入手できた学校史や同窓会誌では、戦時の記事には精粗があり、統一性を欠いている。

記事の多い学校順に、また昭和一九年（一九四四）三月以降分を勤労動員とみなして記録した。

大阪城東商業学校（布施工業学校）

勤労奉仕——布施市貯水池堀・盾津飛行場草刈・陸軍造兵廠本廠同支廠・汽車会社・日通梅田駅

勤労動員——海南軍防空壕堀・布施市水道課・大阪機械製作所・瓜生製作所・第二久保田・大阪工作所・中西鍛工（可鍛）・東邦工作所・東缶航空・川西航空・斎藤工作所・中谷製作所・東洋研削・日立造船大浪工場

府立布施中学校

勤労奉仕――布施市内防空壕堀・大正飛行場、盾津飛行場草刈、土工事、掩体壕工事

勤労動員――和歌山県下陣地構築・近畿日本鉄道高安工場・松下飛行機・白山航空金属・大日本造機・富士工業（鋼業）・橋本重工業

府立城東工業学校

勤労奉仕――ダイハツ工業大仁、池田工場・橿原神宮造営

勤労動員――学校内日立造船分工場・陸軍造兵廠楠根トラック整備工場

樟蔭高等女学校

勤労奉仕――橿原神宮造営

勤労動員――陸軍造兵廠・陸軍被服廠平野工場・民間一〇ヵ所工場・学校内被服廠分工場

布施高等女学校

勤労奉仕――陸軍軍需支廠・陸軍造兵廠枚方支廠

勤労動員――三井被服工場・日興電機工業・錨バルブ・増井無線工場・豊田工場・田中食料

日本工業学校、大阪専門学校

勤労動員――陸軍造兵廠・三菱航空機（名古屋）・住友化学（新居浜）

日新商業学校（日新工業学校）

勤労動員――中川機械・坂口鉄工所・日本アルミ

大軌女子商業学校

勤労動員――田中車両（徳庵）・光洋精工（国分）・松下電器

図27 農園での作業（樟蔭学園）
（『80周年記念誌』学校法人樟蔭学園提供）

樟蔭東学園

勤労動員――光洋精工・東邦工作所（東方）

府立航空工業学校

勤労動員――堺久保田鉄工所

中学生の防御陣地構築

昭和二〇年（一九四五）の五、六月に大阪府下の中学生が和歌山に動員されて、本土防衛陸軍の防御陣地の構築をしている。米軍の本土上陸から内陸への進出を阻止する「護阪師団」（第一四四師団）の命を受けて、和歌山市と海南市の後背山麓部に多数の陣地を分散して設けた。

対戦車砲の掩体壕や高射砲の壕、交通壕や塹壕掘りであった。スコップとモッコを使っての削平、穴掘り、土運びであり、坑木用の材木の製材、運搬が主な仕事であった。中学生は一週間から一〇日間壕の近くの民家や公民館に分宿し、食事は過酷な重労働の割には粗末で大豆の入ったご飯に漬物少々で量も少なく、作業の合間に畑から大根などの作物を失敬したこともあるという。

筆者は生野中学が動員された紀伊風土記の丘において掘削跡地を見たが、急造の土のみで作られた工作物で、かなり崩壊した現状である。

戦争末期の事実は防御の砲は当地には配分されず装備のないまま終戦を迎えたという。

因みに動員された学校は生野中学、布施工業学校、高津中学、豊中中学、八尾中学、天王寺中学、住吉中学、今宮中学を確認している。

図 28　陣地として構築された地下壕の崩落跡
（紀伊風土記の丘 2019 年 6 月撮影）

地方中等学校生の遠距離動員

昭和一九年（一九四四）末から大阪府や愛知県の航空機工場や兵器工場は増産に必死であり、熟練工員は不在のため、多数の臨時工員を要求していた。地方の四国地方や和歌山、京都の中等学校生と女学生が集団で動員され、工場周辺の寄宿舎に住まわせて、生産労働に従事させたのである。

学校史や戦争体験集のなかに幾つかの事例が見つかるので抜粋して転記する。

○和歌山県と四国各県の学徒六〇〇〇人が大阪府内の四〇工場に通年動員された。

○大阪理工科大学大阪専門学校は名古屋の三菱航空機工場へ、次いで新居浜の住友化学工場へ動員され寮生活であった。

○愛媛県の松山高等女学校生は昭和一九年（一九四四）秋、大阪砲兵工廠へ派遣され風船爆弾を製作していた。県下の三女学校合同の一八〇人が入廠し廠の寮で集団生活をした。陸軍直属の兵器工場で、アメリカ本土を襲うという秘密兵器を作ることに軍国少女としての気負いと喜びがあったという。

仕事はこんにゃく糊で和紙を貼り合わせることだが、結構熱くてきつい仕事で、昼夜交代での長時間労働に体調を崩す人も多かったという。この時、廠の軍医は重症者に帰郷を許可したのに、同行の教師は学校の恥として阻止した事件があったという。また寮が六月七日の空襲で燃え、下味原の寮に移ったが、ここも六月一五日の空襲で焼かれ、以来日本橋筋の松坂屋の床で雑魚寝生活

図 29　勤労動員される大阪専門学校生
（『近畿大学創立 70 年の歩み』近畿大学）

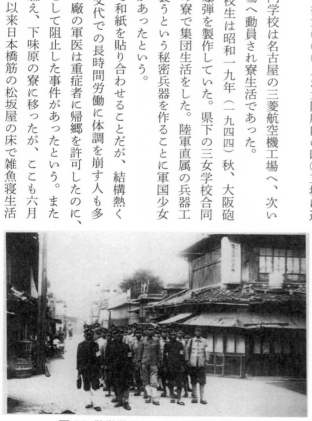

であったという。

学校に工場を疎開・そして動員

空襲の激化を受けて軍施設や軍需工場が学校に分散疎開を行い、生徒等を動員した。

○陸軍被服廠は昭和一八年（一九四三）一二月頃から清水谷高等女学校の体育館で、軍服の繕いと電気カバーの暗幕の縫製作業を、高女生を動員して断続的に行った。

○陸軍被服廠は昭和一九年（一九四四）末には樟蔭学園の校舎も講堂も軍服工場に転用し、生徒全員がミシンで縫製作業をした。

○大阪陸軍造兵廠は昭和二〇年（一九四五）四月に、学童疎開で空いた布施市の楠根国民学校の校舎を放出分工場に転用し、軍用トラックの修理工場に、また被服倉庫や食料倉庫に利用した。

○日立造船は昭和一九年（一九四四）九月に、城東工業学校を借り上げて分工場としてトラクターを製造した。生徒が製造に動員された。

兵力の増強政策と学校

戦時には政府は兵力の強化を図るために青少年の教育の分野に様々の施策を行った。やや特異と思われる三事例を紹介する。

女子挺身隊

昭和一八年（一九四三）九月には、早くも学徒以外の未婚女性に注目し、

図 30 校舎に設けられた工場（樟蔭学園）
（『創立 100 周年記念誌』学校法人樟蔭学園提供）

労働力に生かす女子挺身隊を編成している。この段階での参加者は出身学校とは直接結びつかず、前歴は実に様々な分野であったという。

中等学校の付設課程

昭和一九年（一九四四）一二月の「新規中等学校卒業者ノ動員継続ニ関スル措置要綱」によって、卒業生を従来通りに学校の監督、教育訓練下に置いて動員を継続することになった。

布施工業学校では翌年三月の卒業者を、新設の付設課程の「専攻科」に入学させるとともに、同一の事業所で動員を続けたという。樟蔭東高女と大阪女子商業高女も昭和二〇年（一九四五）三月に「専攻科」を設け、同学校の管理の下で工場に動員していた。

商業学校を工業学校に転換

時の政府は戦争に勝利するために、航空機や兵器の技術に強い要員を早急に育成することを要求し、工学系に特化しそれ以外の教育、商業系などを排除したのである。「戦時非常措置」の一環であった。

大阪府下では二五商業学校のうち大阪市立の三商業学校を除き、他はすべて工業学校に転換した。昭和二〇年（一九四五）三月には日新商業は日新工業に、四月には城東商業が布施工業学校に転換した。この無理な転換は終戦後すぐに改められ元の学校が復活している。

軍需工場での学徒

軍需工場側から見た学徒動員

勤労動員は軍需工場側からみて実際の役に立ったのか、単に労務の員数合わせであったのかについての記事を紹介する。

○一般には、当時の日本の工業生産の技術水準は、その業務、作業に熟練した少数の技能労働者の手腕に依存した、手工業的な段階であったにも関わらず、軍需省が定めた目標生産量に見合う労働力として、員数合わせ的に徴用工や動員学徒が職場に来たという。

彼らは技術的教育を受けることなく送り込まれた素人工であった。生産現場では事故の発生率が高まり、障害者が続出して現場が混乱したという（『証言記録　市民たちの戦争』）。

○当時の航空機工場は一工場に数千人ないし四万人内外の人員を擁した巨大工場であり、（全体の）能率の維持と管理の徹底に大きな困難が感ぜられた。殊に労働の質の全く低い素人である徴用者や動員学徒を（軍需省等が）多数投入したこともこの困難を倍加したという。時の最先端工業として極めて厳しい見方である（『昭和産業史』第七章「航空機工業」）。

○戦時社会を論評する記事では昭和一九年（一九四四）末頃の通年動員の頃には、工場によって偏差はあるものの、老朽化した工作機械の更新や増強は物資不足のために行なわれず、生産の原材料自体が不足し、工場への供給が途絶えがちで操業を中断することもあった。動員者は材料不足で仕事が無く、遊んでいたという記事もある。

動員学徒の工場体験集

様々の工場に動員された中等学校生は自らの職場体験を記録に残している。河内地域の学校と工場を選び、戦時の動員の実態を鮮明に表していると思う記事の一部を引用して紹介する。

大阪陸軍造兵廠での兵器製造

『証言記録　市民たちの戦争』によると、造兵廠では終戦の日の段階で六四〇〇〇人の工員がいたが、そのうち学徒が約一九%、女子挺身隊が約五%、一般徴用工員が約一〇%、朝鮮人徴用工員が約二%をしめており、造兵廠ですら不熟練労働者にかなり依存した生産活動が行われていたという。

元来廠では大口径火砲の生産をしていたが戦局の悪化とともに防空兵器に重点を移し、廠は昭和一八年度には潜航輸送艇、二〇年度には本土決戦用の中口径以下の火砲に移っていた。

風船爆弾の製作には気球外皮の製造を女学生と女子挺身隊が担当したと書かれている。

陸軍造兵廠天川工場での爆弾部品製造

清水谷高等女学校の『紫苑会傘寿記念誌』によると、昭和一九年(一九四四)七月から女学生が軍属として飛行機の部分品を作っていた軍直轄の工場に動員されていたという。大部分の生徒は京阪電車を使って通勤した。

戦況の悪化とともに継続的に動員されていたものの、労働条件は厳しさを増し、翌年五月頃からは危険作業や夜勤作業が常態化したという。爆弾の信管を製作するのに、夜間二メートルもある旋盤をまわし、ボール盤で削孔し、ヤスリを研ぎ、火薬を詰めていた。

夜間眠い時に空襲警報が鳴れば山へ逃げるしかない生活だったと書かれている。

図31 陸軍枚方造兵工廠天川分工場
(『清水谷百年史』大阪府立清水谷高等学校)

陸軍造兵廠香里製造所での火薬製造

この製造所には男子の四條畷中学生をはじめ大阪府下の高等女子校生が多数動員されていた。砲弾などの兵器用火薬を製造する工場だった。女子は昭和二〇年（一九四五）五月から全員が家を離れて工場と寄宿舎で生活し、昼夜交代で深夜業もあった。

作業は粉末火薬を混合する、篩で漉す、黄色火薬を薬夾に充填する、できた爆弾を大八車で地下壕に運び込むなどの危険作業であったと記されている（『女学生の戦争体験』）。

布施市の軍需工場での兵器部品製造

『八尾高校百年誌』には、布施市内の軍需工場に動員された中学生の記事がある。

工場は薄暗く陰気で油類で黒ずみ汚れていた。この工場は戦闘機の機関砲やその他の砲弾の部品などを製作しており、生徒は工員に混じり、或いは旋盤にフライス盤、又仕上げ工程や鍛造部に入り、或いは倉庫係事務室勤務とそれぞれ分かれて配置された。砲弾を旋盤で削った後に残る金属屑で手指に切り傷をしたり、仕事中にベルトに巻き込まれて受傷、入院した者もいた。

動員中は中学校に登校する日もなく学習（授業）も勿論全くなく教育とは縁遠く、文字通り学徒動員で軍需製品の生産が総てであった。引率教諭とは朝礼と昼食時に顔を合わせる程度であった。心身ともに成長期で学齢期の最も貴重な時期を聖戦遂行のためという旗印の下に費やされた事は大変な痛手であったと書かれている。

因みに同じ工場に大阪城東商業高等学校の生徒が動員されており、戦時下のある日、野球その他陸上競技の対抗試合をしたことや、樟蔭東高等女学校か

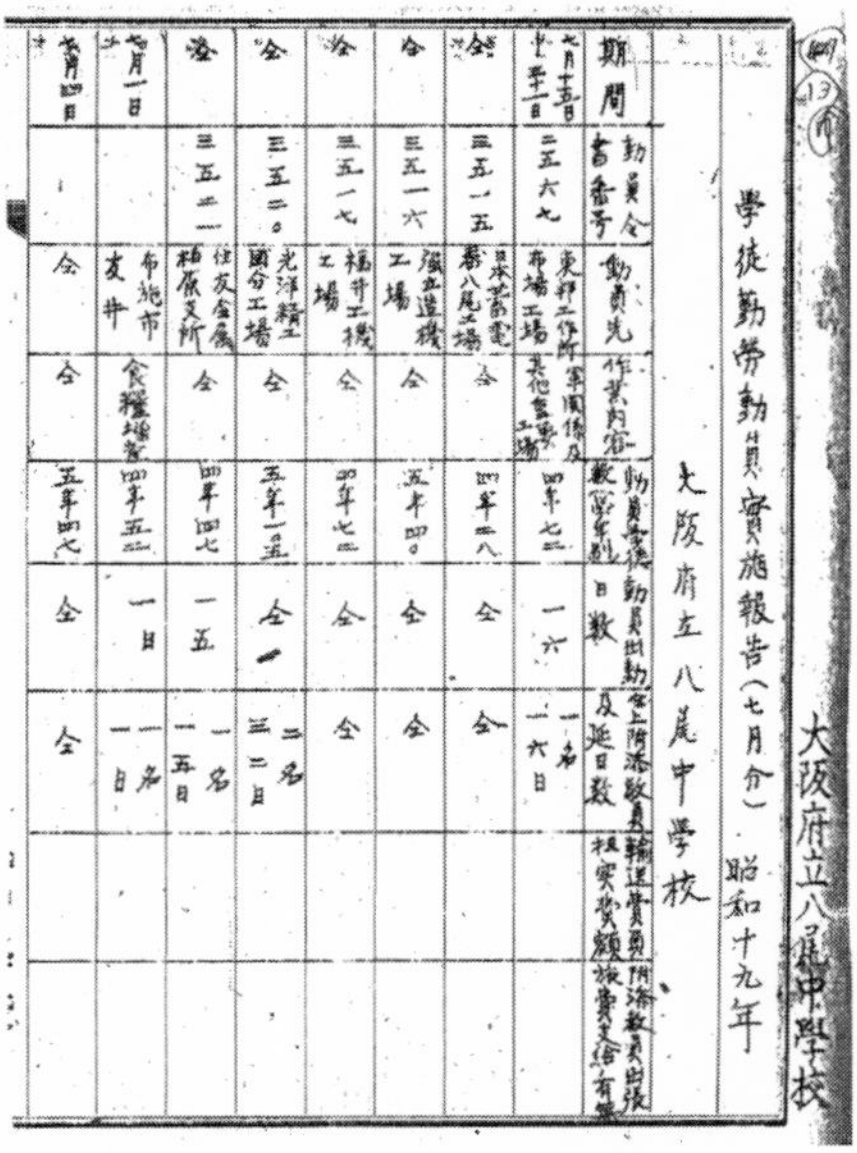

表3 勤労動員実施報告 1944 年 7 月
（『八尾高校百年誌』大阪府立八尾高校）

らも動員されていたが控室は勿論仕事場も分かれており、時代のせいで口をきけなかったという。

当時は海軍兵学校予科生、海軍甲種飛行予科練習生、陸軍特別幹部候補生、陸軍各種学校生などの募集があり、それぞれの合格者は入学してゆき、幾回か送別会が開かれたと記されている。

龍華町の軍需工場での動員記

『八尾高校百年誌』に住友軽金属八尾工場に動員された生徒の記事がある。

三年生の終わり頃より軍需工場の住友アルミで三交代勤務をした。電波兵器のアルミ箔を造る第一工程は、鋳造機で出来上がったアルミ厚板を三種類のロール機で薄く引き延ばし、最終的にアルミ箔を造る。身体の大小強弱で第一～第四工程が割り当てられる。

当時の給食の主食は豆カス、オカラ、麦で副食はいも茎、大根の葉、大根等で、夜食には増産モチといって何かの葉を粉にして焼いたものだが、ひもじい時代では一つの楽しみでもあった。油の染みついた作業衣の臭いは、今以て忘れられぬものだと記されている。

布施市の軍需工場での動員記

『布施高等学校五〇周年記念誌』に布施の軍需工場に動員された時の記事があり、これを引用する。当時の会社は通常の工員が減り学徒に頼らざるを得ない状況にあって、重労働も危険労働も本当の工員と同じ扱いであったという。記事には動員者の気負いもあるが現場の事情は一人前の工員を切実に求めたと考えられる。

「その軍需工場は溶接棒を製造する工場であった。配属された生徒のなかで体の大きい四人は鋼線の一巻六〇キロを馬車に積む作業を行い、全く大人と同じ作業であった。又、ある者達は溶接棒の一番の要である溶接棒の先に塗布する薬品の調合を任され、四人で従事していたという。

感想として、当時は布施中がこの工場を動かしていたと言っても過言ではない、唯若かったという事よりも、もっと何か違う、学徒として今成し得ることを精一杯やり、家を空襲から守り、銃後を守るという気持ちが強かったのかも知れない」と書かれている。

以上が東大阪市近郊に在った学校と事業所の戦時の記録を調査して、中等学校生等の勤労動員の実態を追求した結果である。

引用した原文の筆者の方々にはご理解を賜り、資料をご提供下された方々にお礼を申し上げますとともに、本文記事の過不足や錯誤のご指摘、またご叱正を頂きたくお願いいたします。

本章を書くにあたり西辻豊氏、丹野拓氏に聞き取りをしました。

［参考文献］

『昭和産業史』（東洋経済新報社　一九五〇年）
『学制80年史』（文部省　一九五四年）
『七〇年史』（大阪府立大手前高等学校　一九五八年）
『日新高等学校四五年史』（一九六八年）
『久保田鉄工八十年のあゆみ』（一九七〇年）
『紅の血は燃ゆる（学徒勤労動員の記録）』（読売新聞社　一九七一年）
『大阪府教育百年史』第一巻・第四巻（大阪府教育委員会　一九七三・七四年）
中川啓史『ぼくらは義務を果した』（白川書院　一九七五年）
『谷岡学園五十年史』（学校法人谷岡学園　一九七八年）
『生野中学校朋友の碑』（一九七八年）
『女子商五十年誌』（大阪女子商業高等学校　一九八〇年）
『楠根小学校抄史』（一九八五年）
『浪花女子創立六十周年記念誌』（一九八六年）

『府立布施工科高等学校五〇年のあゆみ』（一九八九年）
『村上学園五十年史』（一九九〇年）
『布施高等学校五〇周年記念誌』（一九九二年）
三宅宏司『大阪砲兵工廠の研究』（思文閣出版　一九九三年）
『八尾高校百年誌』（一九九五年）
『近畿大学創立70年の歩み』（一九九五年）
奥村芳太郎編『女子学徒の戦争と青春』（角川書店　一九九五年）
『樟蔭東学園創立60周年記念誌』（一九九六年）
『樟蔭学園80周年記念誌』（一九九七年）
近藤登『近畿大学発展史』（近大産業会館出版部　一九九八年）
『城工創立七〇周年記念誌』（大阪府立城東高等学校輸編集委員会　一九九九年）
『清水谷百年史』（二〇〇一年）
小山仁示『空襲と動員』（部落解放・人権研究所　二〇〇五年）
『畷百年史』（四條畷高校　二〇〇六年）
『女学生の戦争体験』（泉尾高校戦争体験を語る会　二〇〇七年）
『紫苑会傘寿記念誌』（紫苑会〈清水谷高校同窓会〉二〇〇九年）
丹野拓「岩橋山塊の祭祀関連遺跡と本土決戦準備遺構」（『和歌山地方史研究』五七号　二〇〇九年）
熊谷眞『学生たちの太平洋戦争』（夢工房　二〇一一年）
ＮＨＫ「戦争証言」プロジェクト編『証言記録　市民たちの戦争　一（銃後の動員）』（大月書店　二〇一五年）
『創立１００周年記念誌』（学校法人樟蔭学園）

2　国民義勇隊

太平洋戦争の終戦時前後の軍政や軍事に関わる地方の史実を、残る記録に求めても文書類は見出せず、容易には解明し難いことが多いのである。

その理由は戦後直ぐに通知された「昭和弐拾年八月十五日　終戦ノ大詔煥発降下　其筋ヨリ聯合軍駐入國検閲等アル由ニ付　軍事関係書類一切焼却放棄方　通牒趣ニヨリ処理ス、昭和弐拾年九月七日」(『河内四条史』第一冊（本編）所収の「四条区有文書」）という文書が示すように、重要度に関わりなく公文書類が廃棄されたためである。

筆者が行った河内の戦時の地方事情の調査においても、事柄の核心を明記した文書は未見のために、代替の手段として多くの戦争体験者に聞き取りを行い、かなりの数の関係文書を閲覧してきた。そして言わば傍証固めを積み上げて、事実と判断した限度までを報告していた。

しかし筆者の長年の研究課題であった終戦時期の「国民義勇隊」について、偶然に見出だした文書によって、事実を解明できた幸運があったので報告する。

昭和二〇年（一九四五）六月に施行された義勇兵役法にかかわる、これを実行した記録の文書「出動通知書」（『東大阪市史　近代Ⅱ　史料編』）を見出した。国民義勇隊の正体は何か、人口の半分以上が該当する巨大な組織が実際はどのように運用されたかが大きな疑問であったが、旧孔舎衛村（現・東大阪市日下町）の残存文書に出会い、意義に納得したのである。

また大佛次郎氏の『敗戦日記』において、国民義勇隊について、国民がどのような反応をしていたかを知ったのである。

国民義勇隊とは

昭和一五年(一九四〇)に発足した大政翼賛会には、大日本青少年団や国民義勇奉公隊、大日本婦人会などの、国民は全員が戦争に勝利するため挺身出動するべしとする、任意が原則の団体を伴っていた。これを改変する体裁で時の政府(内務省)は、大都市が殆ど壊滅的な空襲被害を蒙っていた昭和二〇年(一九四五)三月に、急遽「国民義勇隊組織ニ関スル件」を閣議決定した。

この段階では厭戦気分が広がる国民の、戦意の盛り上がりを期待し、また「生産」と「防衛」の二面を一体化するとして、当面はあくまでも軍需品生産と、食料増産が主眼であった。

その内容について、隊員は男子が一五歳から六〇歳、女子は一七歳から四〇歳の全国民とし、出動業務は本土の防空および防衛、空襲被害の復旧、都市および工場の疎開、重要物資の輸送、食料増産などに関する工事又は作業で臨時緊急なもの、警防活動のほか陣地構築、兵器、弾薬、糧食の補給輸送等による軍の作戦行動に対する援助を含むとした。さらに状勢急迫の場合には武装して実戦に入る義勇戦闘隊に転移させるとしていた。

組織については官公署、会社、工場、学校などで、多数の人員が所属するものは職場や学校ごとに、その他は一定の地域ごとに編成することとした。実際には、職域義勇隊では社長や校長が隊長になって社員や生徒を隊員として結成された。元の組織が縦割りであるから軍隊的な呼称にさえ替えれば成立したのである。五月頃に結成した事例はかなり見られる。

一方の地域義勇隊について、上司はともかく一般の町村民が主体であり結成は容易ではなかったようである。そして両方の掛け持ち隊員が普通であったと思われる。因みに六月末時点において、当時の大阪府下では市町村の全てに、形式的には地域ごとに国民義勇隊が結成されていた。

大阪府下の縄手村（現東大阪市東部）では六月に村長が隊長に、区長が中隊長に、部落会長が小隊長に、隣組長が分隊長になって、一般村民が隊員の地域義勇隊が結成されていた。

しかし政府の意向に不満の軍部は、迫ってきた本土決戦を前に、国民が皆武器を取って戦う非常時体制を固めるためにのみ法令化を急いだ。そして昭和二〇年（一九四五）六月、軍役のみを定めた「義勇兵役法」が公布・施行された。

この兵役法に定める義勇隊員とは生産人口の殆ど全員を自動的に隊員としており、戦況が急迫した時には、正規軍の指揮下に入る義勇戦闘隊に移行することを定めている。義勇戦闘隊は一種の民兵組織であるものの、通常の兵役と同じく「臣民の義務」であり、違反者には陸海軍の刑法が準用されるものであった。軍は義勇戦闘隊員の数は二八〇〇万人に達すると予想していたという。

国民の大多数に適用される兵役制度が、この混迷の時期に軍の圧力で急遽成立していたのである。しかし国内ではごく一部の地域を除いて八月一五日に終戦をむかえて、義勇戦闘隊に移行することを免れた。

地域国民義勇隊「出動通知書」

以上の記事は国の政策の紹介であるが、筆者の戦争体験者の聞き取りのなかでは、自らが義勇隊員であったと意識している人や命令を受けて出動した人には出会っていない。

何故か兵役法の法令があって、義務を負っているということが話題に出ることもなかったのである。当時の政府に確たる方針が無く、法令も粗雑な出来であり、国民も苛烈な戦況下にあって、度々の形式化した戦争遂行の檄文または大型の警防訓練通知という程度に理解していたものと、筆者は思っていた。

しかし『東大阪市史　近代Ⅱ　史料編』に他では見ることのない、珍しく残存した文書、地域国民義勇隊「出動通知書」を見出し、俄かに現実性を帯びて運用の実際を知ることとなり、地域での戦時の日常生活に衝撃を与えていたことを知った。

「昭和二十年七月二十二日
孔舎衙村国民義勇隊長　紀　貞治
第一小隊長殿
地域国民義勇隊出動通知書
右ハ、軍作業ニ協力ノ為、左記ニ依リ出動シ、部隊ノ指揮ヲ受クベシ」

この後ろに「記」として具体的な出動日、動員人数、携帯品、管下の各大字の動員割り当てなどが記されている。

この史料では八月一日と七日に男子二〇名ずつが動員されている。動員された者は近鉄孔舎衙駅に午前八時三〇分に集合し、作業は午前九時から午後四時まで、携帯品として全員昼食、そして、人数の三分の一ずつモッコ、天秤棒、スコップを持参するよう指示されている。居住地近くの生駒山の麓地域での土作業で動員されたものと推測される。この文書は「出動通知書」とあるが「軍命令」を伝達するものであり、作業場では軍の指揮下での七時間の土工事を二〇人に課すものであった。

村の行政が軍隊の体制下で行われ、村民は使役されたと思われる。人選は部落会長の裁量に任す体である。さらに「備考」として「出動者ハ、農繁期供出ノ関係上、疎開者ヲ出動セシムベシ」と記している。農業者は供出で忙しいため、都市からやってきた来た疎開者を選んで出動させよ、との指示は都市空襲の疎開者や、職域で仕事をしている者には過酷な指示であったと思われる。

大佛次郎のみた国民義勇隊

戦時における国民義勇隊制度の運用について、作家・大佛次郎氏の著作『敗戦日記』から引用させて頂き、実態を明らかに伝えたいと思う。

同氏は戦前外務省に勤務したが、戦時は鎌倉に住んで『鞍馬天狗』や『赤穂浪士』などの小説を書き、戦後は東久邇内閣の参与を務めた国民的作家である。

先ず昭和二〇年（一九四五）六月一二日に「議会に於ける国民義勇隊の説明漸次官製化せられる段階に入り来たる。」とあり、軍の望むように兵役義務のみが強調される。

六月二三日に「どの隣組も社長の印一つにて地域団体に入らざる者のみにて、除外を受け、出動の義務を課せられるは老人病人自由職業者のみ。これが砲弾を担がせられたりもっこ運びをする。官製義勇隊の正体の現実なり」という。

「六月を終ろうとして」に「官製となった義勇隊の性格について軍と政府とが一致できないでいる。軍部は戦闘隊とするつもりだし、政府は産業隊とする意向なのである。」「職域義勇隊の証明ある者を除いて鎌倉などではどの隣組でも地方義勇隊員として残るのは老人と自由職業の者と病人で、どの組でも二人か三人である。これに対し県が取次いで来る軍の要求は一日三百人と云う。半数ぐらいしか集らぬ。隊員名簿さえ出来ていぬ幽霊隊に頭からこの人数を求めているわけである」と嘆いている。

七月五日には自身が動員された。「五時半起床。眠いのを我慢し置石町町会前に集る十一名、義勇隊出動なり。隊を組み大仏境内に行き、そこより兵隊の引率で鎌倉山の小隊本部なる民家に、もっこかつぎその他に分けられ近くの竹藪の中の陣地構築に行く。シャベルで土をかい出す比較的楽な仕事だが早く起きた為眠いのと一日が永いのに呆れる。四時半、もとの本部へ帰り五時解散」とある。先の「出動通知書」と趣旨が同じである。

八月二日には激しい空襲が続くが「ここの町会で動員可能なのは名簿の上で三十一名、病気、県や警察の動員で故障のある者を除くと実数が二十名そこそこで六十才以上の老人が七名である。つまり四日に一度、もっこを担ぎに自分の職業を捨てて出る。手当は米一合というのだが実際は前に貰った切符は市では引受けず、軍ではどこに取りに行ってよいか曖昧になっている状態である。ピラミッドを作った奴隷と変わりないことになったら義勇隊は官製よりも悪く、厭戦的気分を醸すだけのことと成る。命令さえすれば苦力が集まるのは占領地だけの話で、この場合も手当ては出ている筈である」と行政の混乱をいう。

八月五日には「義勇隊の無法な苛酷さも不条理を怒ってもどうにもならぬ。各機関ともに目前の必要にきりきり舞いし、他のことを一切顧慮していられぬ。全部がばらばらとなってしゅん動しているわけである。明瞭な末期の形相である。つまり義勇隊は徴集であり強制労働で、下から盛上ったものでも何でもない。」と怒っている。

八月六日には「義勇隊、職域の者を地域隊に出してはならぬという県本部の指令あり。本部でも始末に苦しんでいる。自発的に休日など出るようにさせたいと云うが、右の指令があって誰れも出る筈がなく中央として卑怯な話である」と言っている。

同書では八月六日を境に義勇隊の件は登場せず終戦をむかえる。

筆者はこの大佛次郎氏の日記から、国民人口の半分以上に影響した国民義勇隊の正体の件は理解したつもりである。

なお国民義勇戦闘隊が実際に編成されたのは樺太であり、侵攻してきたソ連軍との実戦に参加している。また鉄道、船舶、船舶救難の各義勇戦闘隊は編成されたが、終戦によって実戦には至らなかった。

沖縄では地上戦に若者が動員されているが、義勇兵役法によらない「陸軍防衛召集規則」によって一四歳位の若者や徴兵年齢を越した老人が戦闘員となっている。沖縄本島だけで二二〇〇〇人が駆り出され、正規の部隊に併合されて実戦闘に参加し半数以上が戦死した。
本件のみならず終戦前後の国全体の混迷の状態は、まだまだ研究する課題を持っていると思っている。

〔**参考文献**〕

『河内四条史』第一冊（本編）（四条史編さん委員会　一九八一年）
『東大阪市史』近代Ⅱ（資料編）（東大阪市役所　一九八八年）
大仏次郎『敗戦日記』（草思社　一九九五年）
防衛庁防衛研修所戦史室編『戦史叢書　本土決戦準備1　関東の防衛』（朝雲新聞社　一九七一年）
土門周平『本土決戦』（光人社　二〇〇一年）
藤田昌雄『日本本土決戦』（潮書房光人社　二〇一五年）
小山俊樹『五・一五事件』（中公新書　二〇二〇年）

Ⅳ 河内・地域の戦争遺跡

大西進

本章は陸軍大正飛行場と関わりの深い河内のまちの戦争遺跡の聞き取りやフィールド調査の成果である。軍事施設、軍需工場、防空のための軍備などの軍事遺跡、戦時の建物疎開や学童疎開、戦争被害の痕跡などがまちのあちこちに残る。当時の日常の中で作られた軍事・戦争遺跡が、いまも人々の日常の中に残されているのである。それらを丁寧に聞き取り丹念に記録することで、地域にとって、地域の人々にとって戦争とは何かを考える糧にしていただければと思う。

1　柏原の戦争遺跡（一）

柏原の軍備

柏原市に残る戦争遺跡は、旧陸軍大正飛行場（現・八尾空港）に関わる、軍用機を格納する山麓部の場外掩体壕群と、軍需品を貯蔵した丘陵部の横穴防空壕群に特徴がある。

陸軍中央の柏原の扱いは、大正飛行場の所在を中河内郡柏原町、同大正村、南河内郡志紀村と表記しており、軍の公文書でも大正飛行場を「柏原飛行場」と呼称しているものが度々登場する。

また柏原一帯の平野に接する山地、河川に囲まれた丘陵地の地形は、戦況が守勢になった頃には戦力の分散と温存を図り、備蓄する格好の場所と認められていた。

このほか柏原の軍備として空襲に備えた防空監視哨と高射機関銃（砲）の陣地が在った。これ等の軍装備を建設し運用する兵員の宿

図 32　柏原市域東部の軍事施設所在図

舎も、学校、公会堂などを転用して配備されていた。

現在も古町に残る大正飛行場の将校官舎は、旧陸軍の威厳を覗わせる珍しい戦争遺跡である。この件は拙稿「大正飛行場の官舎と合宿舎」（『日常の中の戦争遺跡』所収）で紹介した。

大正飛行場内の掩体壕跡

掩体壕とは戦時中に築かれた敵機の空襲から自軍の飛行機を護るもので、防弾、防爆性能を高く設計した格納庫のことである。土塁で囲うか、木造かコンクリート造のドーム型で覆う工作物である。

戦況が防御の時期に入ると大量に急造されたもので、軍装備とはいえ良質の資材や労働力に乏しく、弱体な構築物が多いのであった。

戦後に府農林部が測量した図面には、現在の柏原市の本郷地内に三基の掩体壕が記されている。陸軍の標準的なコンクリート造の小型戦闘機用である。

大正飛行場には場内に一九基の掩体壕が在り、広い場内に分散配備され東南部の要所にも配置していた。

現在の東大阪大学柏原高校の記念館の位置に二基があり、高校の西側の事業所に一基が在った。既に滅失しているが一葉の写真が残された。

構造は半地下式で正面はアーチ型、平面はホームベース型で幅一五・五メートル、奥の幅五・五メートル、高さ三・五メートル、奥行一二メートル、コンクリートの厚みは四〇～六〇センチメートルであった。戦時は各掩体壕の近くの詰所にいる操縦員・整備員が滑走路のある北側から軍用機を後退させながら収納した。

因みに大正飛行場の掩体壕で現存するのは、二俣・都塚・恩智を経由する北

図33 大正飛行場内の掩体壕跡（東大阪大学柏原高校構内）（『夢、輝く50年いままでもこれからも』東大阪大学柏原高等学校提供）

を期待している。

行の誘導路に依った、山麓の垣内地区（八尾市）に残る一基のみであり、戦争を語る貴重な遺跡として保存

二本目の誘導路を建設

昭和一九年（一九四四）本土への空襲を予見した軍は、大正飛行場の軍用機を場外にも広く分散して待避させ、そしてまた温存するために、東高野街道（国道一七〇号）沿いの山ノ井から太平寺の山麓に多数の掩体壕を急造した。

当地に至る東行の二本目の誘導路は、現在の自衛隊東門付近から東進して、一部の区間は国道二五号を経て、関西線に地下道を新設して新田ゼラチンの工場敷地を突き切り農地に出る。現在の堅下北中学校の山からトロッコ線を引いて運んだ土砂で農地を埋め立てて急速に建設した。東の山麓部の活用を目指して、誘導路は近鉄法善寺駅の北を踏切で越え、さらに真東へ東高野街道に達したのである。地下道では飛行機は翼を畳んで通行したという。誘導路の幅員は五～六メートル、延長は二・一キロメートルであった。

山ノ井・平野二丁目の掩体壕跡

聞き取り調査によってここに四基の掩体壕があり、付近には壕に入らない獲得した米軍機P51の置場があり、機銃座も備わっていたという。

四基の掩体壕は全て木造で小型の戦闘機用であり、ループ状の誘導路に連絡していた。その位置は現在でも背面が数メートル高い山襞の間に造られて、当時は屋根に土を載せ草木を生やしていたから周囲の自然の

図34　山ノ井町掩体壕跡 掩体壕の形状が残留

樹木と合わせて、偽装工作が成功したと思われる。

Ｐ51を露出させていたことは地元の数人に目撃されており、機銃座からの反撃を意味する軍の作戦であったとも思える。

この付近には誘導路や掩体壕の他にも谷間に砂防ダムのような形状の物資の貯蔵庫も造られ、これらに従事する兵隊の兵舎跡や、朝鮮人が主体という作業員の宿舎跡が知られていた。

当時の子供だった方には、山から土砂を運ぶトロッコで遊んだこと、誘導路で飛行機を押したことなど鮮明な記憶が残っている。

大県四丁目・太平寺二丁目の掩体壕跡

柏原市営健康保健センター・オアシスの位置に戦時は掩体壕があった。平成九年（一九九七）の健康保険センター建設に先立つ大県南廃寺の発掘調査で掩体壕の基礎が発見され飛行機の部品も出土した。

基礎は掘り窪めた溝に鉄芯の入った帯状コンクリートの塊で、上面は水平でなく内側に傾斜して仕上げられていた。また排水溝から戦闘機の補修用備品や整備に使う機材が出土した。出土遺物は、大正飛行場に常駐した飛行第二四六戦隊の装備した二式戦闘機（鍾馗）のものがあり、この場所が場外の機体整備基地の一つであることが解ったのである。

太平寺二丁目の大県墓地の南西の地は現在もぶどう畑であるが、付近に二基の掩体壕が在った。地元の数名から教えられた。

他にも機体置場とみられる場所が東高野街道沿いの平野二丁目と大県四丁目にある。大県南遺跡の範囲のなかで道路工事に際して発掘調査を実施

図35　大県掩体壕跡（現柏原市健康福祉センター）

した際に、戦時の土留めの工事跡を発見し機体置場と見なせたという。平野では機体をあり合わせの材料で覆うだけの扱いであったという。

木製掩体壕の構造

柏原の山麓に在った掩体壕は全て木造で、戦闘機を収容する小型のものであった。

大正飛行場に所在した第一一飛行師団の配下にあった滋賀県の八日市飛行場では、昭和二〇年（一九四五）春に隼戦闘機を収容するために木造の壕を多数造った。八日市飛行場の掩体壕を造った技術者の記録があり、この記録者は大正飛行場にて壕の築造にあたった技術者と同期、同窓生の仲間であることから、大正飛行場の木造壕も同じ作りのものであったと推定できる。

当時陸軍では木造はコンクリート造や鉄骨造に比べても試行実験の段階であった。即ち八日市でも大正飛行場でも、構築した壕の上に擬装のために土を載せ雨が降ると、重量に耐えられず崩壊したという事実すら記録されている。

小杉弘一著「掩体壕づくりに参加して」から引用する。八日市の例であるが大正飛行場の事例に極めて似ている。

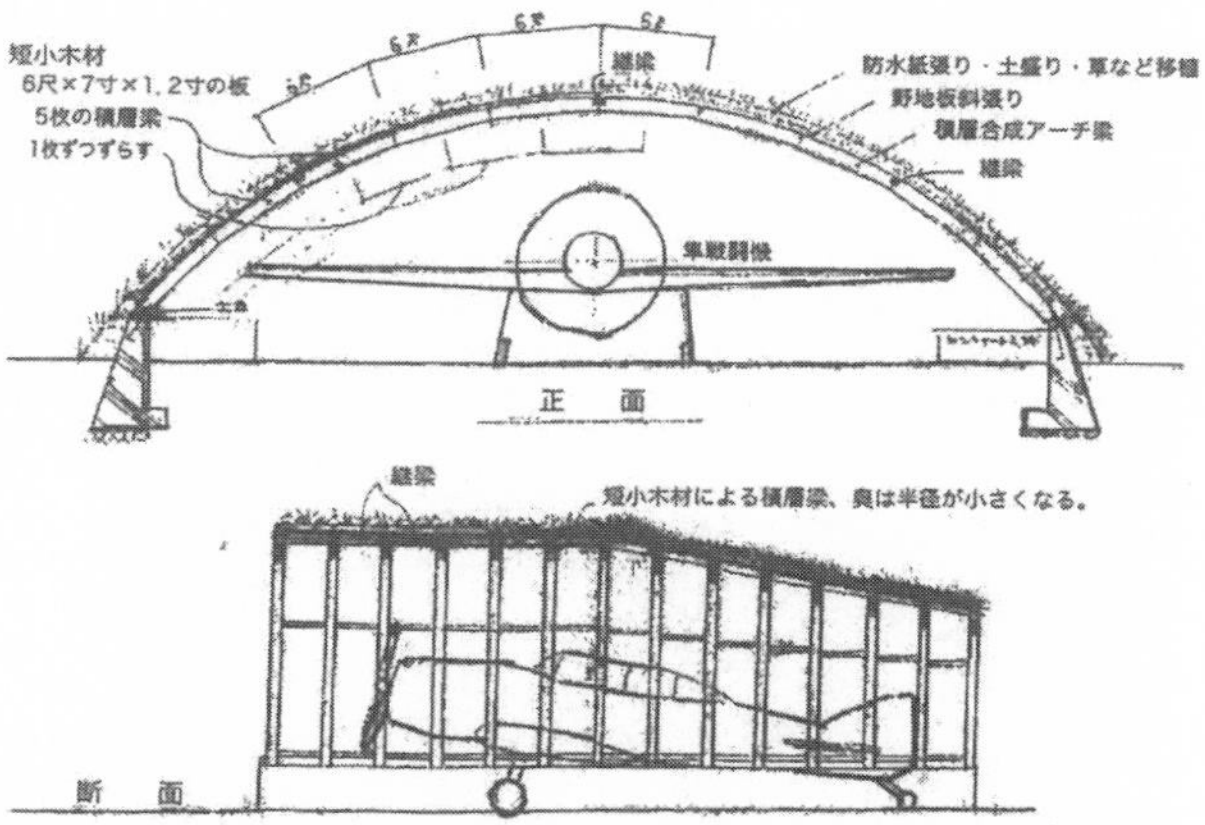

木造掩体壕の概念図（隼機用）
隼戦闘機の寸法：
全幅10.8～12.0　全長8.9～9.0　全高3.0～3.3

図36 木造掩体壕概念図（『蒲生野』４０号 小杉弘一作図）

「私たちが各地の航空隊で建設作業にかかわった掩体壕で、隼戦闘機を一機収納する大きさであった。山麓の誘導路に分散し松林の中にコンクリートの基礎が出来あがっていて、（昭和二〇年）五月から松材の短小材（六尺×七寸×一・二寸）の板を五枚重ねて、コマ型ジベル金具と五寸釘を打ち付けて作った積層のアーチ梁をかけた。クレーン車の無い当時は三ツ又という道具で、積層のアーチ梁を人力で吊り上げて組み立て、野地板を斜め張りに釘打ちして強度をあげた。黒い防水紙を全面に張り擬装のため土を被せ雑草を植え完成した」

という。

隼戦闘機の規模に合わせれば全幅一二メートル、全長九メートル、全高三・二七メートルでよいが、これでは新鋭の疾風機は入らず、現場ではより大型に改造したと思われる。

ホームベース型のコンクリート基礎は、柏原に遺構はなく、海軍の柳本飛行場跡に残るものを示す。

戦後に流行する純木造の巨大構造物の起源は、このような軍の工作物であったという説がある。

図 37 木造掩体壕のコンクリート基礎
（奈良県海軍柳本飛行場跡）

動員先は掩体壕であった

掩体壕の土工事やコンクリート工事などの力仕事は、朝鮮人労働者に動員学徒らが加勢し、木工事は本職と兵隊の仕事であった。

旧制八尾中学校の生徒も動員された。朝九時に弁当持参で現場近隣の近鉄線の駅に集合して、三〇〇人程が徒歩で山に向かった。山の傾斜面に基礎用の穴を掘り、土を運びだし、地均し、コンクリート打ちをした。トロッコや簡単なケーブルやクレーンの他は人力の工事であったという。

運用に関して、別の学校の中学生は五月中旬の頃、生徒四〇人位で半ば壊れた飛行機を押したり引いたりして山麓の掩体壕に運んだ。兵隊が二人付添って誘導路を進んだ。この飛行機が避難のためか囮のためかは不明だったという。

軍の戦術として、囮の飛行機を敵機に曝して誤射を誘うことが実際に行われたという。

戦争の末期になると戦闘機の損耗が激しく、実際には山麓の掩体壕への搬出入は空襲被災の恐れもあり、あまり行われなくなった。しかし終戦まで擬装のための生木を植え替えることは地元の仕事であった。

以上のように掩体壕はその存在が解ったのであるが、一方で、地形に壕を想像させる場所はあるが、遺構を見ることはこれまでできていない。

柏原の軍用地下壕

昭和一七年（一九四二）四月の本土初空襲があって以降、戦況が守勢に回る頃、空襲被害を避けるため、軍部は対空火器には隠蔽偽装の工作を施し、軍用物資は分散隠蔽し、軍需生産は隔離した地下工場などで行う方針を採った。

柏原の丘陵には軍需物資を備蓄した地下倉庫や仮設倉庫の跡が五か所に残っている。

航空総軍では昭和二〇年（一九四五）四月頃から本土決戦に備えて、大正飛行場の航空廠の機能を保全するために本部を現在の柏原市国分の西法寺に移し、工場を現在の羽曳野市の駒ヶ谷に掘った地下壕に移転し、備蓄倉庫を現在の柏原市の玉手山をはじめ奈良県の桜井まで広く分散して配備する計画をもった。

軍部はこの玉手山の山・川の起伏と変化のある地形に注目し、戦前から有名な玉手山遊園地の内外に、大正飛行場に関連する飛行機部品を貯蔵するための地下壕を掘った。明治四一年（一九〇八）の開園から親しまれ賑わっていた玉手山遊園地は、戦時の一時期、軍事機密のために閉鎖されていた。その間の事情は軍の機密という壁にはばまれて解明し難いのである。

さらに近郊の大阪府下や奈良県下の空き工場や学校に資器材や燃料・弾薬を疎開させ始めていた。このための航空総軍直轄の地下施設隊が編成され、隧道・坑道の実務作業者から成る正規軍が活動していた。

以下に紹介する軍用壕を第一三地下施設隊が掘ったという直接的な文書は見当たらないが、蓋然性は高いのである。すなわち第一三地下施設隊は昭和二〇年（一九四五）四月に柏原で編成され、第一一飛行師団の指揮下にあって、大阪府内の現場を転々と移動した。部隊は建設の二中隊と整備の一中隊から成る七六四名で、朝鮮人の正規軍人が相当数を占めていたという。

軍の公文書に玉手山地下壕が登場

玉手山に軍が掘った地下壕があるという伝聞のとおり、今般機会に恵まれて関連文書と現地の双方を確認したのである。

軍用壕の存在を示す機密文書は終戦時にほとんど廃棄され

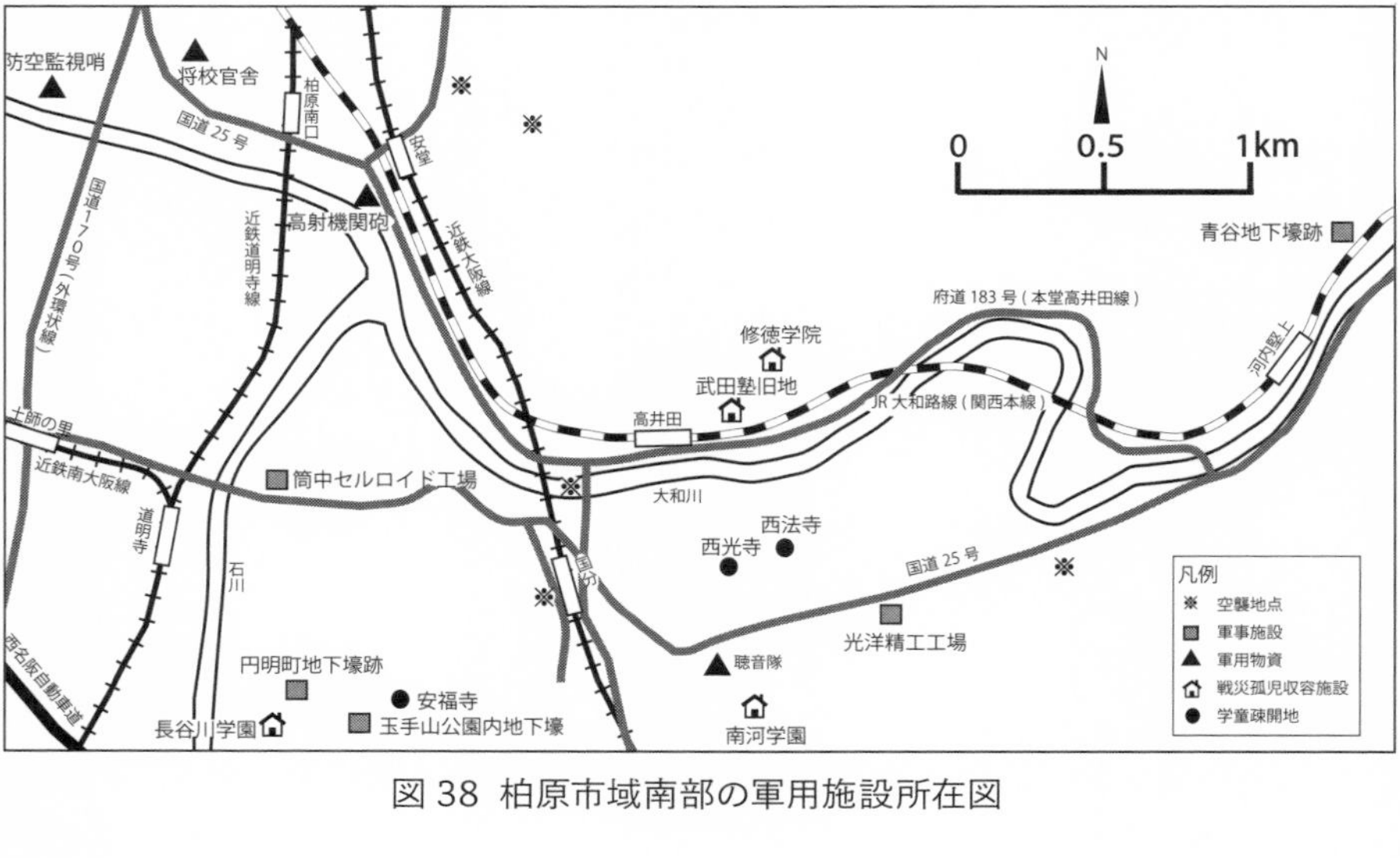

図38 柏原市域南部の軍用施設所在図

料金受取人払郵便

本郷局承認

5047

差出有効期限
令和5年
9月30日まで
期限が切れても
切手を貼らずに
ポストへどうぞ!

返信

POST CARD

113-8790

[受取人]

東京都文京区本郷
1-28-36 鳳明ビル

批評社

書籍購入係

フリガナ お名前	年齢　　歳	性別　女　男
〒 ご住所		
電話 FAX.	e-mail	
今回ご購入 書籍名		
ご購入の方法	＊書店で（書店名　　） ＊その他（具体的に　　）	
本書を何で お知りになりましたか		
職種 専攻		

●上記個人情報の取り扱いには十分に注意を払い、目的以外の使用はいたしません。
●お名前とご住所以外は任意記入項目です。空欄があってもかまいません。

批評アングル

HIHYO-ANGLE

◉小社刊行物をご購読いただき、ありがとうございました。◉この本をお読みになったご意見やご感想を、ご自由にお聞かせ下さい。◉今後の出版企画の参考とさせていただきます。

◉お聞かせいただいたご意見、ご感想を小社のPR誌『Niche』や小社ホームページ(http://hihyosya.co.jp)に掲載させていただくことがございます。……掲載してもよい　＊Yes　＊No

- -

読者の皆様へ

◉書店店頭でお求めの書籍が見つからない場合は、この購入申し込みハガキにご記入の上、お近くの書店へお持ち下さい。◉小社に直接お送り下さった場合は、ご記入のご住所に直接送本いたします。直接ご注文の際には、基本的に着払いでのお支払いをお願いいたしております（送料は無料ですが、振込み手数料260円をご負担いただきます）。◉銀行振込、郵便振込み等、他のお支払い方法をご希望の方はご相談下さい。クレジットカード決済にはご対応できませんので、ご了解下さい。

書　　名	本体価格	注文冊数
		冊
		冊
		冊

たが、終戦後に、進駐米軍に旧日本軍の貯蔵軍需物資を引渡す要務が生じ、その所在地を記した文書と概略の地図が国立公文書館に残されていた。

玉手山や駒ヶ谷の地下壕を始め、大阪府下の富田林、石川（羽曳野市内）、藤井寺と、奈良県の高田、香芝市内の下田、二上、五位堂などに設けられた倉庫の物資引取り願書である。

陸軍航空本部残務整理部総務部長が昭和二一年（一九四六）一月三一日に「発」した「陸普第二三八号連合軍の軍需品引取ニ関シ促進方配慮相成度件」という史料がある。

「首題ノ件当部品係軍需品引渡ハ概ネ完了シアルモ舊大阪陸軍航空廠関係ノモノハ（中略）別冊ノ通十一ノ未終了箇所アリテ今尚遅々トシテ進捗セズ（中略）右業務ノ推進方貴機関ヲ通シ対連合軍申入此ノ上共配慮相煩度通牒ス
通牒先　第一復員省次官、有末機関長、飯田機関長、大阪府知事、
　大阪市長」

別冊の「大阪陸軍航空廠軍需品引渡未完了現況表」に「玉手山洞窟D」が見え、車輪がそこへの集積軍需品である。引渡責任者は長友少佐であり、引取り担任は、米軍第九八師団とその後任部隊という記述がある。以下は「玉手山洞窟D」の遺跡を、文書に、また現地の実物を探した成果である。

やはり中心は古くから親しまれていたが、戦時は一時閉鎖されていた玉手山遊園地の内外の丘陵地である。

地下壕の存在は朝鮮人強制連行の真相を調査されていた方々には既知

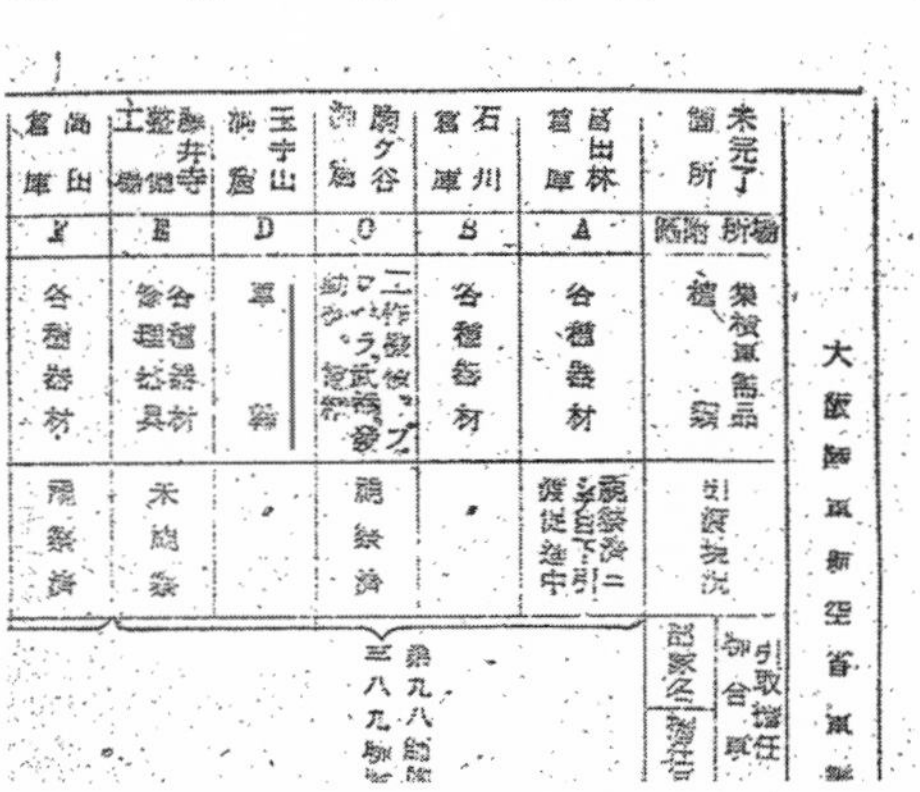
大阪陸軍航空廠

未完了箇所	略符	集積軍需品	引渡現況
富田林倉庫	A	各種器材	[illegible]
石川倉庫	B	各種器材	〃
駒ヶ谷洞窟	C	[illegible]	[illegible]
玉手山洞窟	D	車輪	〃
藤井寺整備工場	E	各種器材 整理器具	未[illegible]
高田倉庫	F	各種器材	[illegible]

表4　大阪陸軍航空廠軍需品引渡未完了現況表の一部　1946年1月（アジア歴史資料センター閲覧防衛研究所戦史研究センター蔵）

の事柄であったようで、戦時中に建設作業のために藤井寺駅に数百人が集められ、一斉に玉手山方面に向かったという伝聞もある。しかし確証は得られていない。

玉手山円明町の地下壕

昭和二五年（一九五〇）に、玉手山遊園地の夕日ヶ丘頂上から西方、道明寺変電所の方向に、幅七〇メートル、長さ一〇〇メートルの地滑りが発生し、原因は山麓に戦争中に掘った大型の防空壕が、地震で崩壊して引金を引いたと、指摘している記録がある。

中央気象台編集・発行の『験震時報』15-3・4（昭和二六年（一九五一））に掲載された岡野敏雄ほか「玉手山地すべり報告」によると、当地は風化花崗岩質と粘土質の堆積層で磨き砂にするほど崩れ易い層であり、戦時に層の裾にコの字形に地下壕が掘られた。

奥行き八メートルの二本の壕が、奥で長さ二五メートルの壕と連結している本格的な大型壕であった。個人や共同用の壕ではなく、陸軍が物資貯蔵用に掘った地下壕と推察できる。

昭和二五年（一九五〇）近くまで、木の完全な支保工があったが取り払われた時に、地震がきて崩壊し地滑りの土砂中に埋没したと報じている。

この壕については円明地区の住人の聞き取りによって戦時中の存在は明らかである。壕は地域住民の通学

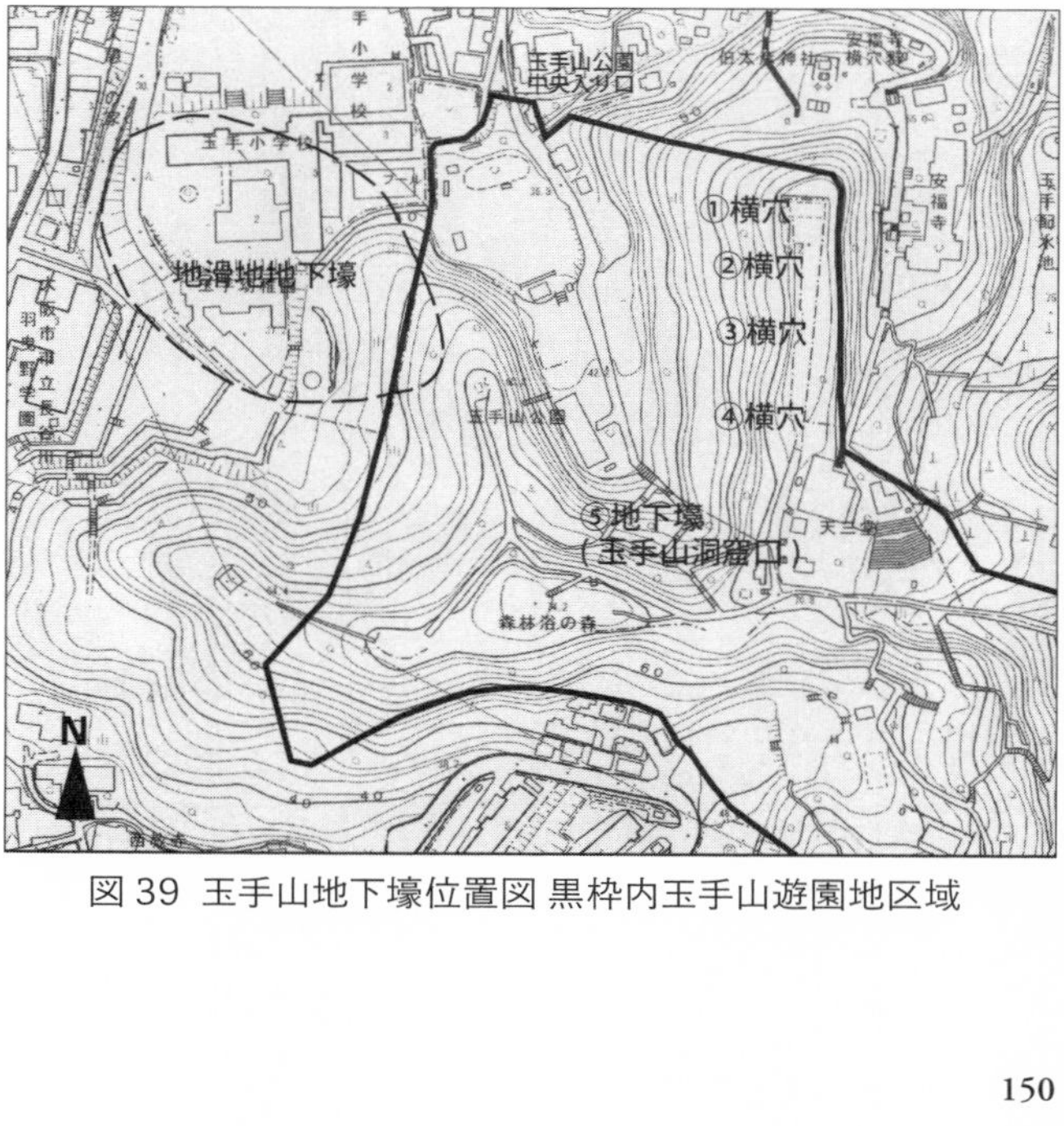

図39 玉手山地下壕位置図 黒枠内玉手山遊園地区域

などの際に直に目視出来たが、近寄りがたい場所であり、物資の搬入の件は定かではない。戦時は近くの円光寺や空き地にバラックの兵舎があって兵隊が泊っていた。兵隊は夕食時に帰ってきて、何処から運んできて食事を摂っていたという。朝、昼は作業場に行き村内には居なかったという。

当地は大正飛行場の物資の貯蔵などに便利であると共に、近傍に軍需の筒中セルロイド工業や直近に大阪市立長谷川郊外学園があり、戦時は防空壕を必要とした。

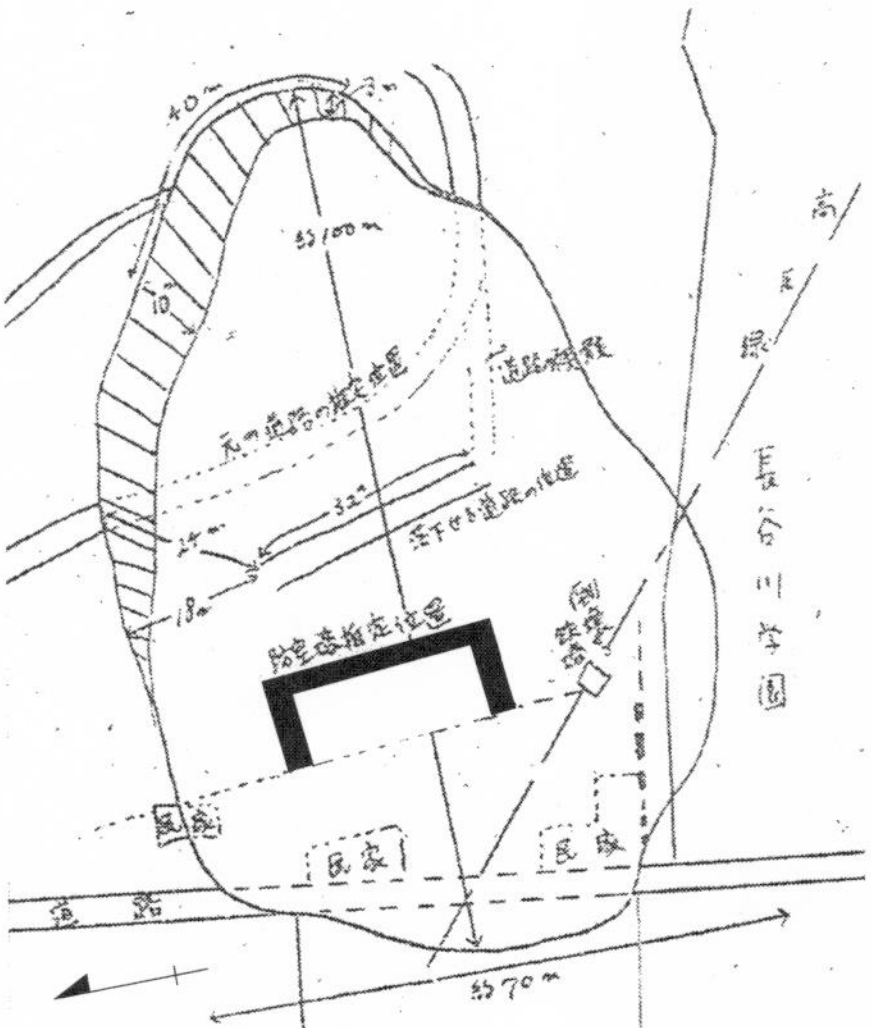

図40　玉手山円明寺地滑り報告
（『験震時報』1951年6月発行）

玉手山公園内の横穴墓

玉手山公園の中央口を入ると、乗物遊園とお楽しみ館のある広場で、ここは東、南、西の三方が高い擂り鉢の底のようになっている。古墳時代の横穴墓と観察できる痕跡が東と南の斜面の中腹にあり、広場の方向に開口している様である。この横穴墓を軍が活用したという説もある。

図39の横穴①は、東斜面の六メートル程高い位置に、幅〇・九メートル、高さ〇・四メートル、奥行き〇・八メートルの横穴が開口している。②・③・④の横穴は完全に崩落しており、地表面は単なる帯状の窪みである。筆者の観察では、原形は奥行き四～五メートル位まで真っすぐに掘り、その地点から左右に数メートルを掘って止まる形と、途中でくの字に曲がるもの、Yの字に分かれる形など、長年月の風雨で変形している。

当地は史跡「安福寺横穴群」に近く、造営された時期などの精査が必要である。

横穴墓の形状について『安福寺横穴群整備事業報告』（柏原市文化財概報　一九九三年）では、全数七一基について調査しているが、奥でT字状に枝洞を持つ例はなく、開口から奥壁の長さも最大五・五メートル、平均五メートルであり、玄室の幅は最大三・六メートル、平均三メートルである。

よって筆者は①〜④の横穴は戦時の「玉手山洞窟D」ではなく、古墳時代の横穴墓と見なしている。考古学による調査を期待している。但し、土砂を磨き砂などの原材料にする採掘坑であったとの疑念は残る。

玉手山公園の現存地下壕

南斜面の中腹にある地下壕⑤は原形が残る戦争遺跡と思われる。

この壕の存在は極く一部の人のみが知る所で、今般公園管理当局の特別の許可を得て、平成二八年（二〇一六）に立ち入り調査を行い、七〇数年間の眠りから覚めて、ここにはじめて成果を報告するものである。

開口部は崩落土砂のため幅一・八メートル、高さ一・二メートルに狭められているが、内部を観察すると、整形された内径は幅二・二メートル、高さ二・五メートルに規格化を図って掘っている。

開口部から約四メートル地点で、左に約一二メートル、右に約一五メートル長の壕とT字に交差し、さらに右の壕から分枝して、六メートル長の壕が掘られ、総延長では三七メートルを超える、本格的な掘削工事で造られた

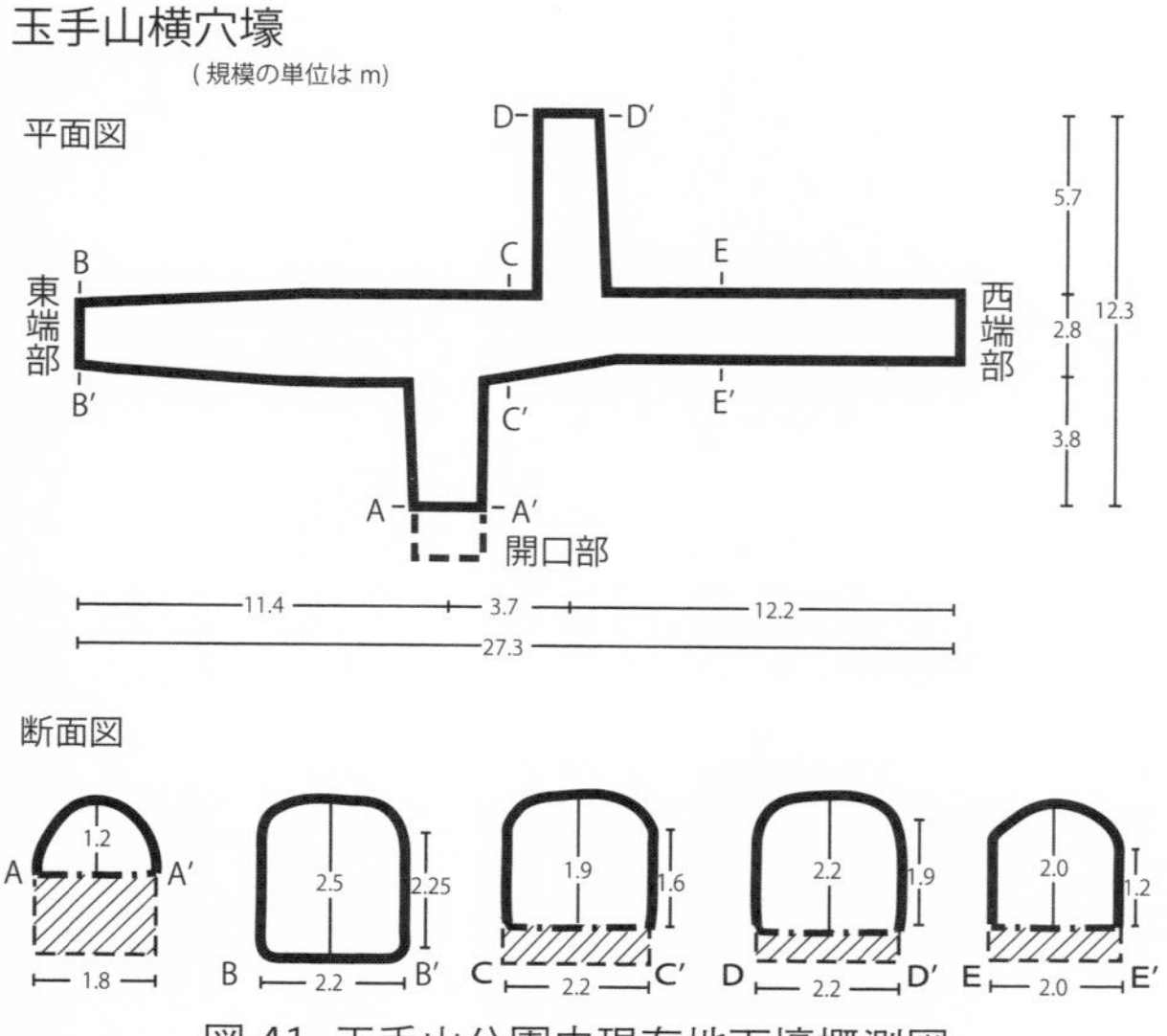

図 41　玉手山公園内現存地下壕概測図

地下壕である。

戦時の軍の工作物の基準とされたものに「陸亜密一五〇〇号　防衛態勢強化ニ伴フ施設要領」があり、このなかに航空廠や軍需品倉庫を疎開・移設するにあたり、隧道式の設計要領は、第三紀層の凝灰岩質の山間部・北斜面・対空遮蔽に利便な地を奨めている。また壕の断面は諸倉庫には幅二・〇～二・五メートル、有効高さ二・〇メートルの半楕円形の素掘りを本則としている。壕の交差部は天井をドームとする。さらに土質不良のときは支保工を施すことなどを指示している文書である。

図 42　玉手山公園内地下壕外観

図 43　玉手山公園内地下壕内部 1

図 44　玉手山公園内地下壕内部 2

現地の壕の断面寸法は設計要領に忠実に造られており、さらに一メートル間隔で支保工の柱用の壁面への切込をするなど、倉庫壕として完全な造りである。また地質構造も施設要領に合致している。

壕全体の原形は床面では水平と思われるが、年月の経過で直上から落ちた土砂が所により一〜二メートルの厚みで堆積している。また西端部には二か所目の入口の堀跡があり、ここからの流入土砂がみられる。

七〇年以上も原形を良く維持している要因は、素掘り壕ではあるが、堆積岩の水平層が整い、二七メートル長の壕の直上約三メートルに、並行して園路が通じており、その堅い不透水の舗装が帯状の蓋を成して、崩落を免れたと思われる。

しかし戦時の機材や、玉手山洞窟では集積軍需品として表記された車輪など、軍需貯蔵品の残渣は調査したが全く見つからず、壕内に見えるものは戦後の壊れたラジオや廃棄した諸道具、廃材のみであった。持ち込んだ筈の支保工用の坑木も見当たらない。

現在までのところ、筆者は地元の識者から戦時のこの壕に関する情報を得ていない。よって「玉手山洞窟D」であるとは断定はできない。しかし崖の中腹の樹木の陰で、年月の経るままに忘れ去られた感があるものの、現存する原形の残る生の戦争遺跡であり、身近な足元に戦争の実相を知る教材にもなる、その価値はかなり高いのである。

今後のためにも、学識者による詳細な調査を期待している。

なお本地下壕は柏原市玉手山公園内の立入り禁止区域である。立入りは公園管理当局の許可を要する。

青谷の海軍地下壕

『大阪府域における戦争の傷跡調査資料編』(二)という冊子には、旧海軍が柏原の青谷地区の山林に大規模の地下工場をつくり機械を搬入したが、終戦で未完成に終わったという記事がある。

この発端は、平成五年（一九九三）に『毎日新聞』が当時の海軍関係者から聞き取り、八月一五日の特集記事にしたものであった。筆者も関心を持ち、長らく地元の識者に問い、海軍の資料を管見したが全く有益な情報は得られなかった。今般柏原の戦争遺跡の確認のために現地見学を試みていたところ、偶然に有力な情報が得られた。

場所はＪＲ関西本線（大和路線）河内堅上駅から北北東約五〇〇メートルの急斜面の山腹で、露岩帯を掘削した跡がある。目視では横幅三メートル、高さ二・五メートルの地下壕を奥行き五〜六メートル掘ったが、既に奥行き四メートルの天井が落盤して、奥行き一・五メートルの額縁状の窪みに見える現場である。足元には落ちた岩屑が堆積している。

以下は途中に出会った地元の農業者に聞いた話の筆者の心覚えである。

図 45　青谷地下壕跡

「昭和二〇年春の頃、朝鮮人の労働者が突然大勢やってきて自家の畑（駅と壕の中間）に仮小屋を勝手に建てて宿にしたという。以後近づくことは禁じられた。終戦後直ぐ引き揚げた。噂の壕の掘り手は彼らと想うが、戦後の山遊びの時に、長大な壕や大工事の跡は記憶になく、むしろ明快な記憶は自家の畑に大量の機械類が運込まれたことだという。大阪（布施あたりか）の鉄工所から旋盤などの機械や資材らしき物を、堅上駅の西の山を山越えで運びこみ、駅付近から鉄道沿いにトロッコ線を敷いて弁天橋近くのこの畑に堆積した。終戦になって直ぐ野積みの機材は持ち帰られ、荒れた畑だけが残ったという」

現地は度々敵機に襲撃された鉄道橋に近く、南の大河大和川に向く狭い谷間では、僅かな土工事も上空から丸見えである。筆者は海軍が戦争貫徹のための秘匿工場・倉庫を設けたのではなく、資材の保管につき適地の開発までの臨時の仮置場にしたと思う。戦争末期にはともかく資材を隠蔽し、戦争継続を図った。

山ノ井の野外倉庫

戦時山ノ井寺の裏山に軍が野外倉庫を造って資材を集積した。恒久的な工作物でなく、谷間に砂防ダムのような木造の堰をつくり、山側を削平して物資を入れ、屋根を板で覆ったものである。堰は幅八メートル位で高さ二メートルのものを三段連続していた。搬入は各段に付けた梯子で行ったという。貯蔵品は毛布、軍服、冷凍ミカンなどが目立ったという。

完全な横穴壕を掘る余裕がなく、谷間を利用した簡易倉庫の実例である。

この他にも軍が設けた横穴壕の事例がある。

平野と大県との境界を成す谷間で、天理教会の東一〇〇メートル付近には、数か所の横穴地下壕が掘られたという。直近の堅下国民学校には兵隊が駐屯し、付近の民家に将校が寄宿してこの業務を遂行したと推定できる。ただし使用目的などの情報は得られていない。

以上が柏原市域の戦時の備蓄倉庫に関する調査の報告である。

本章の内容に関して文中に記載の方々のほか、中村誠氏、松村慈城氏、浅田義信氏、長澤星二氏、山西敏一氏、山本光勇氏、広田今男氏、木川晶夫氏、岩橋実氏、有澤鶴子氏、水野憲一氏、田中寛治氏、西峯嵩氏、西村重信氏、石田成年氏、宮本知幸氏、山口勇氏、隅谷尚典氏、木戸賢氏に聞き取りを行った。

〔参考文献〕

『験震時報』15‐3・4(中央気象台 一九五一年)
『安福寺横穴群整備事業報告』(『柏原市文化財概報1993‐3』柏原市教育委員会 一九九三年)
『大阪府域における戦争の傷跡調査資料編』(二)(シーディーアイ 一九九五年)
『戦争中の話』第一集~第三集(柏原市役所 二〇〇〇年~二〇〇二年)
小杉弘一「掩体壕づくりに参加して」(『蒲生野』第四〇号 八日市市郷土文化研究会 二〇〇八年)
柏原九条の会編集『柏原の戦争――柏原にもあった戦争の記憶』Ⅰ~Ⅳ(二〇〇九~二〇一二年)
大西進『日常の中の戦争遺跡』(アットワークス 二〇一二年)
『夢、輝く50年いままでもこれからも』(東大阪大学柏原高等学校 二〇一三年)

2　柏原の戦争遺跡（二）

戦時に存在した軍事施設と、住民が怖れた空襲について述べる。また柏原に特徴的なこととして、疎開児童の受入れと戦災浮浪児の収容のこと、特産品のぶどうが兵器の原材料になったことも報告する。

柏原にあった軍事施設

高射機関砲陣地（参照図38）

大正飛行場の防備のため外周の水濠沿いに多数の高射機関砲が配備されていた。現在の柏原市内では柏原高校の記念会館（本郷五丁目）付近に一門の布陣が認められる。警備の第二四六飛行大隊の二〇ミリメートル機関砲と推定される。

大和川の堤防上の現在の市役所（安堂町）付近に重機関銃（迫撃砲）が七門、配備されていたという目撃談がある。

一般的に高射砲は川・海岸・湖沼に面して数門が弾幕を広げるために横並びに配列されるので、緩く大和川が曲がる現市役所付近は適地であった。部隊名は明らかではないが、大正飛行場の警備に当たる飛行場大隊か、高射一二一連隊に属する独立高射機関砲隊と思われる。迫撃砲を用いて砲弾の代わりに網を空に投げ上げて敵機を

図46　大和川右岸堤防の高射機関砲台跡

墜す作戦もあったという。

山麓の平野二丁目付近に築かれた掩体壕を援護するため高射機関砲が備えられた。

ここには獲得した米軍機Ｐ51が露出して置かれ、敵襲を誘う囮に使った戦術を想像させるが、事実は後述のように廃棄飛行機を活用する策であった。

高射一二一連隊の聴音分隊

近鉄河内国分駅の南東、国分中学校付近に聴音分隊が駐在した。聴音隊は聴音機を用いて夜間や曇天時に敵機の発する爆音を聴きわけ、機数機種方向高度の諸元を観測する隊であった。情報を照空隊と連動して高射砲隊に伝達して、砲撃が始まるのであった。

大阪府下では金剛生駒山系に沿って概ね四キロメートル間隔に配備され、北は恩智の南高安小学校付近、南は太子町の大道付近に布陣したという。

柏原防空監視哨

大和川の河内橋下右岸堤防(現・大和川河川事務所)には昭和一六年(一九四一)まで防空監視哨が置かれていた。内務省の指揮下にある大阪府警察局が民間人の若者を選抜登用し、監視隊員に養成した。戦時に遠方の敵機の襲来を、目視を原則に観測して軍司令部に報告する要務であった。しかし昭和一六年（一九四一）に大正飛行場が稼働してからは、この監視哨は軍飛行師団の管理下に置かれ、警察局所管の本格的な防空監視哨が二上山雌岳の頂上に新設された。この二上山監視哨が大阪、奈良の防空に果たした効果は真に大きいものがあったという。今も遠目で雌岳頂上が水平に伐れているのはこの名残である。詳しくは拙著『日常の中の戦争遺跡』所収の「Ⅳ‐13　対空監視哨」をご覧願いたい。

平野に駐留した軍隊

軍は山の井、平野地区に大正飛行場の飛行機を空爆から逃れるために掩体壕を造り、物資の倉庫用の横穴壕を掘ったが、担当したと推察される部隊がここに駐留した。

堅下小学校では昭和一九年（一九四四）以降、校舎の半分の七、八教室と講堂が陸軍に占用された。このため学年別に午前午後に分かれて二部制授業を余儀なくされたという。

また地元の方への聞き取りでは、昭和二〇年（一九四五）春の頃から、ぶどう畑が均されて大型の二棟の木造兵舎が建ち、自家の倉庫が収用されて工事事務所になり、空き地には朝鮮人主体の労務者が飯場を置いていたという。大阪市内から高齢者と婦女子の数十名単位の勤労奉仕隊が日勤で来所して力仕事に従事し、報酬に米を支給されていた一方で、飯場の労務者は国分や駒ヶ谷方面にトラックで筋肉作業に行っていたという。他にも平野会館や寺社に軍の将校や下士官が寄宿していたといわれている。

国分地区に駐留した軍隊

『創立五十周年記念誌』（玉手山学園　一九九二年）によれば昭和二〇年（一九四五）に教室の一部が高槻工兵隊の宿舎に占用されている。当時の女教師は兵隊が運動場を闊歩していること、軍馬を訓練しているのを見ている。

当所から一・一キロメートルの旭ケ丘地内には五×一五メートルの木造建物が建てられ、兵隊の出入りが目撃されており、付近地の山裾での、軍需物資の地下壕造りを担当した部隊の駐留が推察される。

因みに玉手山学園（旭ヶ丘一丁目）では既に昭和一七、一八年から教室が工場に転用され、軍用の皮ベルト繋ぎ作業を生徒が行っていた。

『国分小学校百周年記念誌』（一九七二年）によると昭和一八年（一九四三）頃には同校（国分本町六丁目）の校舎の一部が、航空通信隊の仮兵舎に占用されていたという。

『修徳学院九〇年誌』によると戦争末期には同校にも軍隊が駐屯していた。ナンバ粉や豆粕ばかり食べている子供達が兵隊が白米の飯を運んでいるのを見て、「ハアー」とため息をつかれて、保母が泣きたいくらい胸の痛む思いをしたという。

平野に囮の米軍機P51ムスタング

前章で紹介したように地元では昭和二〇年（一九四五）の夏頃、日の丸を付けた敵国の戦闘爆撃機が平野の掩体壕脇に置かれていた事実が知られている。

著者は山ノ井の松村慈城氏から聞取り、平野のM氏の手記から読み取っていたものの、半信半疑であったが、P51機が戦時に大正飛行場に放置された事実を、押尾一彦・野原茂編著『日本軍鹵獲機秘録』（光人社　二〇〇二年）が書いていた。同書によって、山麓の平野に置かれるに至った経緯が解明出来たのである。

昭和二〇年（一九四五）二月、中支・漢口付近で日本軍の対空砲火に被弾して不時着したP51を現地軍が鹵獲した。軍は胴体・主翼の標識を日の丸に変え、飛べるための整備を果たした。三月には北京・南苑を経由して福生（陸軍多摩飛行場）に陸軍の准尉が運び、性能機器の調査を徹底的に行った。四月から黒江少佐がこのP51を教材に、防空戦闘技術を調布・柏・下館の各防空戦隊を巡回して戦技指導を行い、続いて明野・伊丹の戦闘隊と、大正飛行場の二四六戦隊に実戦指導をした。七月、大正飛行場での指導中、発電機故障により飛行不能になり、なんとか日本製部品で代用しようとしたが無理であった。以後そ

図 47　平野の米軍機 P51 残骸置場跡

のまま放置された、と同書はいう。
この無用になった鹵獲機が誘導路を経由して山麓の平野に運ばれ、敵機の襲撃を誘う囮に使われたのが真相である。上空をＰ51機が乱舞して襲撃するなか、地上で僚機が囮に成り下がっていた奇怪な事である。

柏原の軍需工場

光洋精工柏原工場（参照図38）
光洋精工は昭和一三年（一九三八）に国分村に進出し、飛行機や車両部品のベアリングを生産しており、戦時は我が国最大のベアリング工場であった。軍には精度の高い飛行機用のベアリングを多量に納入し、軸受け製造も飛行機用が中心であった。
したがって昭和二〇年（一九四五）初から米軍の攻撃目標となり、春からは空襲による延焼を避けるために工場を間引きし、近くの山辺に避難の防空壕を沢山掘ったという。横穴壕は間口一～二メートルで奥行き二〇メートル、中は夏の避難時は蒸し暑かったという。
この工場には女学校生が勤労動員に行っている記録がある。昭和一八年（一九四三）に樟蔭東学園から夜勤もある二交代制の勤務をしている。昭和一九年（一九四四）には玉手山学園からも動員されている。また昭和一九年（一九四四）から旧制八尾中学生も九〇人動員されている。全体として昭和一九年（一九四四）の六月は在籍員二三〇〇人のうち学徒と挺身隊が八〇〇人で一五〇〇人が社員であったが壮年者は兵役にあり、十代か高齢者と丙種合格者が生産の中心だったという。現在の株式会社ジェイテクトである。

住友金属伸銅所柏原支所
開戦後、住友金属工業には軍から高射砲弾の薬莢の飛躍的な増産を要求されていた。

昭和一八年（一九四三）七月に元の柏原紡績の敷地（現・柏原市河原町）を借りて軽合金の伸銅所を建設した。同年の一二月に海軍から軍需会社に指定され、称号を「神武一〇一三」とされた。

この工場には昭和一九年（一九四四）七月から終戦まで八尾中学校生が連日一〇〇人も勤労動員されている。工場は艦載機グラマンからの小型爆弾と銃撃をうけて損傷したという。

昭和二〇年（一九四五）終戦とともに商号を柏原機械製作所に変えている。現在の日鉄精密加工株式会社である。

筒中セルロイド工業

大正六年（一九一七）創業の会社で石川町に昭和四年（一九二九）に大工場を新設し、セルロイド製品の生産を行った。

燃えやすい難点があるが、形を作り易く割れにくい樹脂の特性を利用して、戦時は飛行機の風防ガラス、飛行眼鏡、計器の目盛板に使われ、また軍用写真のフイルム原料になった。戦時はこれらの軍需用品の生産が大部分であったという。

平成一九年（二〇〇七）に住友ベークライト（株）に合併された。

柏原兵器作成所

東洋製罐系列の兵器工場が戦時の柏原にあった。日米開戦以来、製缶用のブリキの不足や北洋漁業の途絶により、工場では各種兵器の製造を余儀なくされ、昭和一七年（一九四二）には旭海兵器（株）八尾工場や吉光金属工業（株）を買収し、工作機械や機雷の投下機を製造していた。そして昭和一九年（一九四四）には軍需会社に指定され柏原兵器作成所と改称した。やがて終戦をむかえて工場は廃止され連合軍に接収された。

以上の他に田辺製薬柏原工場に八尾高等女学校生が昭和一九年（一九四四）から終戦まで勤労動員されて

薬品の包装、充填、検査などの作業をしたこと、上市縫製会社に昭和一九年（一九四四）、玉手山学園の生徒が動員され、陸海軍用の帽子を作っていたことが解っている。

柏原の空襲

太平洋戦争での本土の住民にとっては、空襲に対する防空が戦争そのものであった。敵機の攻撃目標が陸軍の重要基地であった大正飛行場であったために、隣接地の柏原地域にもかなりの被害が発生している。

残存する記録と体験者への聞き取り調査によって、被災の状況を再現する。

公的な記録は戦時に、大阪府警察局に在籍された小松繁治氏が職務上で保管した極秘扱いの『大阪空襲に関する警察局資料』Ⅰ・Ⅱによる。この記録をもとに日付順に紹介する。補足資料として『戦争中の話――語りつぐべき市民の皆さんの体験』第一集～第三集と『柏原の戦争――柏原にあった戦争の記憶』Ⅰ～Ⅷに収録されている住民の体験談のうち、日付や事件を特定できる記事を抽出し付記した。

古い記憶に頼るために日付が特定できないものの空襲の実態を伝えている貴重な体験談や、柏原ならではの感のある、大正飛行場を出発した直後の日本軍機の墜落も記録する。

昭和二〇年（一九四五）三月一三日　第一次大阪大空襲

本土への初空襲は昭和一七年（一九四二）四月のドーリットルの東京空襲でありその後は軍事施設、基幹公共施設への集中爆撃であったが、昭和二〇年（一九四五）には大都市への無差別焼夷弾爆撃に転換した。

三月、大阪市ではB29の編隊が来襲し、中心部の殆どが壊滅した第一次空襲があった。

上市のA氏は一四日以降、国道二五号を奈良へ避難する、数珠繋ぎの家財道具を積んだ荷車を目撃している。

『堅上小学校百年のあゆみ』（一九七二年）の中で、高津晟氏は「柏原の西の空が夕焼けよりも尚赤く燃えているのが見えた。夜目にも十メートル離れた渡り廊下の黒板の字がありありと読み取れた。サーチライトがとらえたB29それをうつ高射砲――だがさっぱり当たらない。いらいらするばかりである」と言っている。

昭和二〇年三月一九日　艦載機来襲

柏原警察署管内（志紀・大正村を含む）では初見の空襲である。

「八時二五分頃大正飛行場機銃掃射死者二重傷一飛行場小破　土佐沖南方海上航空母艦ヨリ進発セル艦載機ガ大阪上空ニ侵入主トシテ飛行場船舶等銃爆撃ノ後南方洋上ニ脱去セリ」

昭和二〇年六月一日　第二次大阪大空襲

大阪市域の他、布施・柏原署管内が爆撃され全焼六一〇〇〇戸、死者一三七〇名を数える。

「柏原署管内建物全焼一戸半焼三戸死者一名重傷四名軽傷一七名罹災者一〇八名」

昭和二〇年七月一〇日　P51来襲

第六次大空襲の日、堺を中心に大阪市南部・泉・大津・岸和田・三宅がB29に爆撃され全焼一六〇〇〇戸死者七七〇名に達した。昼間一二時頃P51約一〇〇機が襲来した。

「大正飛行場西作業場及車庫中河内郡志紀村焼夷爆弾及機銃掃射　全焼一戸半焼六戸死者三名重傷一名軽傷一名中型飛行機五機炎上」

昭和二〇年七月二二日　P51来襲

B29八機に誘導されたP51約二〇〇機が午前一一時から超低空で吹田・豊中・池田・枚方・八尾・柏原・

長野の各警察署管内を襲撃した。

「中河内郡柏原町南河内郡国分町銃撃小型爆弾　半焼一戸死者一名重傷一名軽傷二名」

この頃のこととして『国分小学校百周年記念誌――児童の体験』（一九七二年）に、青山雪枝氏による「戦争が激しくなった頃は通学に防空頭巾をかぶり肩には鞄の他に救急袋をかけていた。警報が鳴ると勉強は中止になり急ぎ帰宅するが、敵機と認めると道端の草むらに飛び込み震えていた」という記述がある。

昭和二〇年七月二四日　第七次大阪大空襲

大阪市を空襲後に帰還途中の戦闘爆撃機が余りの焼夷弾を投下した。大県の天理教会を焼失、大県の鳥居横の居宅も焼失した。

昭和二〇年七月二八日　府下一円銃爆撃

四波にわたり空襲があり、五時頃から一三時頃まで爆撃機B29・P38とともに艦上戦闘機が府下を襲撃した。

「小型爆弾及銃撃中河内郡柏原町　全焼四戸半焼一戸全壊一戸半壊五戸死者二名重傷三名軽傷二名　中河内郡志紀村・同八尾変電所　死者五名重傷四名軽傷六名変電機九台焼失」

七月の銃爆撃については『戦争中の話』や『柏原の戦争』に体験記がある。

T氏によると、太平寺に爆弾が落とされある家を全壊させた。T氏は直前まで家族が昼食を取っていた家が見る影も無くなり、大きな爆弾穴だけを残しているのを茫然と眺めるばかりだったという。K氏は防空壕に逃げ込むのが一瞬遅れたために、一六歳の男子に爆裂片が刺さって命を失ったのを見たという。同じK氏によると、山麓の住民は度重なる空襲に、自家の防空壕よりも安全なぶどう畑の古墳の石室に隠れて過ごしたという。平野のK氏は機銃掃射について、村道を歩いていると目標にされて敵機の操縦士の顔が見えるほどの至近距離から撃たれ、草むらや畑に飛び込んで隠れたという。M氏は掩体壕の近くでは度々の銃撃で敵機の薬莢が砂利を敷いたように無数に散らばり、拾って軍に持参したという。O氏は銃撃が住宅の壁を突き破りタンスに大穴をあけ割ったので開いてみると、焦げた衣類に包まった鉄の破片がでてきて驚いたという。黒田神社（今町一丁目）の石垣にもロケット弾が当たった。

昭和二〇年七月三〇日　府下一円銃爆撃

小型戦闘爆撃機と艦上機が大正・伊丹・佐野飛行場を中心に軍要地・工場・交通要所を低空飛行で襲撃した。

第一波銃爆撃「五・四五時ヨリ三〇分間　大正飛行場・志紀村字田井中　全焼三戸全壊三戸半壊一戸死者二名軽傷一名罹災者二〇名　呉羽ゴム寄宿舎二棟倉庫一棟製品五〇〇トン焼失　柏原飛行場付属建物二棟全焼」

第二波爆撃（ロケット弾及小型爆弾）「一〇・三〇頃柏原町字柏原字本郷志紀村字老原字天王寺屋　全焼一戸半焼二戸半壊五戸重傷一名罹災者一二名」

第三波銃撃「一二・三〇頃国分駅付近　死者八名重傷一一名軽傷五名」

N氏によると通勤通学の乗客が攻撃された事例で、最大の被害を出したという。

「柏原署管内各所同時刻　全焼四戸半焼二戸全壊三戸半壊六戸死者一〇名重傷一二名軽傷六名」

K氏は国豊橋の惨劇を目にした。山合いから突然飛来したグラマン戦闘機が急降下して軍用トラックを狙い撃ちした。直ぐ炎上して軍人らしい運転手が血まみれになって即死したという。

昭和二〇年八月一日　P51来襲

P51約二〇機が伊丹・大正飛行場・吹田操車場を九・三〇頃超低空で分散して攻撃。

「爆弾　南河内郡国分町光洋精工重傷者五名」小松警部補の遺した警察局資料はこの日を最後に終わっている。終戦まで空襲の被害は連続して発生した筈だが記録には残っていない。

日本軍機の墜落事故

米軍の空襲が始まる以前の昭和一九年（一九四四）七月一八日に、大正飛行場を進発した試験飛行機が太平寺地区の石神社近くの民家に墜落したという。操縦士二名と住民の一名が犠牲になった。双発の飛行機で機首が屋根から一階まで突き刺さり、片方の翼だけが上を向いた状態だったという。警察が周りを通行止めにして、直ぐに軍が来て残骸の全てを撤収して航空廠に持ち帰った。現場には永らくこぼれた石油臭がしたという。この機は中国での鹵獲機との説がある。

同じころ本郷一丁目の国道二五号近くでも日本軍機の失墜事故があり住人三名が死亡したという。

以上が柏原の空襲の記録である。

柏原への学童疎開

大阪市内の国民学校生徒は、昭和一九年（一九四四）秋以降は空襲被害を避けるため、縁故のある者は各々に疎開し、ない者は郊外地の農山村に集団疎開を余儀なくされた。

大阪市教育局の疎開は二五三校の八万人を対象に行い、大阪府下郡部に一・五万人、次いで奈良県の一万人と続き、香川県、和歌山県その他の県に分散して送り出した。

寺院、教会、集会所、旅館などに教員と寮母、作業員が児童ととも

図 48 大県天理教会

に合宿した。

味原国民学校（大阪市天王寺区）から、大県天理教会（大県）に五・六年女子五三名、泉河天理教会（法善寺）に四年男女四五名が疎開し、堅下国民学校に編入された。しかし昭和二〇年（一九四五）三月大県教会が焼夷弾で全焼し、後に近くの寺院四・五か所に分散した。山井寺では女子一三名と先生三名が九月頃まで合宿したという。堅下国民学校には軍も駐留していたので二部制で授業をしたという。

平野西国民学校（大阪市平野区）から三年以上六年の生徒が安福寺（国分町玉手）、西法寺（国分町東国分）、西光寺（国分町東国分）に疎開し、国分国民学校に編入された。

このため『国分小学校百周年記念誌』には児童数が急激に増えて、一教室で六〇から七〇名がすし詰めで、混雑で授業も無理な状況であったという。さらに空襲警報が出ると、急いで宿舎や自宅に帰すなどまともに落着いて学習は出来なかったという。

親元を離れての児童の生活は苦しく、母親宛の手紙に食料や菓子、継ぎ用の布を欲しがるが、配給の滞る都会には送る食物はなく小包は止められているという返事であった。受け入れ先においても戦時下の耐乏生活の上に、大勢の新人口が増えて日々の食糧や物資の欠乏をもたらしたのである。

学童疎開については、常に地元児童がする疎開者へのいじめが語られる。戦後の地元がした都市民の食糧買出しの時に共通する現象である。これは近代の都市部のみの繁栄を羨み、都市に収奪されたという意識をもつ農村部の被害者意識が、戦争を契機として都市民に報復したというのが通説である。

図49 泉河天理教会

四か所の浮浪児収容施設

戦争は多くの惨めな浮浪児をうんだ。

都市での激しい空襲や、満州など外地からの引き揚げ、食糧不足などによって保護者を失った子供は、訳のわからぬまま浮浪する悲惨な境遇に堕ちた。

柏原の戦争を語るために「浮浪児」を取り上げた理由は、狭い市域にかかわらず彼らを収容し厚遇した施設が四か所も存在したことを筆者が知ったからである。さらに現在も四施設ともに社会福祉施設として存続していることを奇特なことと思うからである。

戦後の昭和二一年(一九四六)一一月に設立された大阪市立梅田厚生館では被災孤児、浮浪児らを一時収容し、大阪府下の施設へ送る援護業務を行っていた。

柏原市内に在住していた五十嵐兼次氏は、梅田厚生館の館長を勤め、『実録　梅田厚生館』を遺した偉大な社会福祉事業家であった。

同書によれば、浮浪児を昭和二〇年(一九四五)一一月から昭和二三年(一九四八)三月までに、梅田厚生館から柏原市内の長谷川学園に四名、修徳学院に五六名、武田塾に四九名、南河学園に六名を送ったと記録している。うち七歳以下は一名、一五歳以上は七名で大部分は八歳から一四歳の一〇七名の大阪市内で収容された浮浪児であった。

当時の施設には補助は過小であり、食糧は自給せざるを得ず、農耕作業を子供に強いる結果となる一方で、放浪癖や盗癖がついており虚弱でもあって、脱走と収容を繰り返したという。

施設関係者の愛情とは裏腹に真に困難な有様であったと記している。

このほかの四施設について限られた資料から援護の様子を記事にする。

大阪市立長谷川羽曳野学園（円明町）

元は大阪市立郊外学園として、身体の虚弱な児童を適地で回復させる教育合宿の施設であったが、戦争末期には疎開児童、動員学徒の寮舎として使われ、戦後は戦争孤児の施設として使われた。

戦時中の学園について、赤塚康雄氏の調査によれば大阪大空襲の後の昭和二〇年（一九四五）三月二〇日から四月三〇日の間に六七名、六月三〇日に五名を戦禍による罹災学童として受け入れ、その後に退寮する事例もあった。

戦後は戦災孤児などを昭和二〇年（一九四五）一〇月に二三名、一一月に四名、昭和二一年（一九四六）一月に三名、三月に四名を収容している。このなかには先の梅田厚生館からの浮浪児も含まれていたと思われる。

昭和二一年（一九四六）四月までは月三〇名内外であった新規の収容が、外地引き揚げや家庭崩壊、社会混乱の故に激増して、同年一一月には一五五名が入寮していたという。昭和二二年（一九四七）九月には小学生一〇三名、中学生四三名がいて、配給食品の五七七キロカロリーでは栄養失調であり、買い出しと開墾作業が課業であったという。

この頃児童は栄養失調、眼疾、胸部疾患が多く、不潔で虱、疥癬に罹り夜尿症も多かったという。

図50 大阪市立長谷川羽曳野学園

大阪府立修徳学院（高井田）

学院は大正一二年（一九二三）から現在地において児童自立支援施設（旧救護院）として活動していた。修徳学院院長の熊野隆二と小説家・豊島与志雄による『みかへりの塔』（一九四一年）を発刊し、同年に清水宏監督により映画化された全国的に有名な施設である。

『大阪府立修徳学院　創立一〇〇周年記念誌』によると、全寮制で先生と生徒が自炊の共同生活をし、午前は授業、午後は農業や木工、裁縫、靴下縫製などの作業にあたり、社会で自立していく力を身につける学習をしていたという。

戦時には生徒は二〇〇名が在籍した。戦後の昭和二一年（一九四六）五月頃は一五の家庭舎があって一五組の夫婦職員が住みこみ一五・六名の子供と共に、親子同然の暮らしをした。生徒は浮浪児が中心であったという。

彼らの社会復帰と健康回復の様子は、昭和二三年（一九四八）の映画『蜂の巣の子供たち』（清水宏監督）に好意的に描かれ、筆者もみかえりの塔の映画として記憶の中にある。

昭和二三年度からは学院は定員三〇〇名となったという。

社会福祉法人武田塾（高井田）

本塾は修徳学院の二代目の館長であった武田慎治郎が一四年間の教護の実績をもって、昭和二年（一九二七）に創立した感化院であった。

昭和一九年（一九四四）には少年教護事業に三三名を収容し、これとは別に四三四名の青少年を対象に隣保事業として保育園や子供会、夜学等の社会教育事業を多彩に展開していた。

武田塾の特徴は施設が収容者を選択し、小規模で家庭的な処遇を行い、近隣住民の男子供や大人とともに同じ施設を使い、溶け込ませる方針にあったという。

昭和二一年度には三六名の教護入塾者があり、うち二七名が戦災浮浪児であった。その後も二四年度まで年々増えていた様子である。ただし集団で入塾した戦後直ぐの戦災孤児は、塾に馴染まず殆ど数日で無断退塾し塾全体の様相が変わったという。

児童養護施設南河学園（国分本町七丁目）

本学園は大正一四年（一九二五）に伊藤宗順氏が少年保護を目的に仏教的福祉の立場で設立した。戦後直ぐの頃に梅田厚生館から六名の浮浪児を受け入れた実績がある。

これらの四施設は戦後の混乱期において、戦争が必然的に生じさせる浮浪児を救済し、社会復帰をさせた

図 51 大阪府立修徳学園

図 52 武田塾 移転後の現状

図 53 南河学園

功労者である。しかも制度の改変を重ねながら現在も存続し、地域の教育や福祉に貢献しているのである。

軍需物資であったぶどう

柏原の戦時に特徴のある事柄として、軍需物資の酒石酸の原料になるぶどうの生産が、国策として奨励されていたことがある。

柏原地域のぶどう栽培は明治初期から始まり、大正時代には大増殖がなされ、大阪府下では中心的な産地になっていた。そして昭和三年(一九二八)から昭和一〇年(一九三五)には大阪府は全国一の産地に発展していた。

太平洋戦争開戦の昭和一六年(一九四一)は臨時農地管理令によって食糧用農作物以外の作付が制限され、果樹園は圧迫されたが、例外としてぶどう栽培のみが電波兵器(レーダー)に必要な資材として大増産を要求された。海軍は対潜水艦や対魚雷用の水中聴音機に、ぶどうに含まれる酒石酸を加工して作られる「ロッシェル塩」を使うと探知性能が向上することを知り、国産原料のぶどう栽培農家を優遇し増産を要求したという。「ロッシェル塩」は音波をすばやく捉える特性があって、独軍がいち早く音波制御レーダーに適用し、艦船に装備していたので、海軍が技術導入をしたのであった。

この国策を受けて柏原市内のワイン醸造量は、昭和一五年(一九四〇)に九四〇キロリットルであったが増産に努めて昭和一六年(一九四一)は九九〇キロリットルになり、昭和一九年(一九四四)には三倍増の三三一〇キロリットルに達した。当時のぶどう農家では一般販売は禁止され軍指定業者のみに引き渡された。またぶどうの品質は問われることはなく物量だけが要求されたという。ともかく柏原のぶどう栽培は戦時も続いたのであった。

終戦に至った昭和二〇年(一九四五)には生産は一九〇キロリットルと激減しており、軍需というものの異常さに、栽培農家は翻弄されたのが実態であった。戦争のもつ不気味な一面である。

本項の記録にあたり中村誠氏、浅田義信氏、松村慈城氏、西村重信氏、戸田考重氏、石田成年氏、山西敏一氏、山本光勇氏、隅谷尚典氏、木戸賢氏に聞取りを行った。

〔**参考文献**〕

熊野隆二・豊島与志雄『みかへりの塔』（春陽堂　一九四一年）
「昭和十八年度　大阪府防空計画」（大阪府公文書館蔵　一九四三年）
『大阪百年史』（大阪府　一九六八年）
『光洋精工50年史』（一九六九年）
『国分小学校百周年記念誌』（一九七二年）
『堅上小学校百年のあゆみ』（一九七二年）
『大阪府教育百年史』第一巻（大阪府教育委員会　一九七三年）
松原市史編纂室編『大阪空襲に関する警察局資料Ⅰ・Ⅱ』（松原市役所　一九七六年）
『東洋アルミニウム株式会社五十年史』（一九八二年）
五十嵐兼次『実録　梅田厚生館』（自刊　一九八五年）
『住友ベークライト社史』（一九八六年）
『共に在る　武田塾六十年のあゆみ』（武田塾　一九八七年）
『住友軽金属年表』（一九八九年）
『筒中プラスチック工業60年史』（一九八九年）
赤塚康雄『戦争を生きのびた子どもたち』（学童疎開展実行員会　一九九〇年）
『創立五十周年記念誌』（玉手山学園　一九九二年）
『八尾高校百年誌』（一九九五年）

『大阪市学童集団疎開地一覧（上）』（大阪市史編纂所　一九九五年）
赤塚康雄『大阪の学童疎開』（クリエイティブ二一　一九九六年）
『山本七十年』（大阪府立山本高等学校　一九九七年）
『修徳学院九〇年誌』（一九九八年）
平井光治監修『みかえりの塔それから』（修徳学院修友会　二〇〇〇年）
『戦争中の話――語りつぐべき市民の皆さんの体験』第一集～第三集（柏原市役所　二〇〇〇～〇二年）
押尾一彦・野原茂編『日本軍鹵獲機秘録』（光人社　二〇〇二年）
『樟蔭東学園創立70周年記念誌』（二〇〇六年）
『大阪府立修徳学院　創立一〇〇周年記念誌』（二〇〇八年）
藤原正範著『近代日本における不良の子どもに対する施設処遇の展開―武田塾の研究』（博士論文〈日本福祉大学〉二〇〇八年）
『柏原の戦争――柏原にもあった戦争の記憶』Ⅰ～Ⅷ（柏原九条の会　二〇〇九～一六年）
『大阪における社会福祉の歴史』Ⅲ（大阪社会福祉研修・情報センター　二〇一二年）
『長谷川学園』上・下（二〇一二年）
大西進『日常の中の戦争遺跡』（アットワークス　二〇一二年）
石井光太『浮浪児１９４５――戦争が生んだ子供たち』（新潮社　二〇一四年）
『東洋製罐グループ１００年史』（二〇一七年）
木村薫『私たちの町（八尾）にも戦争があった』（八尾平和委員会　二〇一九年）
柏原市ホームページ「柏原市産業振興課」（二〇一四年八月・二〇一七年三月）

3　大東・四條畷の戦争遺跡

大東市と四條畷市はともに当時は農業が主で、大阪市から見れば郡部にあたり、さしたる軍事施設は存在していないが、太平洋戦争の半ばに松下飛行機と松下無線機の大規模軍需工場が登場し、片町線の軍用線化とともに農村が急速に工業地に変貌する兆しを見せていた。

大東・四條畷にあった軍事施設

四條畷監視哨

大阪府下に来襲する敵機を監視し対空射撃を誘導する四條畷監視哨が、昭和一四年（一九三九）に飯盛山山頂に設けられた。

太平洋戦争開戦後は監視隊員が大阪府の臨時職員として昼夜を分かたず敵機を目と耳で捉え、動向を大阪府庁の防空本部に直通回線で報告するものであった。隊員は青年学校卒の六、七名が丸一日勤務し、五日に一回の勤番であり三〇数名が所属していた。別の監視哨の事例では、勤務は軍人に準ずる厳格なもので、敵機の米粒ほどの形と遠方の微かな爆音から状況を把握する訓練を受けたという。

しかし四條畷監視哨は戦時中の昭和一八年（一九四三）一二月に廃止され、枚方警察署の屋上の監視哨に統合された。現在も飯盛山山頂

図 54　飯盛山山頂の監視哨跡

には見張り小屋が残り、当時を偲ぶことができる。

軍需品の備蓄倉庫

戦時、国鉄片町線の沿線には弾薬や銃砲など軍需品の生産工場や備蓄倉庫が立地しており、軍用鉄道線の性格をもっていた。

さらに大東市には先端兵器である飛行機と無線機の工場が戦時中に新設されたため、学校などの施設が盛んに軍の用途に転用され始めていた。

大東の南郷小学校の校史『なんごう八十年の歩み』にも記事がある。戦時同校には陸軍被服廠の軍需物資が大量に運び込まれ、西側校舎から校庭まで山積みされて一部の生徒は廊下で授業を受けることになったという。シートで覆われた物資は軍服や帽子、地下足袋などであった。

大東の四条国民学校の卒業生は校史のなかで、戦時は軍の物置になっていて軍の書類が入っていたという。

『四條畷学園50年史』によれば、昭和二〇年（一九四五）三月に「阪大工学部（青柳博士担当）が本館北部教室へ移転し来る」「六月には陸軍兵

図55 大東・四條畷市域の防空・軍事施設位置図

器補給廠が本館北部教室一・二・三階に移転し来る」などの記事がある。また無線部隊が教室を使用したとも記されている。このために運動場には数か所に防空壕が掘られたという記事もある。さらに終戦直後には、近所の旧制四條畷中学生に、軍が三日間にわたって機密文書を焼却していたことが目撃されている。

四條畷の旧制四條畷中学校は昭和一九年（一九四四）には、校庭がＮＨＫ大阪放送局に、校舎の一部が大阪陸軍砲兵工廠に占拠された。

四條畷の田原国民学校も、昭和二〇年（一九四五）四月頃から校舎は兵隊の宿舎になった。また四條畷国民学校には、昭和一九年（一九四四）から校舎が缶詰めや軍装品の倉庫になっていたという目撃談もある。

これらのような建物の倉庫ではないが、四條畷の忍陵神社の斜面地には戦時には横穴壕が掘られて、軍用品が備蓄されていた。このため社務所に兵隊が駐在したという伝聞がある。

戦車・軍用車の駐留

南郷小学校史『なんごう八十年の歩み』では、昭和一九年（一九四四）以降に、大東市氷野の北野神社と周辺にあった境内林に軍用トラックが駐留したという。

また同地に今もお住まいの戦争体験者は、軽中型戦車の数輌が氷野神社の参道を列をなして進んでいるのを目撃している。この戦車は大阪砲兵工廠で生産されたが、外地への輸送が出来ずに本土決戦用に転用されたと思われる。このために氷野や三箇地区には焼夷弾が二〇発以上落とされたという。堤防の軟地盤に落ちた爆弾が爆発せずに、列状に刺さっている様子が目撃されている。

図 56　北野神社参道（大東市氷野）

同様の事例は四條畷の四條畷神社の長い参道にもあったという。かなりの数の野砲とその牽引車が松並木の陰に隠されていたのが目撃されている。

さらに軍関連のことでは、住道駅前に海軍工作兵の宿泊所や軍物資の貯蔵庫に使った大型の木造倉庫があったという。

飛行場と滑走路

大東に近い盾津飛行場（現・東大阪市）は、第一一飛行師団司令部の記録（飛行場記録）では、正規の飛行場ではなく、試験飛行や不時着用、又は物資の集積所とされている。

終戦時には「と号飛行場」、すなわち特攻出撃用の、出発のみを想定した飛行場の扱いであった。また終戦間際には松下飛行機の工場建設のためか、海軍の管轄する飛行場に転じたという説もあり、戦後に海軍の「紫電改」機が駐機していたという伝聞もある。

松下飛行機は工場内に滑走路をもち、さらに別に鴻池町（現・東大阪市）と灰塚の現在の市境界付近の片町線沿いに滑走路の計画が進んでいた。

しかし松下飛行機で生産する予定であった「明星」の試作機は、道路を引かれて移動し、南方の盾津飛行場で進発式（試験飛行）を行ったという。

大東・四條畷の防空

防空緑地、防空空地帯の設定

大東・四條畷の近郊では、大阪府は昭和一六年（一九四一）一二月に、防空法に基づく都市計画で、「鶴見防空緑地」を建設した。開戦を期して四〇万坪強の強制買収を行い、他の三大緑地（服部〈現・豊中市〉・久宝寺〈現・八尾市〉・大泉〈現・堺市〉とともに大阪の防衛施設の拠点とした。防空緑地は、空襲が予想される大阪市域からの火災の防火帯であり、罹災者の収容地であり、防空装備の予備地でもあった。

さらに昭和一八年（一九四三）に、大阪府は「外環状河内空地帯」を設定した。大東市の諸福地区は幅六〇〇メートルに及ぶ帯状空地帯に編入され、木造建物などの可燃物はもとより、工作物を取り除いて空地となった。

この建築制限規定は戦後も維持され、中央環状線や国道一六三号、国道三〇八号はこの用地に計画され、今に活用されている。

いずれも戦時の防空の統制が、戦後の都市計画に生かされた事例といえる。

防空壕

戦争の末期頃には軍官民の其々が空襲から身を守るため防空壕を掘った。学校では運動場に、家庭では庭や玄関先に粗末な急ごしらえの壕を掘った。

『なんごう八十年の歩み』には、比較的低湿地の場所に造った家では「何分私の家などは低地にあるので夕方になると水を汲みあげておかないと、夜分空襲警報が発令されても防空壕に入れない状態でした」と書かれている。

『龍間戦争記』には、農協組合の若い女子職員であった山本房枝氏が近くの山かげに待避した話が載っている。職場は当時四条村役場（現・野崎三丁目の来ぶらり四条）にあった。「役場内には地下防空壕があり警報発令ともなれば、重要書類は全部防空壕に運び込んで仕事はお休み、男子はそれぞれの部署に着き、女は今の野崎腠の王神社の近くへ避難して、解除するのを待ちました」と防空壕の使い方を示している。

筆者は平地には竪穴式の、山麓には横穴式の防空壕の痕跡を求めて、かなり地元の方々に聞き取り調査をしたが、戦後の開発によって壊されて、実例には出会えなかった。
しかし唯一野崎三丁目の家族用の横穴壕と松下無線と松下飛行機の隠蔽壕については、その存在が証明出来たのである。

野崎三丁目の横穴壕

野崎三丁目に所在した横穴壕の現状は、半ば崩れた崖面に二ヵ所の横穴が開口している姿である。前述の臍の王神社にも近い場所である。原形はコの字に、奥行き七、八メートルで奥で繋がっているもので、一五～二〇人が入れるやや大型の防空壕であった。その前面の三～四メートルが崩落して壕の中程から奥が露見している状態である。

戦時中は付近の住民の子供も手伝って、数戸の家族が共同で使用する型の横穴壕をかなりの数掘ったという。これらは戦後直ぐにも粗い造作のために自然に崩れたり、開発されて消滅した。不思議にもこの壕のみが今まで残ったという。長年子供の探検の場所になり、戦時の遺物も無く、何らかの使用をした形跡もないという。

現在まで防空壕が残る理由は、村の人が空襲の虞から予防的に若い人をつかって、村の大事なものを避難させるための壕を、相当に立派な仕様で造った。しかし実際に使う場面はなく、戦後には無用のものと放置されたという。戦争遺跡が今に残る一つの事例である。

図 57 横穴防空壕跡（大東市野崎三丁目）

松下無線の地下工場計画

松下無線では昭和二〇年（一九四五）三月の大空襲を知った軍から、大東市寺川に在った四条工場を地下工場化することを強く要求され、直ぐに実行した。

四條畷市岡山東四丁目付近の丘陵地を、軍の威力を背景にかなりの規模で強制買収を実施した。昭和二〇年（一九四五）四月頃地鎮祭を行い、直ちに東向きに壕を掘り始めた。切迫した状況下では、本業の部品製造に並行して壕を掘ることも徴用工の仕事であったという。しかし着工直後に終戦をむかえて中断することとなり、戦後はこの敷地に松下の寮と思われる建物が在ったという。

現在は再開発されて戸建て住宅地になり、道路の起伏に往時を偲ばせるのみで、戦時の壕の痕跡は全く見られない。

図 58　松下無線地下工場計画地（四條畷市岡山東四丁目）

大東・四條畷の空襲

大阪府下への初空襲は昭和一九年（一九四四）一二月一九日に、B29単機が三宅村（現・松原市）、瓜破村（現・大阪市平野区）に投弾した。以後の空襲はその規模を拡大し、範囲も殆ど焦土となった大阪市域中心部から、郊外地域へと被災地域が拡大した。

大東・四條畷市域の空襲に関して、大阪府の公式の記録『大阪空襲に関する警察局資料Ⅰ・Ⅱ』をもとに、被災状況を日付順に記録する。引用は同資料からである。

昭和二〇年二月三日（四條畷村に爆弾）

夜間に単機で侵入し、主には偵察飛行を行い脱去時に投弾した模様である。

「投弾並ニ被害状況　投弾時刻二月三日午後八時四十一分頃　弾種弾数爆弾一発推定二五〇瓩《キログラム》　被弾場所大阪府北河内郡四条畷村字池田山林中　被害ナシ」

昭和二〇年三月一三日（第一次大阪大空襲）

大阪市中心部の過半が壊滅した空襲である。大東・四條畷市に近い東部の守口署と布施警察署管内にも被害があった。

昭和二〇年六月一五日（第四次大阪大空襲）

マリアナ基地発のB29三〇〇機以上が潮岬及び室戸岬に終結後、七〇編隊に分かれて主力は和歌山から、一部は紀淡海峡を経て来襲した。

「来襲状況　八・四〇頃ヨリ一〇・五〇ニ至ル間大阪市全域ヲ攻撃シタ　投下弾ノ種類油脂六封度、エレクトロン四封度ノ外ニ黄燐焼夷弾ヲ一部混用投下セル模様ナリ　被弾区域主トシテ大阪市内北東南方面ニ攻撃ヲ受ケタルモ被弾ハ市内全域ニ及ビ尚堺北・布施・池田・守口・枚方・四条畷・八尾・三宅ノ郡部各警察署管内ニ及ビタリ。

四条畷署管内ノ被害実数　全焼四四件

半焼五件死者三名重傷一名軽傷三名罹災者数二四〇名」

『大東市史（近現代編）』には「大箇と灰塚に焼夷弾が、そして諸福と東大阪市との境に多くの爆弾と焼夷弾が落下した」また「小学校の講堂が大阪市空襲の避難所、救護所として使われた」との記事がある。

先述の氷野・三箇の被爆も六月と推定される。

また住道北小学校の元教員であった原田美都枝氏は校史『大東市立住道北小学校史　夢ははてしなく八〇

年の歩み』に、「昭和二〇年六月には日を追って銃後の戦いも激しく苦しいなかで、爆撃が住道にもやってきました。戦々恐々たる日々で、サイレンの合図と共に壕に入り、学校も寺や神社、集会所で、地区別に分散して教師が出向いての授業でした」と記している。

昭和二〇年七月三〇日（府下一円ニ銃爆撃）

七月には占領された硫黄島発のP51機と近海の航空母艦発のグラマン機が、府下を小型爆弾と機銃掃射で攻撃した。反撃する対空射撃などは弱体化しており住民は防空壕に避難するだけであった。

当日は七〇機以上の編隊による四波の攻撃があり、空襲警報は五時四八分から一六時四分まで連続して発令され、大阪東南部の住民に最も深く記憶された日である。

パイロットの顔が見える程身近に起こった襲撃として強い印象が持たれている。

「被弾ノ種類小型爆弾及機銃掃射　被弾地域主トシテ郡部ノ柏原・豊中・池田・佐野・枚方・市場・八尾・四條畷・高槻・吹田・守口・古市各警察署管内ノ飛行場、工場、交通機関ヲ攻撃
四條畷警察署管内ノ被害　投弾状況銃撃一二・三〇頃　被害地域　北河内郡四条村神武松陽三二工場
同郡田原村下田原　人的被害軽傷二名　建物被害半焼一件」

八月一日以降終戦までの間も府下には度々の空襲があったが、警察局資料には当地域の記事は欠落している。他の資料を調べるが現在のところ見当たらない。

軍需工場に指定された松下電器産業

太平洋戦争時に大東市域にあった軍需にかかわる工場は、鐘紡住道工場の他には、松下無線四条工場と松下飛行機が特筆すべきもので、それ以外は零細事業と見なされる。

松下電器産業は戦前から多量、廉価な電気の民需品を供給するため「流れ方式」による大量生産設備を採っていた。戦時の陸海軍はこれを高く評価し、松下電器を逐次軍需産業に転換させたのである。

松下電器は軍の要請を受けて、やむなく軍需部を新設して協力体制を敷いた。電器メーカーが無線機を量産し、木造の飛行機を技術開発し、プレハブ式に量産製造したのである。以下は松下電器産業株式会社の社史を主に、その他の得られた資料から同社の軍需品生産の経緯を紹介する。

松下無線株式会社四条工場

昭和一八年（一九四三）一二月、四条村寺川（現・大東市寺川）に約三三万平方メートル（一〇万坪）を軍が背景にいて取得し、大工場を建設した。ラジオ部門を改組して軍用無線機を主に量産し陸海軍に納入した。

昭和一九年（一九四四）一月には軍需会社に指定され、航空機用の電装品、超短波無線機、携帯無線機、方向探知機、レーダー等の生産に努めた。その製品は空中の飛行戦隊内で交信する「ひろ」という隊内無線機と、飛行基地と空中の編隊飛行機の間を交信する「Ｐ３」とか「Ｒ３」という強力な無線機と、飛行機が基地に帰るときに方向を示す「ＦＦ」という三種類の無線機を作っていた。これらの製品は月産五〇〇から二〇〇〇台を製作したという。結果として戦時に最も有効に軍に協力出来た部門と言われている。

しかし、原材料に関しては軍から割り当てて供給される資材の量は目標の生産数に及ばず過小であり、足りない分は工場側で手当てをせよ、という軍のやり方には常に悩まされたという。またこの工場へは戦時徴用や学徒動員で集められた工員が過半をしめ、専門工員は応召されてかなり減って、総員

図 59　松下無線四条工場　１９４４年頃
（『社史資料ＮＯ２』松下電器産業株式会社）

は二五〇〇名程もいたが、現場での効率は良くはなかったという。昭和二〇年（一九四五）初から片町線に工場通勤者用の、仮駅「東住道駅」が造られた。

また重要な施設を空襲の被害から避けるために地下工場化を軍から指示され、四條畷市岡山の丘陵を強制的に買い上げ、七ヵ所で地下壕を掘り始めた。昭和二〇年（一九四五）四月に地鎮祭を行い横穴式に造ろうとしたという。実際に少し掘り始めたところで終戦をむかえた、これが先述の防空壕である。

この工場の戦後は、一時的に連合軍に接収されたが、直ぐに内務省預かりになり、昭和二二年（一九四七）には松下電器産業に返還された。

その後に敷地は新制の中学校や大阪拘置所に転じたのである。

松下飛行機株式会社

海軍は昭和一七年（一九四二）のミッドウェー海戦以来航空戦力にも決定的な打撃を受け、昭和一八年（一九四三）から航空機・船舶と関連資材の増産に電気、機械、金属工業界のみならず全産業を動員する非常措置をとった。

海軍は本来的に民需産業を指向していた松下電器産業に対しても、木製の飛行機を「流れ作業」方式を採用して量産を命じた。

松下ではやむなく昭和一八年（一九四三）に松下飛行機株式会社を設立し、住道の灰塚（現・朋来一・二丁目）に新工場を建設した。

当時では未見の木製飛行機であったから、新技術の開発から始めねばならない事業であり、資器材の欠乏もあって生産は難航した。終戦時においても漸く三機を誕生させたのが結果であった。

しかし戦時の飛行機製作用の強化合板や接着樹脂の生産技術が、戦後の民需品の製作に良い効果をもたらしたと言われている。

本件は第Ⅱ-3「航空機産業の戦中戦後」でも紹介している。

勤労動員

戦時には国家総動員令のもとに全国民が戦争遂行に努めたが、戦況が悪化した昭和一八年（一九四三）六月には学生・生徒は生産労働力として扱われ、動員回数が格段に増やされ、昭和一九年（一九四四）八月には通年動員が常態になった。また動員者の年齢も下げられ、国民学校の高等科生も大人並みに扱われたのである。学校史などから当時の動員時の生活を再現したい。

四條畷学園

昭和一九年（一九四四）六月には三年生の一部と四年生全員が寺川（現・大東市）の松下無線製作所四条工場へ、同七月には同所へ三年生も出動、八月から五年生全員が逐次枚方市香里の東京第二陸軍造兵廠（火薬工場）に出動した。翌昭和二〇年（一九四五）一月には二年生全員が松下飛行機製造所へ出動、学校内には一年生だけが残って地元の奉仕活動と毎日の防空壕を掘ることばかりであった。

当時職員の内藤恒子氏は『四條畷学園50年』の回想記のなかで、「造兵廠へ付添い寮に合宿して朝五時起床、六時半朝礼軍人勅諭や戦陣訓などを唱和し、軍歌や愛国行進曲などの合唱をし、意気高揚させられたものです」と言っており、「寮で夜、警報が出るのも嫌でしたが、工場で就業中、真昼間に空襲警報が鳴った時ほどびっくりしたことはありません。ものかげから空を見上げるとB29が工場の真上をぐるぐると旋回しているのです。軍の工場に居るのですからてっきり爆弾を落とされるものと覚悟しましたが、随分長い時間に感じた二〇分位が過ぎると何事もなく引き上げていきました」と書いている。

また高松洋子氏が、「寮というもののバラック建てのもので十一畳の部屋に一〇人宛てで、女学生でも軍需工場であるために寮から家に帰ることは許されなかった」と記している。

四條畷中学校

旧制四條畷中学では、昭和一九年（一九四四）七月に四・五年生は徳庵の田中車両（現近畿車両）や旭区の菊川鉄工、日本軽金属工場（放出）へ、八月には残留四年生全員が田中車両へ、三年生は全員が枚方の第二陸軍造兵廠へ入所した。学校残留は一・二年生のみとなった。かれらも昭和二〇年（一九四五）五月には香里製作所（第二陸軍造兵廠）に出勤した。

昭和一九年（一九四四）四月に入学された木村進氏の学校生活は勤労動員に明け暮れたようである。

新一年生は上級生が芋掘りなど農家での奉仕をするなか、少し勉強が出来たが、二年生に進級すると香里の造兵廠に出て、砲弾の火薬詰め替えや運搬に従事、直ぐに松下飛行機に転勤になり、半月間は旋盤などの技能教育を受けた。

その後大工仕事の研修を受け本工場に移ってからは、松下の職員や海軍の軍人軍属の下で雑役や木工職人の手伝いを行ったという。勿論学校へは行かず集団で工場に通勤した。工場では同校の生徒は職人らから信頼されており、出入りの検査は緩やかであったという。

なお同校は当時には珍しい白亜の三階建てであったが、大阪陸軍造兵廠の兵隊の駐留があって、昭和二〇年（一九四五）四月にコールタールを用いて黒色の迷彩が施されたのである。

図60　旧制四條畷中学校舎の戦時迷彩
（『畷百年史』大阪府立四條畷高等学校）

住道国民学校

学校史（『大東市立住道北小学校史　夢はてしなく八〇年の歩み』）の中に、「昭和二〇年（一九四五）には高等科女生徒は、戦時には給食用の食糧増産に、また松下無線の作業の応援にモンぺばきで出かけることになり、その頃の卒業生はまともに勉強ができなかった」と記している。

同様に四條畷の田原国民学校でも高等科の生徒は防空壕掘りが日課で、農家への手伝いもあったという。

四天王寺高等女学校

『孫たちへの証言』二一集のなかで、朝倉真知子氏は昭和二〇年（一九四五）五月から松下航空プロペラで働き、六月には工場への空襲にも遭遇している。「作業は縦一一〇センチ、横五〇センチぐらいの胴体に使う合板作りで、ベニヤ板の間に接着剤になる紙を入れ、何枚も重ねます。こうしてサンドイッチのようにしたのを一気にプレス機械で圧縮し一枚の板にするのです。厚さは三センチぐらいの板ですがとても強靭なものでした。今想えば敵艦に体当たりするだけの特攻機を作っていたのです」と語っている。

学童疎開の受け入れ

大阪府は空襲が目前に迫った昭和一九年（一九四四）一一月、大阪市内の縁故疎開の出来ない学童を府下の農村部に集団疎開させた。当時の疎開先は閉鎖的・排他的な性格が強く、付き添いの者は食糧の調達に、地元との融和に心労が多かったという。

大阪市史史料（『大阪市学童集団疎開地一覧』）によれば大東・四條畷は受け入れ地となり、大阪市旭区の古市国民学校の一年生から六年生の男女総計五二九名のうち数百名を、大東市の七か所と四條畷市の四か所が分散して受け入れた。

また大阪市旭区の清水国民学校の三年生から六年生の男女総計一八三名のうち約半数を、四條畷市の五か寺が分散して受け入れた。

古市国民学校は錬成道場（四条村北条）、慈願寺（四条村野崎）、端玄寺（四条村野崎）、覚順寺（四条村中垣内）、鳳宇庵（四条村中垣内）、竜光寺（四条村竜間）、称迎寺（四条村竜間）、月泉寺（田原村上田原）、法元寺（田原村上田原）、正伝寺（田原村上田原）その他四か寺に疎開した。なお旧四条村は現在の大東市に属し、旧田原村は現在四條畷市に属している。

清水国民学校は本泉寺（四條畷村蔀屋）、妙法寺（四條畷村砂）、先円寺（四條畷村砂）、正法寺（四條畷村中野）、西敬寺（四條畷村南野）その他五か寺に疎開した。

『龍間戦争記』によれば、竜光寺と称迎寺には其々に男子生徒が三〇名いたという。著者の樋口清春氏は、寺には水道が無く大勢のための水汲みが大変で、山中の寺であるため米みそを麓の商店まで受け取りに行くのも大変だった。また児童が農家の手伝いをしていたという。

児童が通った市内中心にある住道国民学校は昭和一九年（一九四四）一一月に受け入れを始めたが、昭和二〇年度には児童数が急に増えて教室不足となり二部制授業をしたといい、『なんごう八十年の歩み』には疎開してくる生徒が多く、一クラス七六人になり、追って八四人にもなった。クラスは男女別々だったがとにかく廊下がいっぱいになったと元教員が伝えている。

以上が現時点で収録できた大東市・四條畷市における軍、官、民の戦時の実相である。

本書を記録するにあたり上野繁氏、中村実氏、西畑敬一氏、大畑博嗣氏、溝辺悠介氏、前川清一氏、木村進氏、上郵光弘氏、村上始氏、太田理氏、安井武治氏に聞き取りを行った。

［参考文献］

「高射砲第三師団阪神地区配備要図」（防衛庁防衛研修所戦史室編『本土地上防空作戦記録（中部地区）』復員局　一九五一年）
『住道町誌』（住道町　一九五三年）
『松下電器社史資料』ＮＯ２・ＮＯ７（松下電器産業　一九六二年）
『大東市立住道北小学校史　夢ははてしなく　八〇年の歩み』（一九六九年）
『なんごう八十年の歩み』（大東市立南郷小学校　一九七一年）
『四條畷市史』第一巻（四條畷市役所　一九七二年）
『田原小百年』（四條畷市立田原小学校　一九七三年）
『四條畷学園五〇年』（四條畷学園編　一九七六年）
松原市史編纂室編『大阪空襲に関する警察局資料Ⅰ・Ⅱ』（松原市役所　一九七六年）
『大東市史（近現代編）』（大東市教育委員会　一九八〇年）
『畷八〇年史』（大阪府立四條畷高校　一九八七年）
碇義郎『海軍技術者たちの太平洋戦争』（光人社　一九八九年）
樋口清春『龍間戦争記』（株しやる　一九九一年）
『75年の歩み』（松下電器産業　一九九四年）
大阪市史編纂所編『大阪市学童集団疎開地一覧』（上）（大阪市史料調査会　一九九五年）
赤塚康雄編『大阪の学童疎開』（クリエイティブ21　一九九六年）
『図説　北河内の歴史』（郷土出版社　一九九六年）
『畷百年史』（大阪府立四條畷高校　二〇〇六年）
『孫たちへの証言』第二一集（新風書房　二〇〇八年）
大西進『日常の中の戦争遺跡』（アットワークス　二〇一二年）
佐々木拓哉「大東の近代化遺産と戦争遺跡」（『大阪春秋』一六〇号　二〇一五年）

4 藤井寺・羽曳野の戦争遺跡

藤井寺・羽曳野の軍事施設

この地域は戦局が攻撃から防御に転じた頃から戦史によく登場する。

藤井寺球場

球場は現在は廃止されているが、戦時中は軍事拠点の一つであった。昭和一七年（一九四二）以降、大阪鉄道（現・近鉄）から大阪市が三〇年間無償で借り上げて、市は青年学校や校外学習、体育行事などに使用していた。戦局が悪化した昭和一八年（一九四三）三月にはスタンド上の大鉄傘を鉄材として解体供出され、後は軍の意のままに使用されることになった。

『藤井寺市史』にはコンクリート造のスタンドの下部は格好の軍の兵糧庫となったと記しており、聞き取りでは大阪陸軍糧秣支廠（大阪市港区天保山）の仮倉庫ともいい、球場の至近に居宅があった一三才の少年は、軍が球場内にドンゴロスに入れた物を大量に運び込んでいたのを観察している。

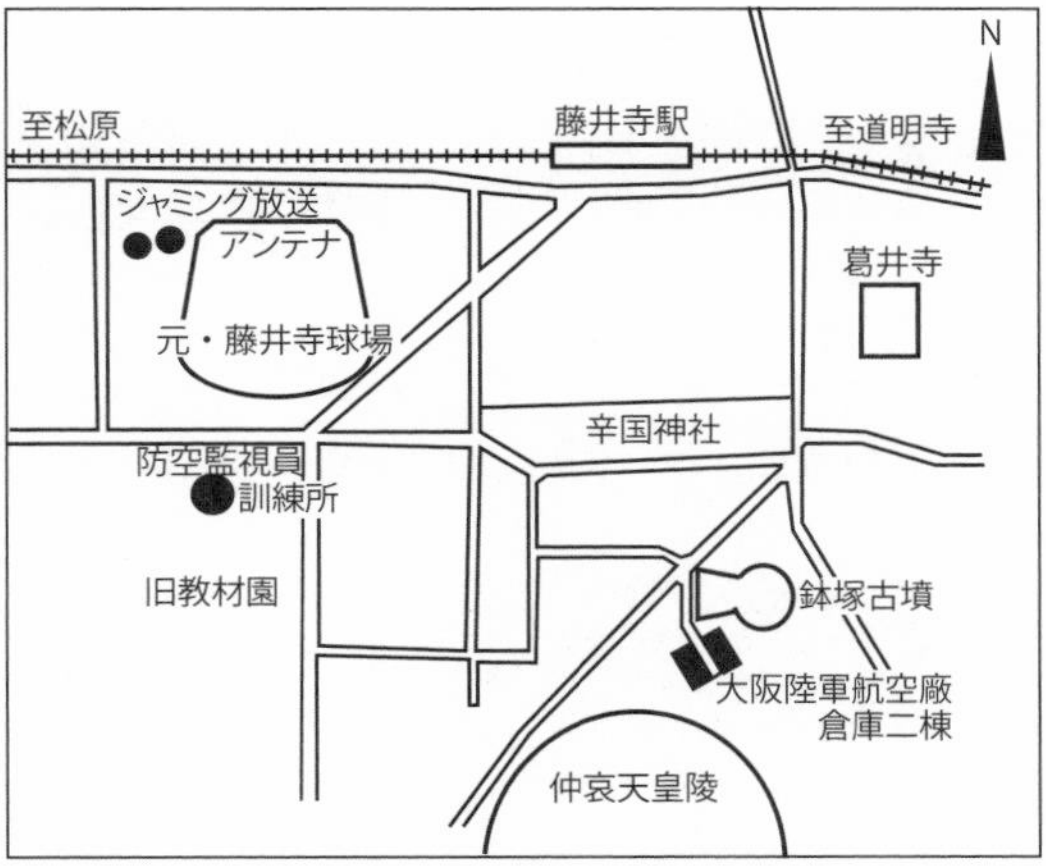

図 61　藤井寺球場付近の軍事施設位置図

聞き取りでは、球場内に高射砲が三門、南方向に向け並んでいた、スタンドの下には木枠で梱包した砲弾があったという、藤井寺国粋工業学校生の話がある。これは本土決戦に備えて野砲を高射砲に代用したとも思われるが、この砲も終戦二ヶ月前には撤去されたという。厭戦気分のある住民への宣撫工作の一環と考えられる事例である。

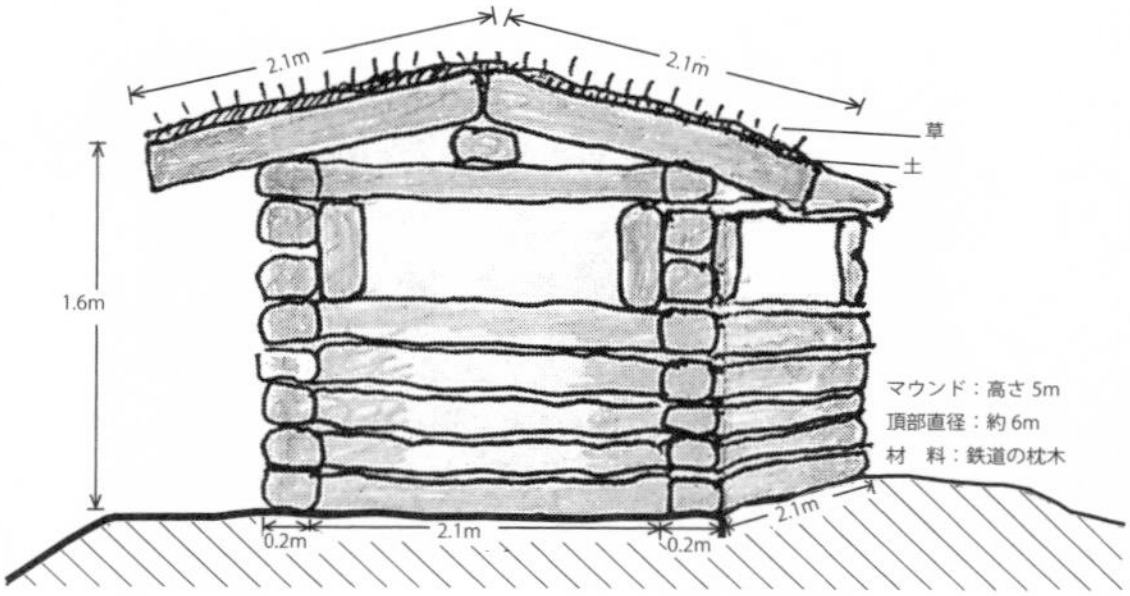

図 62 防空監視哨小屋模式図
（聞取り先高木宏、作図大西進）

図 63 藤井寺球場の戦時迷彩
（国土地理院蔵 1946 年米軍撮影の空中写真）

藤井寺球場の敷地内には青年学校の防空監視の要員を養成する訓練所があった。野球場の外野席の土を運んで造った高さ五メートル程の築山の上に、鉄道の枕木を四方に積み重ねて径一・五メートルの小屋を建て観測窓を開けたものであった。完成時には軍と大阪府の役人が参観するほど立派なものだったという。別の方は、この築山は軍事訓練の際には突撃する目標の砦の役目だったともいう。

筆者の調査では二上山雌岳頂上の対空監視哨は、昭和一八年（一九四三）一二月に稼働しており、要員は当所で訓練されたと推察している。同監視哨の隊員であった方の聞き取り調査の際に、この養成所の話題もあったのである（拙著『日常の中の戦争遺跡』Ⅳ‐13を参照）。

昭和二一年（一九四六）に米軍が撮影した航空写真に、藤井寺球場の戦時迷彩が顕かに写っている。重要な軍事施設として使用され上空への偽装工作がなされた。鉄傘が取り除かれた時期でありスタンドのコンクリート表面に矢羽根状の模様が描かれていたのである。

大阪陸軍航空廠の疎開

昭和二〇年（一九四五）三月の都市大空襲を経験して、陸軍は四月に航空総軍を創設した。総軍は全陸軍機を特攻に用いて、本土に上陸する連合軍を水際で迎撃する作戦を採った。

大正飛行場の大阪陸軍航空廠は、軍用機の整備と修理を担う大工場であった。日常的に来襲する敵機に対抗する戦闘機の保守・整備を行いながら、一方で修理工場や機材倉庫の一部を近郊の各地に分散、移転して爆撃の危険を回避する準備を始めていた。機材部品の倉庫は遠く奈良県の桜井まで配置しており、その建物はコンクリート造に迷彩を施したものを優先しながらも、国民学校の校舎や講堂で代用した例が多いのである。

修理工場や重要品の倉庫用には横穴地下壕を最良として、航空総軍は専門の地下施設隊を正規軍として編成し、昭和二〇年（一九四五）の五月から掘削を始めていた。

これらの軍用壕や倉庫の存在を示す記録が国立公文書館に残されており、現地を踏査し終戦後の航空写真も参照して、記録にある遺構の存在を証明したのである。軍の機密文書は終戦時に殆ど廃棄されたが、戦後になってから旧軍の隠蔽した貯蔵物資を進駐した米軍に引き渡す要務が生じ、その品目とともに地図入りで所在地を記した文書が残っていた。

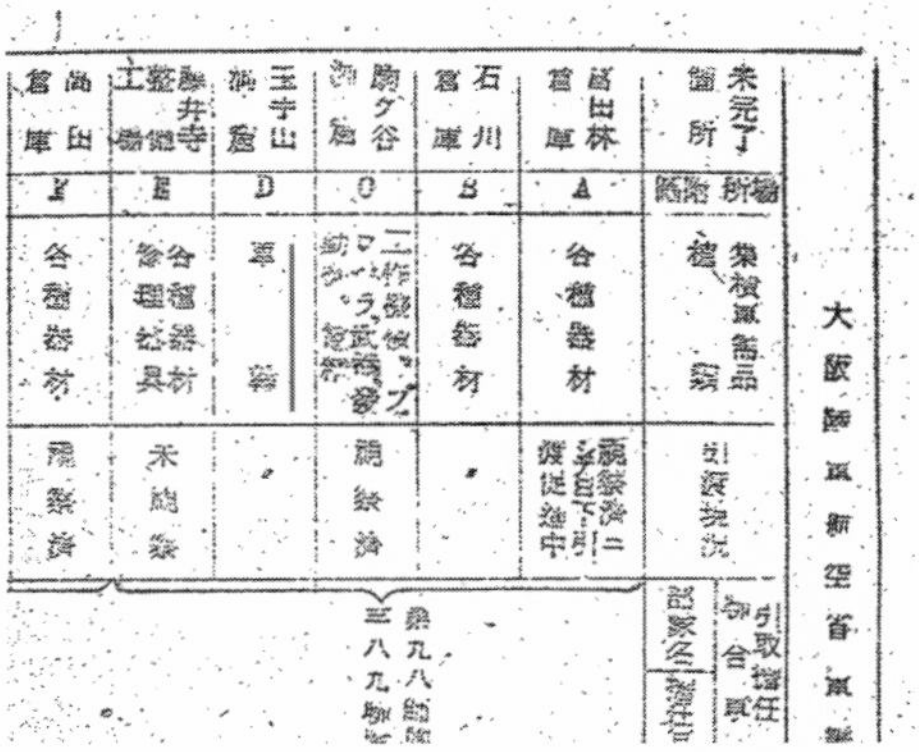

未完了個所	A 富田林倉庫	B 石川倉庫	C 駒ケ谷洞窟	D 玉手山洞窟	E 藤井寺整備工場	F [illegible]倉庫
集積軍需品種類	各種器材	各種器材	[illegible]	[illegible]	各種整備器具 各種器材	各種器材
引渡状況	[illegible]	[illegible]	[illegible]	[illegible]	未[illegible]	[illegible]

表４　大阪陸軍航空廠軍需品引渡未完了現況表の一部 1946 年１月（アジア歴史資料センター閲覧　防衛研究所戦史研究センター蔵）

「陸普第二三八號」文書

本書（Ⅳ－1）で「玉手山公園の現存地下壕」として紹介したように、その実在が証明できている柏原市の玉手山洞窟をはじめ、ここで紹介する藤井寺市の整備工場と羽曳野市の駒ヶ谷洞窟、さらに富田林の石川（富田林市喜志付近）の倉庫、奈良県の高田、箸尾、五位堂、櫻井の倉庫、下田、二上の工場に残存している物資を米軍に引き渡すための事務文書である。

「昭和二十一年一月三十一日付け、文書番号「陸普第二三八號」「陸軍航空本部残務整理部総務部長」宛の「聯合軍ノ軍需品引取ニ関シ促進方配慮相成度件」という標題の文書である。（参照本書一四九ページ）

これに別冊の「大阪陸軍航空廠軍需品引渡未完了現況表」が添付されており、所在を示す概略の地図が残されている。

「現況表」では、引渡責任者として藤井寺工場と駒ヶ谷洞窟については石田少佐であり、

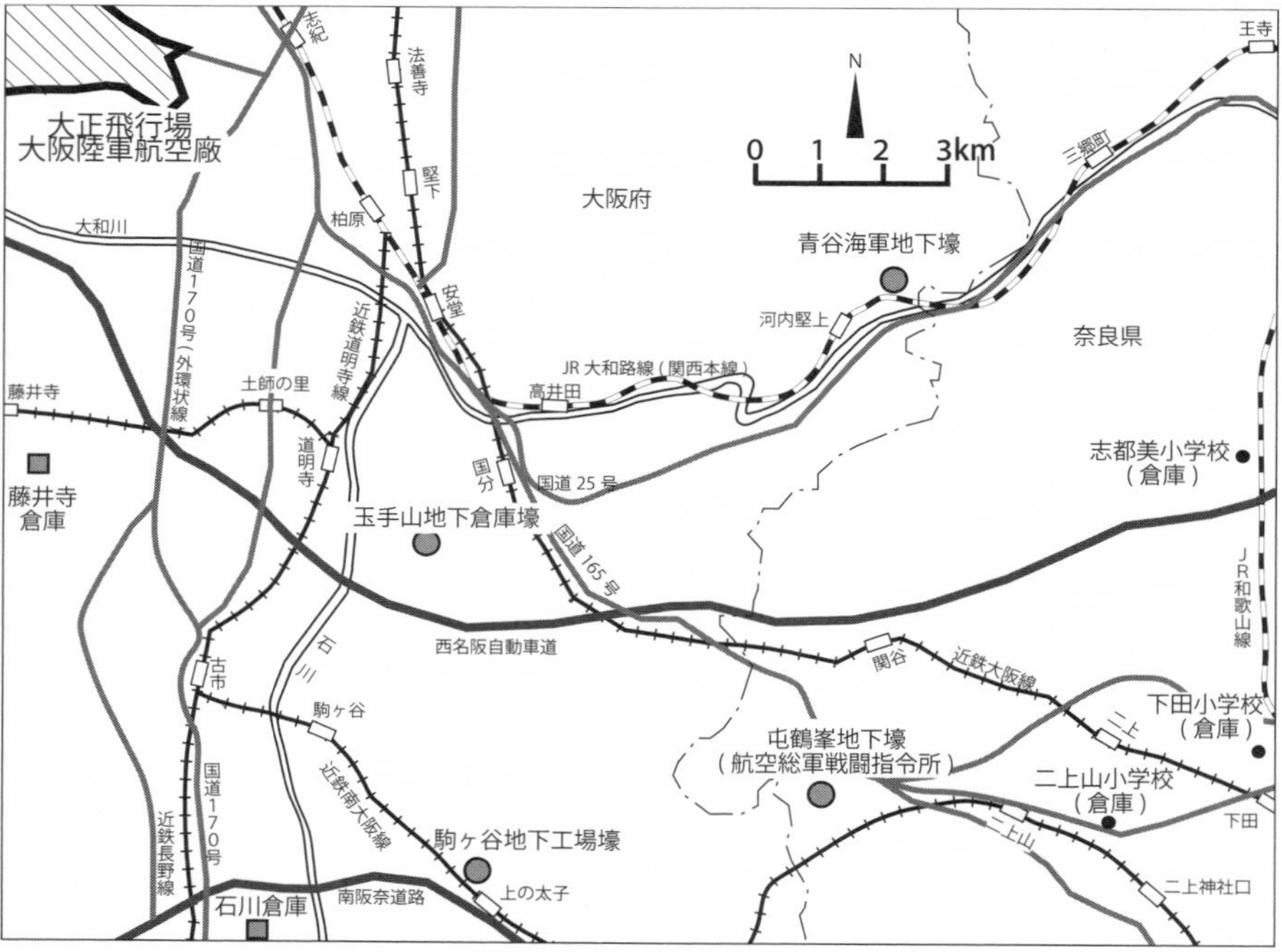

図 64　大阪陸軍航空廠の関連施設位置図

聯合軍の引取担任は第九八師団の三八九部隊となっている。ここに疎開の事実が明らかになったのである。

藤井寺整備工場

昭和二一年（一九四六）に撮影された航空写真では、現在の藤井寺四丁目に並行した二棟の長い倉庫建物が写っている。

現在も地元在住の三名は、国民学校の四・五年生であった頃に、学校の講堂のように外壁が板張りのこの建物が、大阪陸軍航空廠の飛行機器材や部品を収納した倉庫であったと明言されている。建物の内部は天井の高い、木造の小屋組みの見える構造で、金属物や電気用の物品棚が多数、整然と並んでおり子供なので何の部品かは解らないが、整理の見事さに驚いたという。

先の文書では工場として載せ、集積軍需品は各種機材、修理器具としているが、倉庫としての役割が主であると推察される。当時は大阪羽曳野線を予備滑走路に改造し、特攻出撃に備えていたから、道沿いの各所に駐機した軍用機への補充部品の倉庫を必要としたためである。

藤井寺において空襲を受けた地点は藤井寺四丁目付近で鉢塚古墳の南東部とされる。この工場・倉庫が攻撃の目標になったと考えられる。

また終戦直後には軍人も軍属も復員してしまって管理がなされず、かなりの不祥事が発生し建物は荒廃したという。当所の現況は整然とした住宅地に変貌しており、なんの痕跡も残していないが、鉢塚古墳は往古のままの緑である。

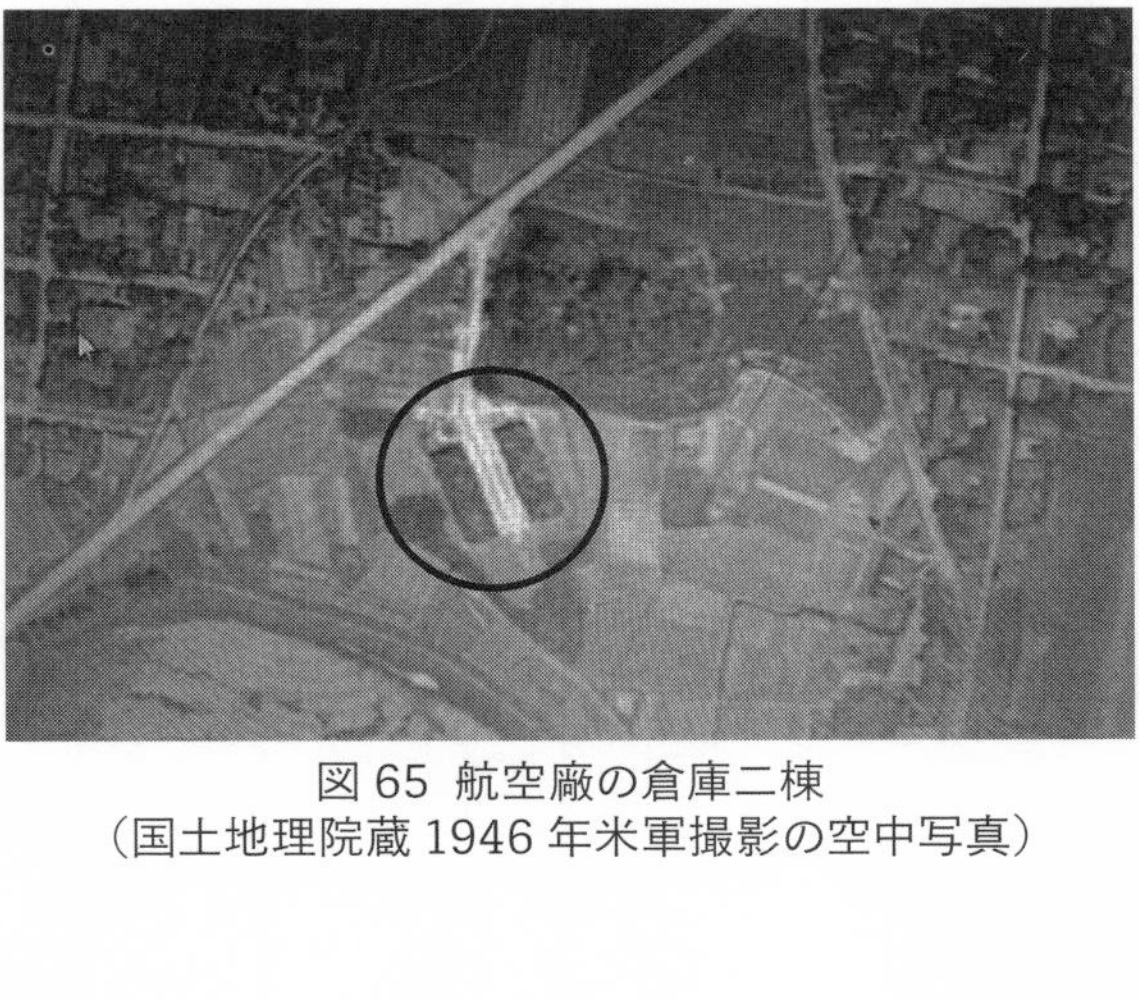

図 65 航空廠の倉庫二棟
（国土地理院蔵 1946 年米軍撮影の空中写真）

一方「現況表」に添付された所在図の場所は、現在の羽曳野市野々上二丁目にあたるが、右記の工場を移転し本格的な整備工場を計画していたと思われる。昭和二一年（一九四六）の航空写真は大敷地に整地し、周囲に水濠を建設の途中が写っている。すなわち軍事施設には必ず設ける四周の水濠を含み、造成にかかった時点で終戦をむかえ中止したと推測する。因みにこの土地は平成二八年（二〇一六）現在、地元の財産区の所有地であるように見受けられる。

駒ヶ谷洞窟

羽曳野市の駒ヶ谷地区にある后山古墳の地下にトンネルが八か所掘られた。先の文書では駒ヶ谷洞窟と記し、集積品は旋盤などの工作機械や発動機を表示しており、本格的な地下工場壕を目指していたと考えられる。

早くも昭和一九年（一九四四）から工事に入り、請負人大林組の下で日本人が二〇から三〇人、朝鮮人が四〇人以上働いていた。トンネルは飛鳥川側から七本、反対側から一本掘られた。高さ幅共に四メートルあり、落盤防止の坑木が鳥居形に組まれ、壁や天井には厚み三センチメートルの板が貼られた。そして三相交流の電力線が引かれ機械置場の床はコンクリートで固められたという。この仕様は実際にも完全な地下工場壕であった。入り口には番兵がいて一般の者は近寄れなかったという。

既に昭和二〇年（一九四五）七月までに駒ヶ谷国民学校と二上国民学校（奈良県香芝市）には航空廠の飛行機部品や備品が搬入されており、

図 66 駒ヶ谷地下壕付近

一〇〇名ほどの技術兵や召集兵がこの学校を転用した仮工場で作業を始めていた。

この件は駒ヶ谷小学校の百周年記念誌に記事がある。昭和二〇年（一九四五）三月に、航空廠の要請で大林組が講堂と西校舎三教室を借用して航空廠部品の倉庫として使っており、八月になると校舎の一〇〇坪を軍隊が借りて宿泊所として使ったという記事である。地下工場の稼働のために先ず地元の学校を基地としたのであった。

この急速な地下工場壕の建設には、航空総軍の隷下に入った、大正飛行場で編成された第一三地下施設隊も工事に関わったと推察される。地下施設隊は機密保持のために正規の軍隊であったが、実質はトンネル掘削の専門労務者の集団であったという。

こうしてトンネルが完成して軍が機械を搬入したが、稼働する直前に終戦になったのである。中には旋盤などが未だ埋まっているという。

現在はこの壕はぶどう畑の奥の竹林に、崩壊した入口付近を見ることが出来る。危険防止のためか、侵入防止のためか丁寧な石垣が積まれている。ビニールの塊で塞がれた入口もある。

図67 駒ヶ谷地下壕入口の現状

一般に大阪陸軍航空廠の疎開先では、機械用の燃料が不足し、整備を全うする部品が入手出来ず、殆ど仕事の実効性が無かったという。兵器生産を続ける基礎的な戦時体制が無かったというべきである。

予備滑走路　府道大阪羽曳野線

連合軍の本土進攻が懸念される昭和二〇年（一九四五）四月に発足した航空総軍は、陸軍の全軍用機を特攻に使い、水際で上陸を阻止する作戦であった。

昭和二〇年の春頃から、大正飛行場の飛行師団司令部では、藤井寺の府道大阪羽曳野線の一部を予備の滑走路に改造していた。このような、道路で代用する滑走路は、当時は「と号飛行場」とか、出発飛行場と言われており、旧式の戦闘機はおろか練習機さえも特攻に狩り出すために、また空襲の最中であっても飛び立てさせ敵機に立ち向かわせる目的のものであった。

大正飛行場は北に府道八尾枚方線の一部を予備滑走路として用いており、南にも府道大阪羽曳野線の一部を改造して滑走路に仕上げ、「決号作戦」に備えたのである。当の府道は大正飛行場の構内を河内地下道で貫通している。高射機関砲を備えた

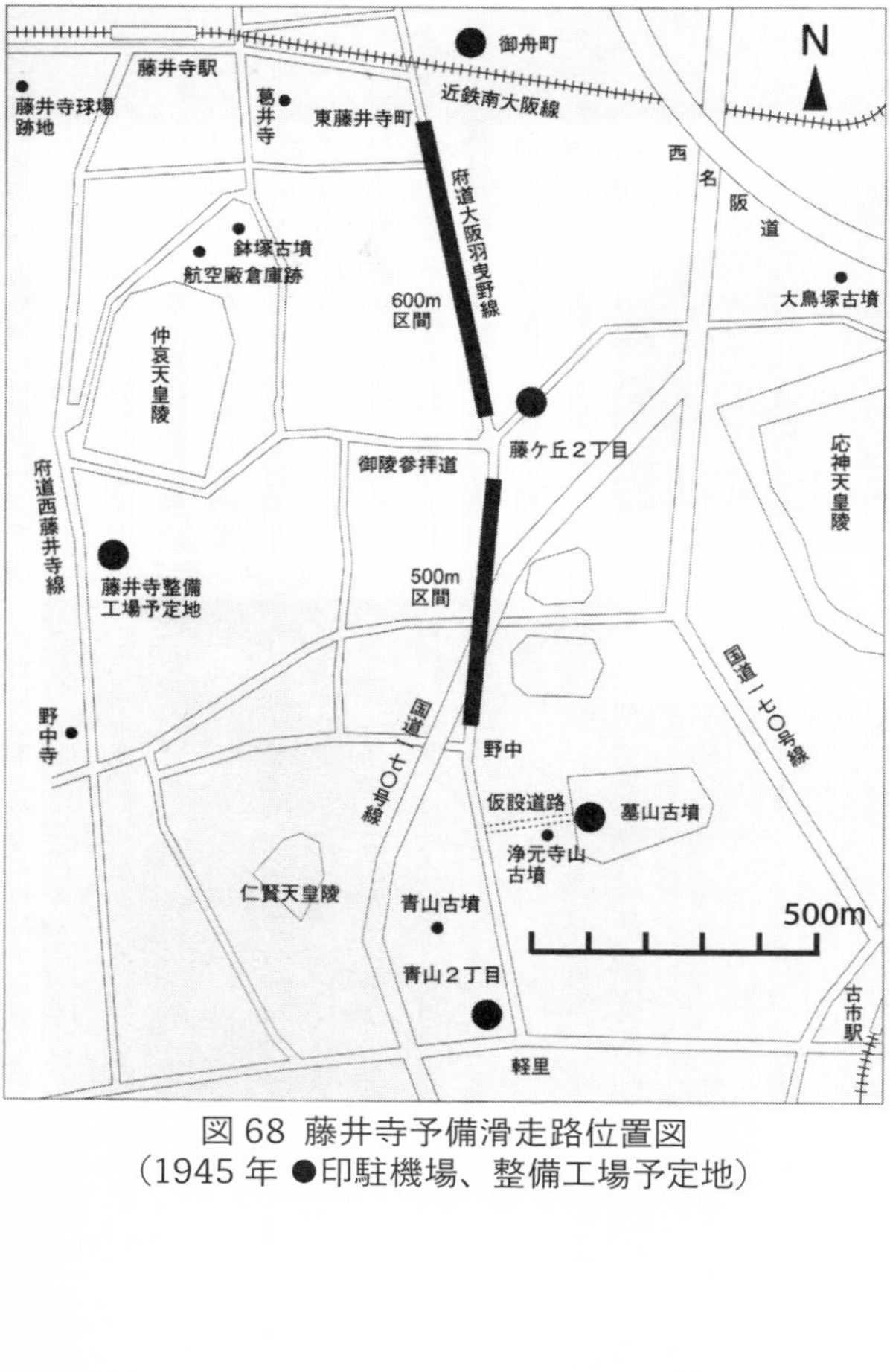

図68 藤井寺予備滑走路位置図
（1945年●印駐機場、整備工場予定地）

大和川を渡れば藤井寺市の小山には大正飛行場の兵員の合宿舎、青空寮がある。軍は大正飛行場から二キロメートルの位置に営外居住用その他のために兵員用合宿舎を建てていたが、堅固なつくりのせいか、現在も一部使用されている。青空寮については拙著『日常の中の戦争遺跡』（Ⅱ-7「大正飛行場の官舎と合宿舎」）を参照ねがう。

近傍の城山古墳の周濠は軍用機を待避させる場所であった。小山からさらに南へ近鉄南大阪線を超えて、一五〇〇メートルの現東藤井寺町の地点が、予備滑走路の起点であった。

図 69 藤井寺予備滑走路北区間の現状

図 70 藤井寺予備滑走路南区間の現状

予備滑走路は六〇〇メートルをもって現在の藤が丘二丁目に達し、次いで五〇〇メートルの長さで現在の野中三丁目に至る二区間に設定された。

そして二区間の予備滑走路を使用する軍用機の駐機場を四か所に設定した。さらにこれらの戦闘機や練習機の小型機を整備するための現場工場を設定していた。予備滑走路であり、出発飛行場が、起伏のある地形で古墳や社寺が散在するこの地を選んで建設されていた。

戦闘態勢にあった予備滑走路

昭和一三年（一九三八）に開通したこの府道は、周辺の農地と溜池の間を一一メートルの幅で貫通していたが、滑走路化のために沿道の両側一〇メートルにある離着陸の支障になる工作物を強制撤去し、線形を直線に変え、飛行機重量に耐えられるように地盤を固める工事をした。南の野中地区では沿道の障害となる住居は撤去させられた。

そして現在見るように、藤が丘二丁目交差点の短い曲線区間を境に二区間の予備滑走路が造られた。ただし現在、南滑走路は外環状線の高架で分断され長さを視認し難い。

当時の戦闘機は三〇〇メートルの滑走で発進可能であるとされ、離着陸の事実を調べているが、未だ目撃したという証言は得られない。

軍用機の駐機場と整備場について調査した結果を北から順に記録する。

○現在の御舟町に藁で作った覆屋が五か所あり、中にぼろの練習機が隠されていたという。当時の国民学校生の証言である。連日艦載機が来襲していたころにもかかわらず番兵も居らず、子供が近付けたという。

○現在の藤が丘二丁目は府道と昭和一八年（一九四三）に開通した御陵参拝道が交差しているが、交差点を東に一〇〇メートル地点に新鋭の戦闘機を含めて四、五機が常在したという。ここには軍人の二、三人と整備の軍属が一〇数人いて近くの寺院や幼稚園に宿泊して通っていたという。しかし格段の建物はなく野外で整備作業をしていた。飛行機にはテント状のものに偽装網を被せていたという。

図 71　墓山古墳西側周濠の駐機場跡

その飛行機は大正飛行場から四・四キロメートルを「だるま」という四輪の台車に載せて運んできたようである。

本項で先に記録した、現・羽曳野市野々上二丁目に新設を計画していた本格的な整備工場予定地と当所は御陵参拝道で結ばれていた。出発飛行場はそれなりに完成体制に入っていたと思われる。
○南滑走路にかかる駐機場として、現在の野中三丁目にある墓山古墳の西側周濠に、軍用機の数機が偽装網で覆い隠されていた。同所では常時は不在であるが、整備と修理に兵員が巡回していたという。予備滑走路と周濠の間は二五〇メートルもあるが戦時中は幅一〇メートルの堂々たる仮進入路が造られていたという。
また直近に浄元寺山古墳があり、墳頂に高射機関砲があったという。ただし筆者がした最近の現地調査ではもはや台座などの痕跡は見られなかった。
○現在の青山二丁目付近の窪地の畑地にも数機が隠されていた。二人の証言者は旧式のぼろぼろの飛行機で、巡回の兵員も見かけず格段に隠すとも感じなかったという。
以上の四か所について、筆者は予備滑走路の両端に位置する二か所の駐機場は作戦上の囮であり、中ほどの二か所に実用の軍用機を温存したものと考えている。また現在の古室の大鳥塚古墳に三か所の防空壕跡があるが、これも御陵参拝道に結ばれて、飛行機部品の隠蔽倉庫と考えている。

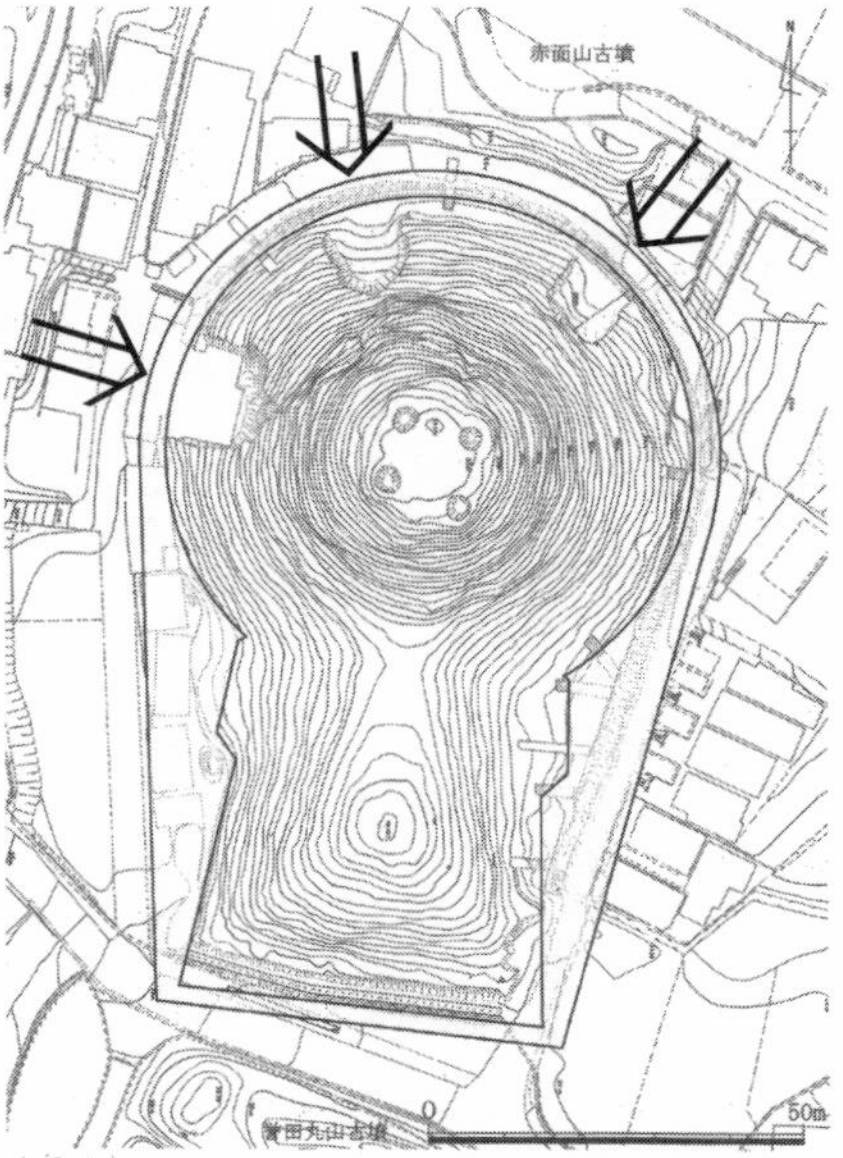

図 72 大鳥塚古墳の防空壕跡
（藤井寺市文化財保護課蔵測量図）

藤井寺・羽曳野の空襲

格別の軍事施設が存在しなかった当地域で受けた空襲は、大都市大阪の周辺地としてB29機の爆撃か、また近海から発進した小型攻撃機がする府下一円の銃爆撃の被災地の一部であった。

空襲について『大阪空襲に関する警察局資料Ⅰ・Ⅱ』をもとに被災状況を記録する。

昭和二〇年三月一三〜一四日　第一次大阪大空襲第三報

〈三月一三日午後十一時四〇分頃ヨリ約三時間三〇分ニ投弾。マリアナ発のB29機約九〇機によって、大阪市一九区と堺市、布施市、中河内郡、泉北郡、他の区域が被弾し、弾種は主として六角筒形、六封度油脂焼夷弾であった。うち古市警察署管内では全焼一、半焼三、重傷五、軽傷一〉

昭和二〇年七月二八日　府下一円に銃爆撃

〈被弾区域は主として三島、北河内、中河内、泉北、泉南の各郡内の飛行場及び重要工場に攻撃をうけ、被弾は付近の一般民家にも及んだ。弾種は小型爆弾と機銃掃射であった。うち古市警察署管内では古市町で全壊二、半壊二、軽傷三と記録されている〉

古市国民学校五年生の生徒は、爆弾が古市駅付近に落とされてものすごい爆発音がして家が壊れたと証言する。しかし不思議なことに死傷者はいないという。

昭和二〇年七月三〇日　府下一円に銃爆撃

「被弾区域ハ主トシテ郡部ノ柏原、豊中、池田、佐野、枚方、市場、八尾、四條畷、高槻、吹田、守口、古市各署管内ノ飛行場、工場、交通機関ヲ攻撃シ、一部ハ大阪市ノ城東、天満、曽根崎、十三橋署管内ニ於テ機銃掃射ヲ行ヘリ　投下弾ノ種類　小型爆弾及機銃掃射（小型機ノ艦載機ニヨル）　被害状況全焼八、全壊一〇、死者三二、重傷六九、軽傷二六、罹災者四一」

このうち当地の被害は古市警察署管内では一二時三〇分頃古市町か藤井寺町で重傷一

この空襲について国民学校の五年生数人がプール代わりにしていた新池（現・野中四丁目）で機銃掃射に狙われた。泳ぐ池の中程に二条の水飛沫が走ったあと、轟音を聞いた頭上を黒い影が飛びぬけて消え去り、余りの恐ろしさに震えおののいて、堤に脱いだ衣服を手に取る事も忘れ、素っ裸のまま近くの民家の植え込みの陰に飛び込んで助かったという。

また藤井寺四丁目付近に居た国民学校六年生も庭で遊んでいて機銃掃射に狙われて急いで家に逃げ込んだという。この頃の敵機は白昼に動く人を追いかけて機銃掃射をしたという。

以上が記録に残る空襲である。

学童疎開受け入れ

大都市では空襲の惨禍を逃れさせるために国策として、国民学校三年生以上の縁故疎開のできない者を郊外に集団疎開させた。藤井寺・羽曳野は大阪市からの疎開を受け入れた地域であった。

○旧藤井寺町は早くも昭和一九年（一九四四）の四月から大阪市の精華国民学校の一四〇〇名の児童を体験学習的に半日滞在させて、集団避難訓練を行い、一方で町は受け入れのための補充追加予算を組み、疎開補助金、受入態勢整備費、避難対策費等の科目で国庫補助金を得る措置をとっていた。

○昭和一九年（一九四四）九月に旧藤井寺町に大阪市立東田辺国民学校生二三三名を受け入れた。ただし昭和二〇年（一九四五）には空襲の危険区域並びに食料事情困難地とされて五月に島根県に再疎開させられている。剛林寺に九六名が、岡の光華寺に二二名が、小山の善光寺に三五名が、丹北の妙楽寺に五一名が、岡の藤井寺高等女学校に二八名が疎開していた。

○同時に旧道明寺村に平野西国民学校生一一五名を受け入れた。沢田の極楽寺に四六名が、大井の誓願寺に三二名が、道明寺の真光寺に三七名が疎開していた。児童は地元の学校に通学したという。

○その頃の児童の生活を『平野西国民学校創立五十周年記念誌』が伝えている。

「疎開地での子供たちの生活はつらく、みじめなものでした。たきぎ取り、水くみ、ふきそうじ、時には農家へ手伝いにも行った。（中略）寺に夕やみがせまってくると、近くの修徳学院から鐘の音が聞こえてくる。また関西線の汽笛が風に乗って子供たちの耳にとどく。その音を聞くたびに子供たちは平野の方の空を見つめて、ひそかに家族のことを思い出して、望郷の涙を流したのである」。そして一〇月から一二月に引揚げたという。

○羽曳野市域へは桑津国民学校児童の三年から六年の二三六名が高鷲村に疎開した。南島泉の明教寺に七九名が、北宮の天王寺商業校外学舎に一五七名が疎開していた。そして昭和二〇年（一九四五）には島根県太田市に再疎開した。

○同時に南百済国民学校からも二四六名が現羽曳野市内の寺院などに疎開した。旧埴生村野々上の野中寺に五五名が、旧駒ヶ谷村の西応寺に四〇名が、古市町の真蓮寺に六五名が、旧西浦村蔵之内の元勝寺に三九名が、西浦村西浦の覚永寺に四七名が疎開したのである。

以上は赤塚康雄『大阪の学童疎開』によるが、『西浦村誌』には東坂田の西向寺が疎開を受け入れた記録がある。

図 73　南百済国民学校の疎開 1945 年
（『南百済小学校百周年記念誌』）

戦時下の学校利用

大阪陸軍航空廠は昭和一九年（一九四四）夏頃から分散・隠蔽策として、府下と奈良県の学校に工場と倉庫を疎開させ始めていた。

羽曳野市の西浦国民学校は航空機材の置き場として講堂が占用され、集団疎開の児童も増えたため教室が不足した。職員室も裁縫室の畳をあげて教室にして、低学年は二部授業となった。

駒ヶ谷国民学校では昭和二〇年（一九四五）四月から飛行機部品や発動機材料格納のため西校舎全部と講堂を転用し男女二部授業を課したという。

同様に古市国民学校では南棟四教室と北棟三教室と講堂が軍需物資の倉庫となった。

軍需物資として金属製の偉人像が大部分の学校から供出されたが、駒ヶ谷校からは、昭和一五年（一九四〇）二月に建立されたばかりの大楠公（楠木正成）像が早くも昭和一八年（一九四三）六月に供出の憂目にあっている。

特設警備工兵隊の駐留

地理的に大正飛行場の補完的役割を担っていた藤井寺地域には、警備と治安対策と飛行場の空襲後の復旧と整備を目的とする特設の工兵隊があった。この拠点が藤井寺国民学校であった。昭和一九年（一九四四）一月から、大阪師管区司令部の配下に、本部を八尾中学校に置く第一一五特設警備工兵隊の藤井寺分屯隊が駐留していた。実際の活動について調査を試みたが依然不明である。

学校現場の終戦直後の世相

戦争遺跡ではないが戦後の社会を端的に捉えた一文を加える。戦争直後の荒廃した世情を『古市小学校創

立八十周年記念誌　郷土の文教八十年』に当時の教師が書いた記事である。

「古市校の講堂と北棟校舎に保管されていた戦時物資を進駐軍が調査に来て、航空部分品などを校舎で焼きすてた事があった。その夜多数の暴民が、右の校舎に侵入し保管の物資はもとより校舎の窓わく、硝子に至るまで掠奪して行った。講堂と校舎が甚だしき損傷を蒙ったのはこの時であった。学校として校舎の損傷をおしむ事はもとよりであるが、それよりも、此眼前の事実が、児童たちの精神教育上に及ぼす影響の深刻なるをおそれ悲しんだのであった。

昭和二十年の十一月三日に、戦時は全く中止していた秋の運動会を実施した。これは栄養不良の子供たちを鍛錬するような気持ちは全くなく、沈滞、鬱屈した気分をのびのびと発散暢達させるが為の催であった。この日羽曳野に進駐していた米国軍人五十余名が来観したことは、大人にも子供にも戦争がすんで平和が来た事を実感として味はしめたのであった。」

と記している。

筆者はこの短文が良く戦後の史実を伝えていると思っている。米国軍人とは大正飛行場に進駐していた米軍第九八師団の将兵である。

藤井寺ジャミング放送局

戦時の藤井寺球場から連合軍の日本向け宣伝放送を妨害するための「ジャミング（雑音）放送」が発信されていたという。

戦争末期の昭和一九年（一九四四）一二月から終戦までの間、占領されたサイパン島から日本向けに出された中波の周波数と同じ周波数の電波を出して混信させたり、不快な雑音障害を出して日本人にわざと聞かせないようにしていた。

これを防圧雑音放送といい、大本営の命令で行われた。発信した局の一つが大阪中央放送局の臨時放送局としての藤井寺球場内の送信所であった。

連合軍の宣伝放送の内容は謀略放送ともいうように、当時大量に本土に撒かれた宣伝ビラ（伝単）とほぼ同様に戦意を挫く意味があった。例えば昭和二〇年（一九四五）三月一四日には「先のB29三〇〇機による空襲で大都市は壊滅した、日本は降伏せよ」という表現であったという。

この装置を近くの国民学校生が観察していた。藤井寺球場の側に東西に五〇メートル離れて、高さ数十メートルに達する木柱が建てられ、二本の間にアンテナ線が張られ、真ん中から支線がとられて球場建物の内部に導かれ、中の発信機器に結んでいたという。この木柱の異様な高さが強く印象に残るという。

当時はこの宣伝放送を聞くことは禁止されており、故意に聴取するものは警察に尋問され処罰されたのである。終戦後直ぐに木柱は撤去され、放送設備も取り除かれたという。

本項を記録するにあたり岩橋実氏、高木宏氏、田中寛治氏、藤井一老氏、辻本一雄氏、清水彰夫氏、尼崎暁氏、山田幸弘氏、新開義夫氏、伊藤聖浩氏に聞き取りを行った。

［**参考文献**］
「陸普第二三三八号連合軍ノ軍需品引取ニ関シ促進方配慮相成度ノ件」（陸軍航空本部一九四六年一月三〇日　国立公文書館蔵）
『大鉄全史』（近畿日本鉄道㈱　一九五二年）
『古市小学校創立八十周年記念誌　郷土の文教八十年』（一九五三年）
『西浦村誌』（一九五七年）

『百年のあゆみ』（駒ヶ谷小学校　一九七三年）
『西浦の百年』（西浦小学校　一九七三年）
『南百済小学校百周年記念誌』（一九七四年）
松原市史編纂室編『大阪空襲に関する警察局資料Ⅰ・Ⅱ』（松原市役所　一九七六年）
『香芝町史』（香芝町役場　一九七六年）
『羽曳野市史』（一九八五年）
『平野西国民学校創立五十周年記念誌』（一九八八年）
『朝鮮人強制連行調査の記録〈大阪編〉』（柏書房　一九九三年）
『新修大阪市史』第七巻（大阪市　一九九四年）
『平和への願い　羽曳野市民のメッセージ』（羽曳野市　一九九五年）
赤塚康雄『大阪の学童疎開』（クリエイティブ21　一九九六年）
『藤井寺市史』第二巻（藤井寺市　一九九八年）
山本武利「太平洋戦時下における日本人のアメリカラジオ聴取状況」（『関西学院大学社会学部紀要』第八七号
二〇〇〇年）
藤井一老『大東亜戦争時の想い出』（二〇一〇年）
大西進『日常の中の戦争遺跡』（アットワークス　二〇一二年）

5 東大阪の戦争遺跡（一）

陸と空の防空装備

本土における防空戦闘とは、敵の爆撃機や戦闘機による空襲に対抗するための地上軍がする高射砲による迎撃と、航空軍がする戦闘機の迎撃戦であった。

高射砲陣地

大阪府下へのＢ29機による爆撃は昭和一九年（一九四四）一二月から始まったが、現在の東大阪市地域の防空体制は中部高射砲集団に属する長田（現・長田西五丁目の第二寝屋川沿い）に配備された七・五センチメートル砲の高射砲陣地が主体であった。

近郊では北の鶴見緑地、西の真田山（大阪市天王寺区真田山町）、南の巽（現・大阪市生野区巽西一丁目）、南東の大正飛行場に高射砲中隊の陣地があり、迎撃の体制を整えていた。しかし、この砲の性能は高高度飛行をする敵機の下方で爆裂して有効弾とならず、砲の改変を要した。

昭和二〇年（一九四五）五月には本土決戦が必須と見た軍中央は、中部高射砲集団を高射第三師団に格上げし、六月には長田の陣地を西方の

図74　7.5cm 高射砲（戦史叢書『本土防空作戦』）

今津西（現・大阪市城東区諏訪二丁目）に移動し、砲を九九式八・五センチメートル砲の六門編成に向上させた。今津西の砲はB29機を有効射程内に入れる性能を有した。

また元の長田高射砲陣地を照空分隊陣地に転用しており、戦後の航空写真に戦時の陣地状の地形が認められる。

高射砲の陣地は一般に指揮所を中心に半円形に六門の砲が並び、各砲は土堤に囲まれていた。約一ヘクタールの陣地内には弾薬庫、測定器、兵舎などを備えていた。要員は一陣地に一中隊が原則で、一七〇人から一八〇人が所属したという。

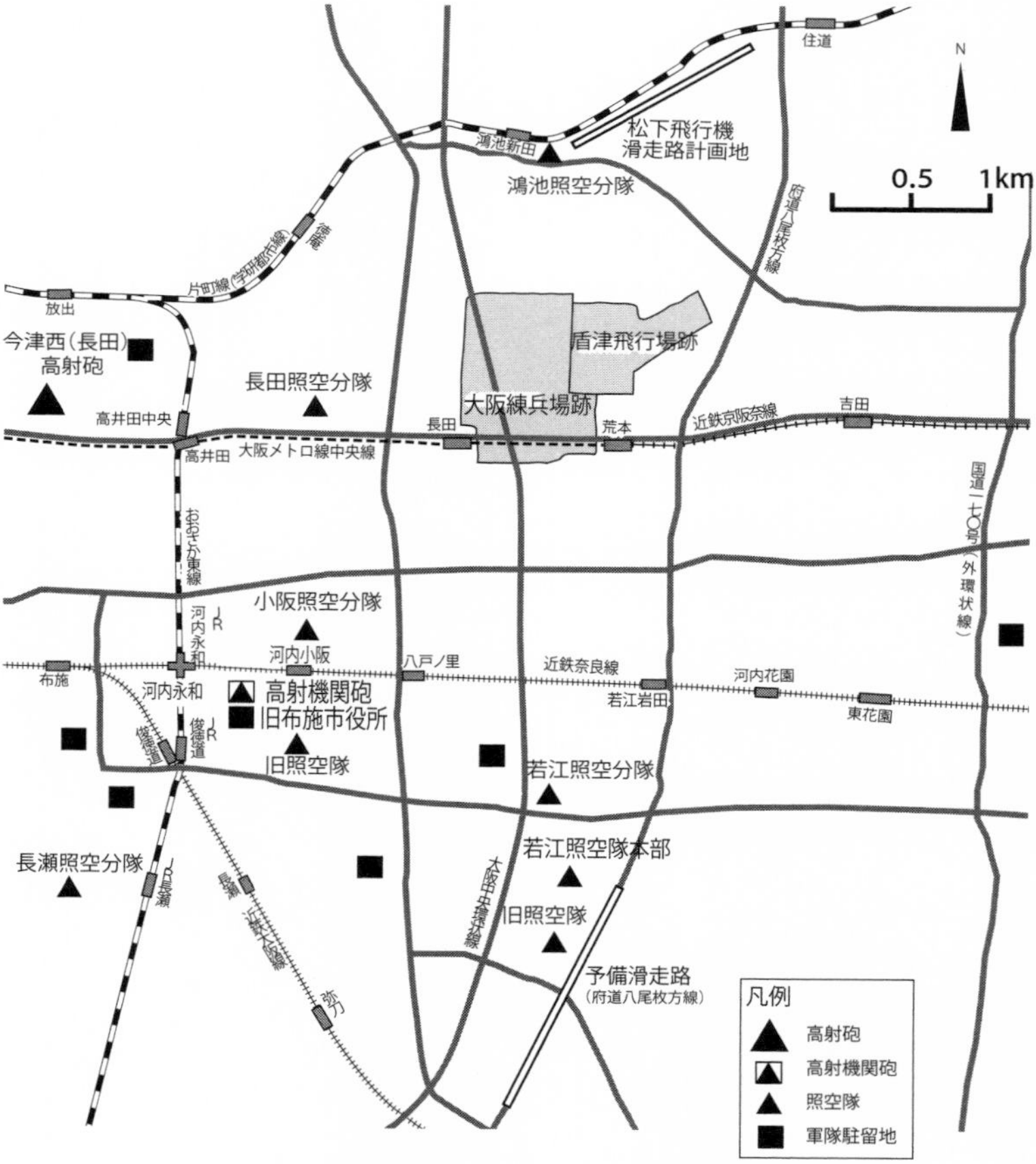

図75 東大阪市域の防空装備位置図

照空隊

高射砲隊において、夜間・曇天時に敵機に照準を合わせるために投光するのが照空分隊であった。分隊は概ね二～四キロメートルの間隔で配備され、五、六か所の群毎に中隊を構成し、その中隊は近くの高射砲隊と緊密な通信連絡網を持っていた。

東大阪に所在した照空分隊は北から鴻池分隊（現・鴻池元町）、長田分隊（現・長田西五丁目で元は高射砲隊陣地）、小阪分隊（現・御厨栄町一丁目）、若江分隊（現・若江北町二丁目）、長瀬分隊（現・寿町三丁目）であった。

照空分隊は直径一五〇センチメートルのアーク灯を備え、ケーブル線で結んだ発電機の電力で発光させ、夜空に向けて光内に敵機を素早く捉え追跡するのであった。予め聴音機で照射方向を見定め一気に光内に入れねばならなかったという。照空灯は高さ一・五メートル程のドーナツ型の土堤に囲まれて光源を隠し、操作する分隊員は一〇人程度の小隊であった。光源を敵機に知られて攻撃を受けないために、予備の軍用地を留保しておき、台車に載せて移動を重ねるのが通常であった。よって筆者の調査においてもその痕跡を捉えられない場所が多い。唯一、鴻

図 76　150cm 照空機
（戦史叢書『本土防空作戦』）

図 77　鴻池照空分隊・松下航空機滑走路予定地
（国土地理院蔵 1948 年米軍撮影の空中写真）

池分隊の痕跡が戦後の航空写真に認められる。

照空隊本部

五個から六個の分隊の本部を照空中隊というが、東大阪では若江（現・若江南町四丁目の第二寝屋川沿い）にあった。照空隊本部は分隊から知らせる照射の方向、高度、速度のデータを収集整理して、敵機の将来位置を推定し、高射砲隊に即時通報していたのである。一般に中隊は分隊員を含み総員一五〇人から二五〇人が所属し、将校五人、下士官一〇人の編成であったという。

本部は第二寝屋川と三方の農業用水路に囲まれた微高地であった。元は数戸の農用地であったが昭和一七年（一九四二）頃から分隊陣地となり、次いで本部に拡張されたようである。照空灯は三～四機が備えられていた。陣地には兵舎と倉庫状の建物が数棟あった。本部の兵員は三〇～四〇人と言われている。近隣に住んでいた国民学校高学年生は兵隊が鏡神社（現・若江南町二丁目）で通信機の演習をしていたのを観察している。

照空隊本部が支援するべき近い場所の高射砲隊は今津西のほか、巽に布陣していた。

なお高射第三師団には独立した聴測隊が存在したが、東大阪市域には記録がなく、近郊では八尾市の恩智に認められるのみである。聴音機は四個のラッパ状の口で敵機の爆音を聞き取り、統合して機種、機数、高度、方向などの情報を得るもので、専門の訓練を受けた兵員がこれを操作し

図 78 若江照空隊本部跡

図 79 九五式聴音機

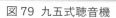

たという。

重要地防空の高射砲

戦時は重要な公共施設と軍需工場には高射砲などの兵器をもつ軍隊が駐留し防衛にあたっていた。旧布施市役所西支所（現・永和一丁目）の屋上に高射砲または高射機関砲が配備されており、戦時には来襲機に対して砲弾を発射し、曳光弾の光跡を目撃されている。高空を飛ぶB29機の下方で炸裂したという。

この砲の砲座を軍から請負で構築した小川善四郎氏の記事がある。同氏の自伝『わが人生のらくがき』の中で、昭和一七年（一九四二）四月以降の頃、機密に属する兵器のことで布施市を通じて軍の特命を得、市役所内部にも近隣にも秘密のうちに相当の資材と要員を準備して一夜のうちに完成させたという。当時氏は建設業を兼営する木材業者であり、同業組合の役職にも就き、在郷軍人会の分会長を務めていた縁で特命受注したのであった。当時のことで、実務者には「秘密の工事を他人に漏らすな」と注意を与え、「作業員は名誉のつもりで活躍しました」と書かれている。

図80　布施市役所西支所屋上の高射機関砲座跡　（『戦争体験談集　死線を越えて』戦後50周年記念東大阪市市民生活部編）

移転する照空分隊陣地

先述の終戦時の陣地所在地とは異なる位置に、戦時中のある期間は陣地が在ったと思われる事例がある。

予備滑走路であった府道八尾枚方線沿道の現・泉町三丁目に、昭和一八年（一九四三）一一月頃、八尾中学の生徒が約一週間土工事に動員されて、ドーナツ状の土堤を築いたという。この軍備と予備滑走路が爆撃目標になって、昭和二〇年（一九四五）二月二〇日にはB29機から爆弾四個（二〇〇〜五〇〇キログラム）が投下された。警察の記録では人畜被害なく畑中に直径二〇メートル、深さ七メートルの大穴が開いたという。筆者は、この爆撃の後この陣地は廃されて、先述の若江照空隊本部に統合移転したと推察する。

二つ目の事例として小阪にも照空灯の存在が確認されている。現・小阪本町一丁目に照空灯が活動していたことを、大阪砲兵工廠で軍属を務められた方が証言されている。しかし詳しくは不明である。

盾津飛行場と大阪練兵場

戦時に現在の東大阪市域の中心部にあった盾津飛行場と隣接した大阪練兵場は、合わせて一四〇ヘクタールの大規模な軍用地であった。

現在の戦時の本土の飛行場は空襲機との防衛戦の基地がその役割であったが、阪神圏での空襲に対抗した実戦闘隊は、大正飛行場に在った第一一飛行師団の指揮下にいた飛行第二四六戦隊と伊丹飛行場にいた飛行第五六戦隊が主役であった。

盾津飛行場

東大阪市域に存在した盾津飛行場は第一一飛行師団の配下にあり、実戦には予備的扱いであり、昭和二〇年（一九四五）三月の大阪大空襲以降には、特攻隊の出発飛行場、いわゆる「と号飛行場」とされていた。

また盾津飛行場は航空兵の訓練所でもあった。『陸軍航空の鎮魂』によれば、昭和二〇年（一九四五）五月以降、陸軍第五一航空師団（教育・練成隊）の指揮下で岐阜、京都、新潟飛行場で一二個の待機特別攻撃隊が編成された。同隊は一隊六人編成で盾津飛行場に移動し、旧式の九五式練習機に大型爆弾を装着して、特攻の飛行訓練を続けていた。しかし終戦で出撃は中止され、成功が極めて難しいこの外道の作戦は軍の記録にだけ残ることとなった。
『東大阪市史　近代Ⅱ』によれば、戦争末期には飛行場は海軍に移管されており、海軍兵と動員学徒が格納庫の中で、松下飛行機株式会社の分工場として木製飛行機の組み立て作業をしていたという。また終戦時に海軍機紫電改が駐機していたという伝聞もある。

盾津飛行場の詳細については、長らく調査・研究をされている太田理氏の著作『かたりべ　たてつの飛行場』をご覧願いたい。

大阪練兵場

元は大阪城の東側にあった城東練兵場は、大阪砲兵工廠の拡張に伴い、昭和一五年（一九四〇）一月に、現在の東大阪市荒本近郊に移転して、盾津飛行場の西に隣接することになった。この際の用地買収は一〇九ヘクタールの規模であり、陸軍省による国家総動員法を適用しての強制で、戦時統制価格によって多くの農家を困惑させたという。先の盾津飛行場は一応笹川良一氏がする任意買収であったが、村を挙げての推進事業でもあり、やはり一律の低価格に抑えられたという。

練兵場は、もとより通常の兵技訓練の場であるとともに、大阪都心に近く、空襲時の防災、避難の場所であり、救援の資材置き場でもあり、兵器や軍施設の予備地であった。

また盾津飛行場の拡張部分となり、無蓋式の掩体壕が造られ、練習機が出入りしたという。

昭和一八年（一九四三）三月の内務省の空地帯告示では、外環状空地帯・河内空地帯に全域が含まれた。また大阪の中心部から大阪城、砲兵工廠を経て当所に至る間も放射空地帯・高井田空地帯とされて、防空・防災・避難の重要地であり、工作物の設置などは一切禁止されていたのである。

終戦後の当地域は食糧増産のために農地開拓用地に指定され、旧地主等に払い下げられた。その後に急速に都市化が進んだため、この旧軍用地は新たな都市づくりを構想する上で、非常に重要な土地資源となったのである。
現在では東大阪トラックターミナル、流通倉庫団地、大阪機械卸団地、府営春宮住宅団地、東大阪市役所、大阪府立中央図書館、近畿自動車道と阪神高速道路のジャンクションなどに変貌している。

生駒山上監視哨

東大阪市域にごく隣接している生駒山頂（現・奈良県生駒市）には戦前から遊園地があり、鉄製の飛行塔遊具が観光客に親しまれていた。戦時に海軍が接収し、遊具を吊り下げる腕部分を取り除き、櫓の形で防空監視哨として転用した。すこぶる視界の良好な立地であった。山頂の監視哨として北に飯盛山監視哨、南に二上山監視哨があり、大阪東部地域の防空監視の体制であった。

海軍の飛行場新設

工事途中で終戦を迎えた海軍用の飛行場が東大阪市鴻池町にあり、現在は道路になっている。片町線（現ＪＲ学研都市線）の南側に沿う鴻池新田駅から住道駅方向の約五〇〇メートル区間に飛行場を新設する計画であった。本土決戦に備えて軍用機を維持していた海軍が、特攻作戦に向けて出発だけ出来ればよい飛行場、「と号飛行場」を、当地に造っていたと考えられる。またここは松下飛行機会社の木工工場にも近く完成機の運航にも便利な位置であった。戦後の昭和二三年（一九四八）の航空写真に滑走路の造成跡が微かに認められる。

軍事施設

軍隊の駐留

東大阪市域の各所に、戦時にはかなりの数の軍隊が駐留したことが記録されている。中部軍に所属する正規の部隊については、『東大阪市史　近代Ⅱ』に記録がある。旧布施市役所に本部を置き、近辺の国民学校に小隊を置く地区特設警備隊があり、別に特警大隊と称する部隊や特設警備工兵隊と称する部隊も、学校などに配備されていた、さらに商工会議所に憲兵隊の分所があったとの記事である。

筆者は戦時の隊員に出会いを求め体験の聞取りを望むが不調で、実態は未だ不明のままである。

特設警備大隊の駐留

昭和一八年（一九四三）六月は戦況が厳しく緊急時ということで、中部軍の大阪師管区司令部が在郷軍人たちに防衛召集をかけ、新設の部隊が編成された。特設警備大隊は地域の警備と治安対策を主目的に設置された。定員は四二〇〇人から五五〇〇人で、武器は小銃のみとなっている。東大阪近郊の配備は、特設警備第一五八大隊の布施分屯隊が布施第四国民学校（現・高井田東小学校）に所在した。

特設警備工兵隊の駐留

昭和一九年（一九四四）に編成された工兵隊は、飛行場の空襲被害の復旧整備を主目的とした。定員は九三〇〇人である。第一〇一特設警備工兵隊は本部を布施工業学校に、分屯地を縄手国民学校（現・縄手小学校）に置いた。第一一五特設警備工兵隊は本部を八尾中学校に、盾津分屯隊を城東工業学校に置き、藤井寺分屯隊を藤井寺国民学校（現・藤井寺小学校）においた。

地区特設警備隊の駐留

昭和二〇年（一九四五）五月には空襲の激しいなか、本土を守るための軍隊として退役軍人や在郷軍人が根こそぎ動員された。これを地区特設警備隊といい、市区町村ごとに限定地区内の警備にあたった。部隊は五〇〇人単位とし、中隊は一二〇人程度で、主に地区内の国民学校に分駐したという。第二二地区特設警備隊は旧布施市役所に本部を置き、中隊は布施市域を除く中河内郡を担当し地域内にある学校などに分駐していた。これらの部隊の実態は明らかではないが、主として空襲時に出動し、救護、警備、復旧活動を行ったという。

憲兵隊の駐留

昭和一九年（一九四四）春に、憲兵隊の分遣隊が旧の商工会議所（現・永和一丁目）を占拠し使用した。取調室と留置室を置き外部と遮断していた。終戦時に一切の書類を焼却して退去したという。

以下の記事は主に学校史から抜粋した事実である。

○布施第三国民学校(現・三ノ瀬小学校)は昭和二〇年(一九四五)頃、コの字型校舎の東の校舎は兵舎となっており、兵隊と同居で毎日のように三ノ瀬公園の壕まで避難訓練を繰り返していたという。

○布施第五国民学校（現・森河内小学校）の校舎は騎兵隊や演習訓練中の兵の休憩所となり、軍用品や兵馬に食べさせる藁や飼い葉が教室に山積してあったという。

○布施第七国民学校（現・大平寺小学校）は、昭和一八年（一九四三）頃から校舎の一部に陸軍の兵隊が駐留同居し、校庭の半分はイモ畑と化していたという。

○樟蔭東学園には一〇〇人程の軍隊が駐留して、射撃や騎乗の訓練をしていたという。

○日本大学大阪分校と大阪理科大学（現・近畿大学）へ昭和二〇年（一九四五）六月初旬頃、歩兵第五三部隊が移駐してきたという（『戦争体験談集　死線を越えて』）。

○大軌女子商業学校（縄手、現・東大阪市旭町に所在した）に地下壕を掘るための特設作業隊の本部が置かれたという記事が朝日新聞（昭和五六年（一九八一）八月一二日朝刊一面）に載っている。同紙面によれば中部軍管区司令部直属の特設作業隊が昭和二〇年（一九四五）二月頃豊橋付近で編成され、おもに燃料弾薬の貯蔵用のトンネル工事に従事したという。部隊は少佐を隊長に軍人が五〇人程、民間人、強制連行した朝鮮人で総勢五〇〇人を超えたという。なぜ一個の地下壕建設の専門部隊が東大阪の旭町を本部に選定したのか、ここを拠点に作業した場所や時期も不明である。なお大軌女子商業学校は戦後に浪花女子高等学校に合併し縄手を離れた。現在の縄手北小学校の地である。

軍用品の貯蔵

戦時には軍需用品が各地の国民学校に貯蔵されていた。

○盾津東部国民学校（現・北宮小学校）の卒業生は、戦時には、校舎の中が陸軍の軍需物資で埋もれていた、廊下で勉強したり、吉原のお寺で勉強していたという。

○日下国民学校（現・孔舎衛坂小学校）では、昭和二〇年（一九四五）に入ってから、講堂をはじめ倉庫などが軍需物資の疎開隠蔽に使われたという。また大豆の倉庫にもなったという。

○長瀬第一国民学校（現・長瀬北小学校）では、西側木造校舎の全教室が昭和二〇年（一九四五）四月から学童疎開後には空室となり、軍需衣料の物資が運び込まれた。校庭は開墾されてサツマイモ畑になり、講堂北側の空き地には多数の防空壕が掘られたという。

○花園ラグビー場（現・松原南一丁目）は戦争中、花園錬成場と名を変え、飛行機の操縦員の初等訓練施設に転用された。メインスタンドの鉄製の上屋は軍需物資として供出され撤去された。戦争末期には食料増産のため農場になった。戦後は直ぐに米軍第九八歩兵師団に接収されたという。

大阪陸軍刑務所

中部軍管区の配下にある大阪陸軍刑務所が、昭和一四年（一九三九）から中河内郡大戸村（現・東大阪市中石切町五丁目）の約二ヘクタールの場所に移転して、戦後の昭和二一年（一九四六）まで存続した。陸軍刑務所とは戦争犯罪を起こした軍人や戦闘員のみを収容する刑務所で、軍隊での脱走、暴力行為、武器の不正使用などの軍律違反者を憲兵が逮捕し、軍法会議で有罪になって収監されるものであった。

野間宏の小説『真空地帯』の中で、作者に擬せられる木村上等兵が、治安維持法違反の容疑で収監されていたのがこの刑務所である。戦後は、堺にあった大阪刑務所の支所となり、次いで河内少年院の時代を経て、昭和五八年（一九八三）には石切市民広場として整備され、現在は市民の憩いの場となっている。

軍需工場

明治以来、大阪砲兵工廠は戦力の中心である火砲・弾丸を製造し、多くの金属加工・機械器具製作の技術開発をしてきた国営の大工場である。しかし太平洋戦争中の昭和一九年度の火砲と弾薬の生産額の七〇％を民間会社への外注に依存している。

即ち多くの資器材を外注方式で製造しており、従業員一〇数人の町工場から専門の大工場まで分散して数百の工場と直接、間接に取引していたのである。工廠の近郊に立地する工場が特に重要であった。

戦時色が見え出した昭和八年（一九三三）頃から旧布施町域にも兵器製造に結ぶ、機械器具工業、金属工業、化学工業の工場が激増していたのである。

この件について湖中斎氏は著書『東大阪の中小企業』の中で、昭和六年（一九三一）に区画整理事業を始めていた旧布施町域は当時の進出工場の最適の受け皿となったという。昭和一五年（一九四〇）には大小の軍需関連に特化した工場が集積し、その工業生産額は昭和八年（一九三三）に比べ五・三倍に増加し、農水産業を含む全生産額の九五％を占めた。特に軍需関連の機械器具工業は七・三倍に増え、次いで金属工業、化学工業と続き、これらの工場は長堂、永和、太平寺方面に二四三工場、足代、荒川方面に二四〇工場、高井田、長栄寺方面に一二〇工場が立地していたのである。

ただし一工場の平均職工数は機械器具工業が二一人、金属工業が一〇人と零細規模であるのが旧布施市の軍需工場の特徴であった。なお旧布施市は昭和一二年（一九三七）に布施町と周辺町村が合併して誕生した。

この旧布施市の工場に金属の線材を供給していた枚岡地区の伸線業も軍需色が濃厚であった。

太平洋戦争の開戦とともに大増産の要求を受け、高井田地区の鋲螺工業をはじめとして、工場は事業規模の拡大を図ったが、戦況の悪化とともにやがて現材料不足が顕れ、企業の統廃合や業務に軍の統制を受けることにもなった。高井田地区の軍需関連工場の集積は、昭和二〇年（一九四五）一月の旧布施市初の空襲を受けるほどに成長していたが、被害も甚大であった。

以下は戦時の工場の状況を記述した文献から、筆者が抜粋、編集した記事である。

中川機械株式会社

旧布施市の機械金属工場の最大集積地であった高井田地区の中でも、軍需製品に突出している事業の代表格は中川機械と川西航空機工機であった。

中川機械は昭和一五年（一九四〇）に機械商社から出て、優秀な機械類と技術者を迎えることが出来て、陸海軍の使用する精密兵器を生産するための工作機械を製作し、また直接に航空機の部品の生産も始めた。その製品は自動旋盤と形削盤を主とした工作機械であった。

沢井実氏の著作『近代大阪の産業発展』によると、創立時においても他の同業者が年平均五〇万円程の生産額時に四〇〇万円の実績を示し、昭和一九年（一九四四）には大躍進を遂げて七倍の二九〇〇万円の生産額となっていた。この販売先は陸海軍と航空機関係（三菱重工業・中島飛行機）を合わせて七〇%を占め、民需は三〇%にとどまり、もっぱら国策として航空機生産に重点をおいた軍需工場であった。

したがって旧布施市域における初めての空襲は、後述する川西航空機工機とともに、近接して大型工場であった当工場が爆撃の目標になったのである。

戦後は進駐軍用の電気冷蔵庫を生産していたが、昭和二七年（一九五二）には松下電器産業と提携し、後には松下冷機株式会社となった。

日本理器株式会社

会社はもともと作業工具のモンキーレンチやプライヤーを製作していた。戦争が激しくなるにつれて工具類以外に、鉄道の犬釘などの軍需用鍛造品の仕事が増え、昭和一七年（一九四二）に布施に熱処理工場を増設し、社名も帝国精鍛工業と改めた。昭和一九年（一九四四）には海軍の監督指定工場となって、機関銃の部品や魚雷部品の製造に従事した。回顧談によると、学徒動員がはじまり女の子も狩り出されて、同社の従業員は四〇〇人にもなった。工場では生駒の芸者もモンペ姿で働いていたという。

現社名は（株）ロブテックスである。

有限会社布施螺子工業所

昭和八年（一九三三）に創業した個人経営であったが、戦時下の統制経済では許されず、昭和一八年（一九四三）に有限会社組織に変更し、同時に高井田東に進出した。また「ねじ」は軍用航空機、船舶に必須の重要部品であるが、「ねじ加工」のみでは資材の供給を受けられる軍需工場として認められず、川崎航空機の傘下に入り、社名も愛国精密ネジ工業所と改めたという。
同社は戦後すぐ元の布施螺子工業所と改称し、現在は株式会社フセラシとなっている。

株式会社河内製綱所

同社は木綿の紡糸や漁網糸から出発して、戦時は陸軍の防護ネットや歩兵用の雑嚢ベルトなどを生産する軍需工場であった。

株式会社クボタ

太平洋戦争が始まってからの同社は軍需部門が増大し、陸海軍向けの鉄鋼用の鋳型や機械の鋳物、主に舟のプロペラ用の鋳物、戦車部品の鋳鋼、火薬製造のための鍋用の鋳物などに傾斜生産していた。一方で牽引車などの特殊車両や船艇のディーゼルエンジンなども増産していた。

これらの軍用機器や砲弾製造のために、昭和一九年（一九四四）に若江村に四三〇〇〇平方メートルの農地を買収し、大工場を建設した。この工場は戦後の昭和二六年（一九五一）にタッタ電線の工場となっている。

近畿車両株式会社（元田中車両株式会社）

鉄道車両を生産していた会社で、昭和一三年（一九三八）頃に陸軍省から兵器製造の依頼があり、生産増強のため徳庵駅近くの用地を買収し、昭和一八年（一九四三）に二八〇〇〇平方メートルの大工場を建設した。兵器生産工場として九一式軽貨車、薬筒運搬箱、砲車など、海軍へは兵器の軍需品を製造した。また鉄道省の管理工場となっている。

松下飛行機第二製造所

大東市域において木製骨組みの飛行機を生産していたが、さらに増産を図るために盾津に第二工場を持っていた。また進発させる飛行場建設のため鴻池合名会社の土地を借地していた。

日本ルツボ株式会社

明治時代から銅合金を精錬する坩堝を製造しており、稲田に大工場を持っていた。昭和一五年（一九四〇）から砲身用の軍需が急増し、昭和一九年（一九四四）には軍需省の管理工場となった。しかし昭和二〇年（一九四五）六月の大空襲で建物と設備の七〇％を失ったという。

東邦工作所布施工場

陸軍造兵廠の主力外注工場として、瓢箪山工場とともに『新修大阪市史　第七巻』に記事がある。生産品がホ「二〇四」、ホ「一五五」リDなどの機関銃の部品と推察されるものと、戦闘機の機関砲弾とその他の砲弾であった。戦後に会社は解散した。

大阪陸軍造兵廠放出分工場

楠根国民学校では昭和二〇年（一九四五）四月に福井県に学童疎開を行った。その空いた教室を活用して造兵廠の分工場とした。講堂は軍用トラックの修理工場になり、教室の一部は被服倉庫に転用された。このため空襲の目標になり、六月一五日に焼夷弾で全焼した。

以上が現時点で収録できた東大阪市域の軍備と軍需工場の記録である。

本文を記録するにあたり、小林俊一氏、東口種蔵氏、橋本留吉氏、井上伸一氏、谷口楢佳氏、関谷廣氏、岡村悦造氏、吉田登氏、岡本好行氏、飛田太一郎氏、北山良氏、杉山三記雄氏、黒田収氏、結城修氏、太田理氏に聞き取りを行い貴重な証言を頂きました。

〔参考文献〕

「高射砲第三師団阪神地区配備要図」（防衛庁防衛研修所戦史室編『本土地上防空作戦記録（中部地区）』復員局　一九五一年）
野間宏『真空地帯』（河出書房　一九五二年）
『昭和大阪市史　第六巻』（大阪市役所　一九五三年）
『布施第三小学校三五周年記念誌』（一九六七年）
『布施商工会議所史第二輯』（一九六七年）
『日本坩堝（ポケット社史）』（ダイヤモンド社　一九六八年）
『中川三十年の歩み』（中川電機　一九六九年）
砲兵沿革史刊行会編『砲兵沿革史』第四巻（偕行社　一九七二年）
『日本理器50年史』（一九七三年）
『北宮小学校　創立百周年記念誌』（一九七三年）
『孔舎衛坂校のあゆみ』（一九七四年）
防衛庁防衛研修所戦史室『戦史叢書　大本営陸軍部（一〇）』（一九七五年）
下志津修親会編『高射戦史』（田中書店　一九七八年）
小川善四郎『わが人生のらくがき』（自刊　一九八一年）
『大阪市史史料　第4編　太平洋戦争下の防空資料』（大阪市史料調査会　一九八一年）
『フセラシ社史　五〇年史』（一九八三年）
『楠根小学校抄史』（一九八五年）

『森河内小学校五〇周年記念誌』（一九八五年）
『百年のあゆみ長瀬北小学校』（一九八六年）
『浪花女子創立六十周年記念誌』（一九八六年）
三宅宏司『大阪砲兵工廠』（日本の技術八）（第一法規出版　一九八九年）
『クボタ１００年』（一九九〇年）
『近畿車両のあゆみ　創立七〇周年』（一九九一年）
『大平寺小学校五〇周年記念誌』（一九九一年）
川合功一『太平洋戦争と和歌山県』（ＭＢＣ21　一九九一年）
『陸軍航空の鎮魂　総集編』（陸軍航空碑奉賛会　一九九三年）
『新修大阪市史　第7巻』（大阪市　一九九四年）
『戦争体験談集　死線を越えて』（東大阪市人権啓発室　一九九五年）
『東大阪市史　近代Ⅱ』（東大阪市　一九九七年）
近藤登『近畿大学発展史』（近大産業会館出版部　一九九八年）
湖中斎『東大阪の中小企業』（東大阪商工会議所　二〇〇一年）
太田理『かたりべ　たてつの飛行場』（わかくす文芸研究会　二〇〇一年）
『樟蔭東学園　創立70周年記念誌』（二〇〇六年）
沢井実『近代大阪の産業発展——集積と多様性が育んだもの』（有斐閣　二〇一三年）

6　東大阪の戦争遺跡（二）

東大阪にあった空襲

太平洋戦争時の本土の住民にとっては、強力な情報統制によって知らされていなかった米軍の航空戦力の強大さに驚き、体験したことのない空襲に、場当たり的にする防空訓練や行動が戦争そのものであった。

本項では東大阪市域が被災した状況を残された記録をもとに概観する。

産業の都・大大阪の外縁部という立地が空襲の目標設定に強く反映していると思われ、八尾・柏原地域の受けた空襲が大正飛行場という軍用飛行場を目標にしていたこととは異なる。

以下は戦時に大阪府警察局に在籍された故小松繁治氏が保管された『大阪空襲に関する警察局資料Ⅰ・Ⅱ』を主に、その他の入手資料を加えて記録にしたものである。

大阪府下への空襲は昭和一九年（一九四四）一二月に中河内郡三宅村、瓜破村への爆弾攻撃に始まっている。攻撃目標は新鋭の航空機製造工場の大阪金属工業大和川製作所であった。初期の空襲は軍事施設と軍需工場、なかでも航空機工場への重点攻撃にあり、布施の川西航空機工機工場に焼夷弾が落とされた。

白丸印番号は空襲被災地である。

①昭和二〇年（一九四五）一月三日　午後二時三〇分

〈布施市高井田二丁目の川西航空機工機（軍需管理）工場に不発焼夷弾三塊（各塊二四発）が投下された。

同丁目の箕浦重工業にも不発焼夷弾二塊が落ちた。同丁目の中川機械と井関金属工業に不発焼夷弾一塊が空地に埋没した。布施市太平寺の田圃に一塊が埋没した〉

昭和二〇年からの空襲は、従来の軍事目標への重点爆撃に変えて大都市が夜間無差別の絨毯爆撃を受けた。大都市といえども木造の密集した建物群から成る街は、焼夷弾で炎上し、史上初の大惨事となった。布施の軍需にかかわる金属工場は高井田、長堂地区に次いで岸田堂地区に多く集中しており、当地も被災した。

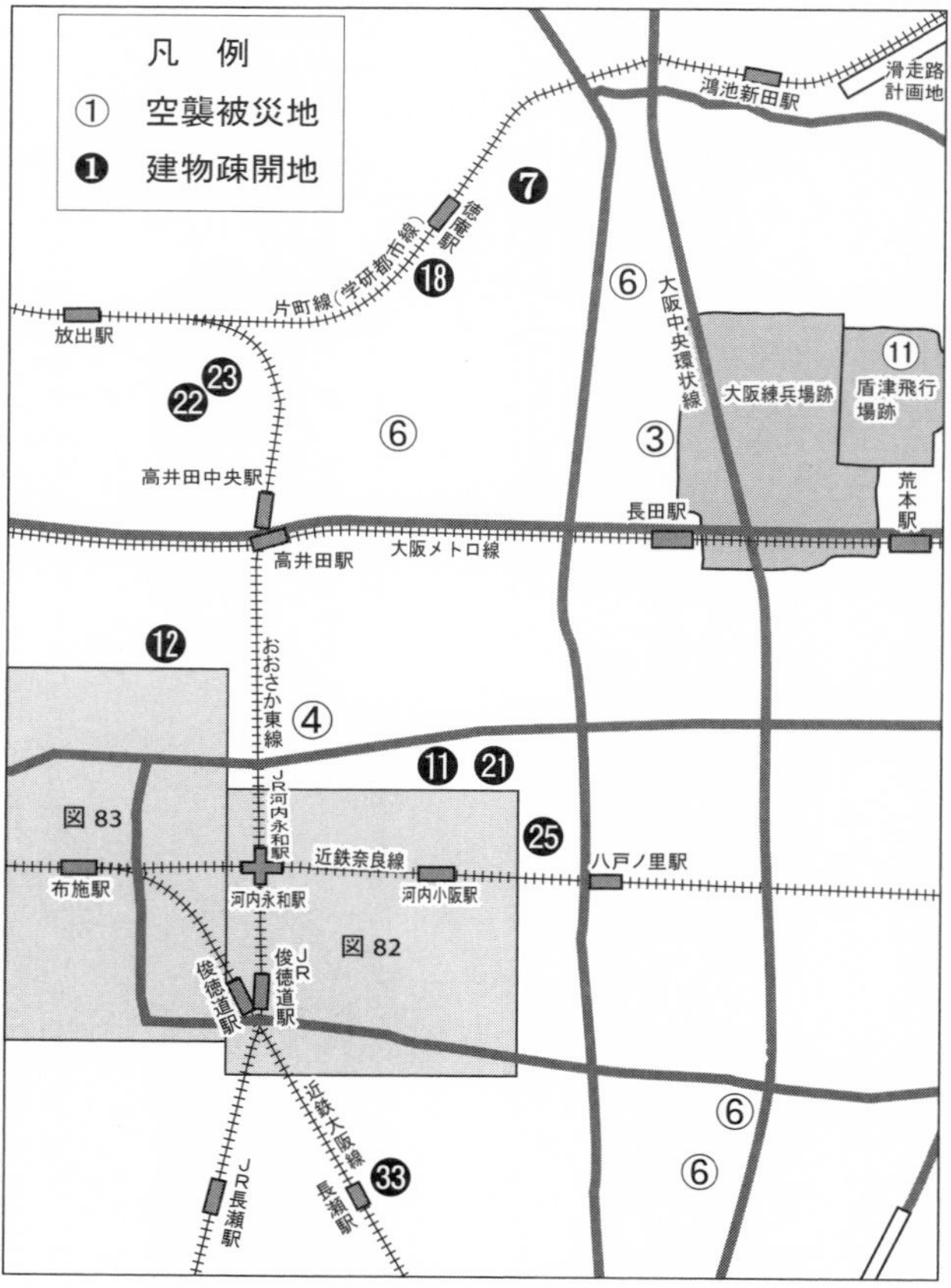

図 81　布施市域の空襲と建物疎開地の位置

②昭和二〇年三月一四日午前二時

〈二七四機のB29機による第一次大阪大空襲は大阪市域から布施市域にもおよんだ。布施の金属工場は高井田・長堂地区に次いで岸田堂地区に集中していた。

布施市足代一、二丁目、三ノ瀬一、二丁目付近一帯が被災した。全焼一三一戸（布施第三国民学校、工場一、

住宅二二九）半焼七戸（住宅）死者四名、重傷者二名、軽傷者九名、罹災者二九二名〉

『布施市戦災復興誌』では主に三ノ瀬方面が被災し、『戦争体験談集　死線を越えて』では予備役の在郷軍人に防空召集がかかり、延焼を食い止めるために止む無く鋸やロープで家を取り壊し、防火帯を造る作業をしたという。

③昭和二〇年三月二五日　午前二時

〈B29機の単機による空襲があった。布施市長田に爆弾一個、新家、荒本、御厨田畑中に一一個の爆弾（推定五〇キログラム乃至二五〇キログラム）が投下された。主に稲田方面という。全壊二戸、半壊二戸、人畜被害なし〉

④昭和二〇年五月九日　午前〇時二〇分

〈米軍機が高井田東三丁目に墜落した。大阪市上空で高射砲弾に被弾したB29機が当所に主翼と乗員一〇名の遺体を落とした。乗員一名は宝持に、飛行機の部分品は中野から新喜多まで広く分散して落下した。飛散による被害は全壊一戸、死者二名、重傷二名、軽傷二名という〉

本件を軍は住民への戦意高揚に利用し、報道機関も同調して現場見学者を募ったという。

⑤昭和二〇年六月一日　午前九時～一一時

〈第二次大阪大空襲である。六月に入って沖縄の攻撃を終えて、再びB29の四〇〇機の編隊が大都市の絨毯爆撃を行った。白昼に焼夷弾で燃やし猛煙が立ち込め黒い雨が降ったという。布施署管内と額田署管内の英田村、縄手村において、全焼七戸、半焼六戸、半壊二戸、重傷三名、軽傷四名、罹災者六六名であった〉

⑥昭和二〇年六月一五日　午前九時二五分

〈第四次大阪大空襲である。大阪市外へもＢ29機三〇〇機が、普通の焼夷弾に加えて多数の火元を同時に発生させる黄燐弾を使って攻撃した。布施市足代一丁目、北足代一・二丁目、長堂一・二・三丁目、高井田の全部、長栄寺一・二丁目、小若江、宝持、稲田、楠根町付近一帯が被災した。全焼六〇九戸、半焼一一二戸、死者七名、重傷九名、軽傷一四名、行方不明九名、罹災者二九二二名であった〉

主な被災地は足代北、楠根方面であり、焼失した建物は航空工業学校、楠根国民学校、

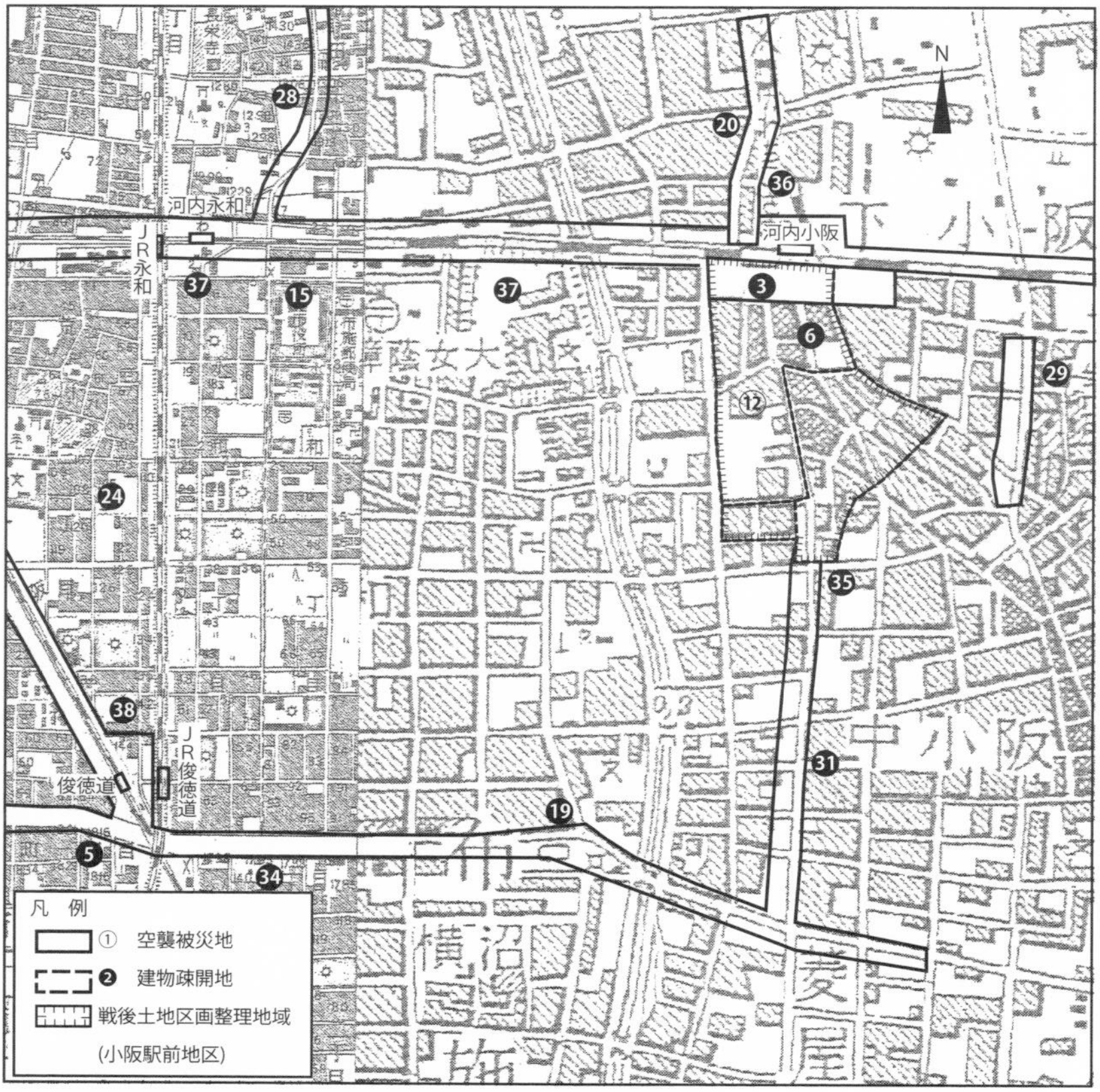

図 82　近鉄小阪駅付近の空襲と建物疎開地の位置
1952 年版1／10000 と 1955 年版1／25000 を合成（国土地理院長承認（複製）Ｒ２ＫＫＦ３）

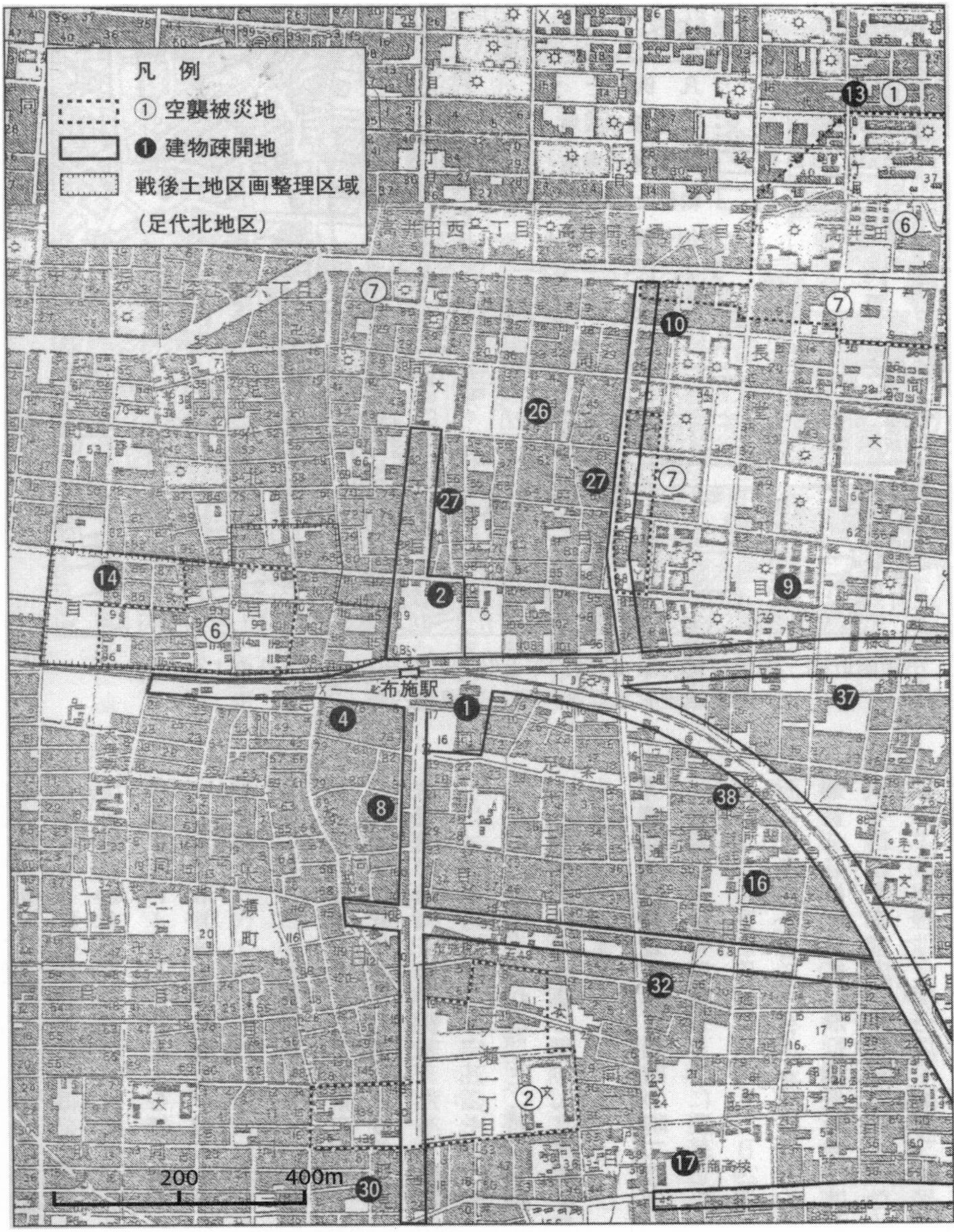

図 83　近鉄布施駅付近の空襲と建物疎開地の位置
1952 年版1／10000（国土地理院長承認（複製）Ｒ２ＫＫＦ３）

理工科大学校、高砂工業工場、井関金属工場、日本ルツボ工場、布施運送、川西航空機、大阪警備機械、井上製作所、堀でんぷん工業所、東海自動車であった。

目標になった航空工業学校（現・布施工業高等専門学校）には、校庭に実習用の飛行機が二、三機置いていたという。

『戦争体験談集　死線を越えて』には三名の体験談がある。

原田裕氏は航空工業が火達磨になって燃え落ちるのを見ており、自宅にも数発の焼夷弾が落ちて金色の火柱を上げるのを目にしたという。

吉田登氏は大北君と共に楠根国民学校を借用した大阪造兵廠放出分工場に勤労奉仕に出ていたが、同日の爆撃で大北君は防空壕で死んだ。焼夷弾は貧弱な壕の天井を貫いて頭を直撃し、首筋から縦に身体を貫通、履いていた下駄は真っ二つに割れていた。一四才だったという。

橋本薫氏は「農水路で四つんばいの様な格好の老婆を見た。腰に直撃弾を受けて即死でした。私は恐ろしさで頭は真っ白歯の根も合わずガタガタ震えました。その日の光景は真っ黒な固まりとなって心の奥底に凍り付いてしまいました」という。

⑦昭和二〇年六月二六日　午前九時一〇分

〈第五次大阪大空襲のこの日B29一〇〇機が一〇〇キログラムから一トンの大型爆弾のみで大阪市内外の広範囲を襲った。全壊五二戸、半壊六〇戸、死者二八名、重傷六名、軽傷九名、行方不明二名、罹災者四二〇名であった〉

高井田、長堂、小若江付近に三一個が投弾された。『東大阪市史』（近代Ⅱ）によれば、長堂一丁目の大阪枚岡線の側に五〇〇キログラム爆弾が落ち、直径三〇メートル、深さ一五メートルの大穴ができたという。

七月になると、B29の編隊は大都市を破壊しつくし内陸部の中都市へ爆撃に向かった。大阪府下へは六月に占領された硫黄島を発進したP51の戦闘爆撃機が、また近海に北上してきた航空母艦から発進した艦載機が近接攻撃をかけてきた。郡部においても狙い撃ちに小型爆弾が投下され、機銃掃射を受けたのである。この頃には本来貧弱な防空の軍備は機能を果し得なかった。

⑧昭和二〇年七月九日
〈第六次大空襲には小型機も二〇〇機の集団が来襲し、数機ずつに分散して超低空で重要施設を集中的に攻撃し始めた。中河内郡英田村に焼夷弾四〇発が投下され、機銃掃射を受けた。重傷二名〉

⑨昭和二〇年七月二四日
〈第七次大空襲の際には布施署管内で爆弾四個が投下された〉

⑩昭和二〇年七月二八日
〈府下一円に銃爆撃がなされ北河内郡縄手村東洋研削砥石工業に小型爆弾二個が投下され銃撃があった。軽傷二名〉

⑪昭和二〇年八月一日
〈八月には連日の小型機の空襲があった。府下一円に爆撃があり、布施市中小坂、中河内郡西六郷村（現・本庄、横枕、中野、盾津飛行場付近）に機銃掃射があり、死者一名、重傷一名がでた〉

⑫昭和二〇年八月六日　午前一時三〇分
〈布施市下小坂、近鉄小阪駅南側一帯が焼失した。地域の中心であった小阪市場が全焼し、この西側一帯

が炎上したという。布施署管内で全焼一四一戸、全壊三二戸、罹災者六五六名とされている〉

この小阪空襲についての確定的な記録がないのは広島に原爆が落とされた日であり、また度々被害を受けていた布施駅前と混同されたためという。

以上が残された資料に基づく空襲の記録である。結果として布施市域の空襲被害は『東大阪市史　近代2史料編2』によれば下記の通りである。

死者三九名、重傷一九名、軽傷三五名、負傷五四名、行方不明一一名、全焼八二七戸、半焼六五戸、小破一戸、全壊五二戸、半壊六一戸、罹災戸数一〇〇六戸、罹災者四一六九名であった。

また『布施市戦災復興誌』では、罹災地面積は五四一八〇坪で全体面積の六二〇万坪の〇・九％が罹災したという。

東大阪の建物疎開

現在、旧布施市域の近鉄線の駅前広場は広々と整備され、駅前に至る街路は幅広く堂々と造られて整った景観を見せている。しかし戦前の鉄道駅前は極めて狭く、線路際まで家屋が近接して立ち並んでいた。

戦争の敗色が濃くなり本土への空襲が予想された都市では、爆撃を避け防災防火のための空地帯や火除け空地を造り始めた。防空法が改正されて所有権の大幅な制限もできる建物の強制撤去、いわゆる建物疎開が国策事業として行われたのである。戦時の防空構想の一環としての建物疎開については本書Ⅱ‐２「防空構想・施策と戦後の都市計画」も併せてご覧願う。

重点は軍事施設と軍需工場を保護し、幹線交通路を確保するために空襲に前もって周辺の可燃建物を取り除くことであり、また密集市街地の延焼拡大を避けるために空地帯を造ることであった。このため対象地の住民は一ヶ月以内の短時日に営業中止、空き家探し、荷造り、引っ越し、建物撤去、後片づけを余儀なくされたのである。

旧布施市では昭和二〇年（一九四五）二月から空襲最中の七月末までの間に、四回にわたって建物疎開が行われて合計で三八八三戸が撤去されたのである。

疎開空地と戦後の戦災復興計画

やがて終戦を迎えて、空襲に被災した跡地や建物を強制疎開した空地は、戦後の都市計画に重大な影響を与えることになる。

旧布施市にある駅前広場や駅に結ぶ街路は、戦時の疎開地と空襲地を最大限度まで活用していることは当然のことであり、現在の地図でみて、ある区間のみ異常に膨らんだような幅広の街路を見出すことも出来る。

これらの戦争時の短時日に生んだ産物の大きさは、戦後の都市計画事業の遅々たる歩みの成果にくらべて巨大と思える。戦争は技術革新の母と言われるが、都市計画事業を実行する父と言っていいと思う。

以下は旧布施市に関わる建物疎開を、大阪府立公文書館の史料から実施個所を調査し、戦後直ぐに撮影した米軍の航空写真と、この写真を利用した国土地理院の一万分の一地図で実際の跡地を検証し、空襲の跡地の情報を加えて、今眼前に見える広場や街路が殆ど戦争時の遺産であり、引き写しであることを証明したい。

地図で帯状に規則的に白く抜けていて空地を表わす箇所は、建物疎開跡か空襲被災地である。

国策事業の建物疎開

攻撃優先の戦法が立ち行かず守勢にまわる頃、本土の民防空が国の重要施策になった。国民の義務として建物疎開、学童疎開や軍などへの勤労動員が通例になった。

建物疎開とは防空法の改正で、昭和一八年(一九四三)一〇月から内務大臣、後には知事が建物所有者に除却、改築その他防空上必要な措置を命ずるとしたのが法的根拠であった。当然緊急性があり指定されると同時に、持主の意向は無視され破壊されるのである。

指定の目的に四種類あった。

①疎開空地帯で、重要地域に貫通する空地防火帯を設け災害を遮断し避難路とするもの。

②重要施設疎開空地で、軍備、軍需工場、官公署、変電所、水源地などの周辺五〇メートルを空地にするもの。

③交通疎開空地で、重要駅前広場や鉄道沿線、幹線道路沿線を空地にするもの。

④密集市街地に分散して小規模の間引き空地にするもの。

施行者、疎開者の補償、除却工事

施行者は土木部門の協力を得た警察局が主役であった。警察の強制力をもって執行する必然性があった。また方法も「測量、評価、除却等ノ執行ハ徹底シタル戦時的方式ニ拠ル」とあり、厳しい国家統制のもとにあった。原則として補償は次のようであった。

移転者には土地の買収費または賃借費と、建物買収費、営業補償金、一般損失補償金(立退料)、移転費用(引越費)が支払われた。建物買収費は国費で賄われたが、土地代は公有地になる土地の代金は国、府が負担し、工場の拡張用地は同工場が負担する原則であった。

除却工事の実務には正規の軍隊が戦車を用いてでも行い、在郷軍人や勤労動員の学徒が加勢したのである。国民学校生も手伝うのである。旧布施市においては燃料不足の折から、浴場組合が疎開建物の一割程度の撤去を請負い、対価として廃古材を取得したことが公文書に記録されている。

建物疎開とは国がする財産破壊であった。

建物疎開の対象者

緊急に空地を造るために、指定地内の住民には過酷な事態が発生した。直ちに移転先を探し、廃業し、荷物を造り、移転し、撤去するまで通常一ヶ月以内に終えねばならなかった。

補償も戦時のため低価格に抑えられ、戦後に支払われた金額は激しいインフレの中、戦時価格は雀の涙ほどにしかならなかったという。しかし筆者には疎開の体験者からの、いわば財産を損なわれた方の怨嗟の声はあまり聞かれない。学童疎開の学童の嘆きの声の大きさに比べて、不思議なほど小さいのである。

唯一発見した『戦争中の暮しの記録』に載る「夫の出征中に強制疎開でついに廃業」(森井勢以/横浜市)の一文を紹介する。

「十九年の二月、突然、私の町筋に強制疎開命令が出た。西の鶴見川から、東の軍需工場方面にかけて、防火地帯として、ひろい空地をもうけようというのである。予期せぬことに、付近一帯は色を失った。出来るだけ早く、三月一ぱいに立退けという強硬命令である。配給はほとんどなく、休業状態であったから、同業者の多くは工場働きに出ていた。なかには廃業して、郷里に帰った人もあった。(中略)夫の帰るまで、ぜひ商売を続けて行きたいのだが、これを全部他へ移すことは、不可能であった。歎願して変更してもらう事がらとは訳がちがうし、ここにいては危険なことは明らかであった。(中略)うちだけではない、もっともっと気の毒な人もあるのだと一心に自分を納得させ、ついに廃業を決意した。空家探しがはじまった。町内会長の紹介で、警察は親切に空家リストを見せてくれた。(中略)引越先がきまったので、すぐ組合に廃業届や大道具の供出手続きをすませ、整理にかかった。(中略)三月二十九日がきた。近所の半数以上がすでに引越して、ガランドウの家並は、廃墟の町と化していた。

顔の広い町内会長の尽力で、数台の馬力がきた。トラックは、民間ではとうの昔に姿を消していたから、馬力は貴重品ともいえた。（中略）最後の馬力に、供出の大道具が大勢がかりでやっとのことで押上げられた。私は、この二ヶ月でからっぽになった頭を振って、人々にあつく礼をのべると、馬力の後を追った。（中略）あしたから、どんなくらしがはじまるのであろうか。早速働き口を見つけなければならないが、心はおもかった」

と書かれている。

次に建物疎開に動員された中学生の体験記を紹介する。

『語りつぐ戦争　一〇〇〇通の手紙から』から「八月一五日午前に倒した家」（大阪府豊中市／嶋中尚一／七三歳）を引用する。

「昭和二〇年八月一五日、旧制中学一年生の私は、一週間前から疎開家屋の倒壊作業に従事していました。グラマン機の機銃掃射の合間をぬっての作業でした。疎開家屋の倒壊は、大黒柱にロープを巻き付け、数十人の生徒が引っ張って倒す作業です。（中略）作業にかかる前に、あらかじめ先生から「今日正午に天皇陛下から重大な放送がある」と聞かされていました。この日倒す家は当時の住宅として庭もある立派な大きな家でした。午前九時すぎからとりかかりました。（中略）この時、作業近くの電信柱の陰でじーと眺めているお婆さんが、私の眼に止まりました。この時は別になんの思いも持たず、早く倒して昼めしを食べたいとの思いでした。（中略）正午、玉音放送は雑音で聞き取りにくい中で、当時は旧制の中学だけに、何回も受験してきた生徒もあり、その生徒の一人が日本は負けたといいました。（中略）同時に先程倒した家は、電信柱の陰にたたずんでいたお婆さんの家ではなかったかと思うと、あと僅かの時間で倒さずに済んだのにとの思いがよぎりました。六〇年たった今でも事あるごとに脳裏から消え去ることはありません。（後略）』

と書かれている。

終戦後の疎開跡地と空襲跡地

昭和二〇年（一九四五）八月一五日に終戦を迎えたが、都市の住民はすぐに酷い食料難と住宅難に苛まれることになった。土地の所有権はさておき身近の空地は畑になり、バラック住居になり、駅前付近では闇市場になった。戦時に公有地化された建物疎開跡地や権利関係の不確かな空襲跡地は、この適地であったため、戦後の長期間にわたって違法状態に占拠されたのが事実である。

旧布施市ではこうした疎開跡地や空襲跡地に重ね合わせながら、戦災復興事業として、早くも昭和二一年（一九四六）九月四日には、現在に生きている駅前広場や幹線道路、公園と区画整理地を事業決定している。

「都市計画街路の計画決定　同日付／下記の疎開空地の大部分が該当土地区画整理の事業決定　同日付／小阪駅前地区　地積一九五〇〇坪／足代北地区　地積二五四五〇坪」

筆者の私見ではあるが、現在見える旧布施市域の殆どの駅前広場や駅に結ぶ幹線道路、ならびにある区間だけ異常に幅広く膨らむ街路の姿は、戦時の強制疎開の実施地そのものであると考えている。

戦後の設計は疎開跡の位置形状を原形にして、規準に合わせる修正を施し、事業は長時日をかけて不法占拠などを解消し、補完する追加買収を行った結果と推察する。国家統制が強大であった戦争の時代の遺産が、現在目の前の景観に厳然として残っていると考えている。

建築物疎開地区

旧布施市域の建物疎開について大阪府警察局警務部公安課他が作成した記録が府公文書館にあり、疎開の実態を紹介する。

疎開施行地を本稿の地図にも明記すべきところ、記事に粗密があるため、地図上では、筆者の推定によるかまたは省略した箇所がある。識者のご叱正を願う。場所は黒地に白抜き番号で表示し、図81、図82、図83に表した。

交通疎開空地　昭和二〇年三月一四日着工

布施駅前南　一一八戸　面積二七三〇坪（❶）／布施駅前北　四三戸　面積一五六〇坪（❷）／小阪駅前　四六戸　面積一三三〇坪（❸）

疎開空地　昭和二〇年三月一四日着工

足代　四〇戸　面積　八四〇坪（❹）／俊徳　六四戸　面積一六五〇坪（❺）／小阪六〇戸　面積一五五〇坪（❻）

疎開小空地　昭和二〇年三月一四日着工

布施第一から第一四の総戸数二五五戸　町名の記事がなく場所は不明

図84　布施駅南口（1972年頃）戦時の建物疎開跡の再整備が進行中（東大阪市広報課所蔵写真）

重要工場周辺疎開　昭和二〇年四月七日着工
田中車両布施工場周辺　一三三戸（❼）

空地帯及消防道路　昭和二〇年五月四日着工
布施駅前付近　五四四戸（❽）

工場周辺疎開　昭和二〇年六月二三日着工
大八化学本社工場　長堂二　一七九戸（❾）／森田化学布施工場長堂三　八三戸（❿）／大阪製作所　御厨　一九戸（⓫）／東缶航空工業　御厨／堀機械工業　高井田本通　三戸／中川機械　高井田中三　二八戸（⓬）／川西航空機　高井田中二　一二戸（⓭）／大阪警報機　足代北一　二八戸（⓮）

官公署等周辺　昭和二〇年六月二三日着工
布施市役所　永和　三五戸（⓯）／布施国民動員署　荒川一　四九戸（⓰）／日新工業学校　三ノ瀬二　一三六戸（⓱）／農商省米穀倉庫　稲田　一六戸（⓲）／布施水源地　永和　三八戸（⓳）／布施警察署　御厨　一八戸（⓴）

工場周辺等疎開　昭和二〇年七月五日着工
不動化学工業布施工場　御厨　二四戸（㉑）／東洋機械製作所　森河内　一四戸（㉒）／合資会社日東

図 85　小阪駅付近（1935 年頃）疎開前は線路際まで建物が存在（『東大阪市の昭和』樹林舎発行）

鉄工所　森河内　六戸（㉓）／万代工業　荒川三　四四戸（㉔）／国産フレックス工業　小阪二　八戸（㉕）／東亜化学工業　長堂二〇戸（㉖）

額田署内　報国製線合名会社　額田　九戸

避難消防道路　昭和二〇年七月五日着工

長堂地区　三三七戸（㉗）／高井田地区　八三戸（㉘）／小阪東地区　五二戸（㉙）／岸田堂地区　七〇戸（㉚）／中小阪地区　二七戸（㉛）／大瀬通地区　四八戸（㉜）／長瀬駅前地区　二三戸（㉝）／俊徳道地区　二五六戸（㉞）／下小阪地区　八八戸（㉟）／小阪西地区　四八戸／西高井田地区　九八戸／小阪駅北地区　二九戸（㊱）

所在図が無いため推定の位置を示す

鉄軌道沿線　昭和二〇年七月五日着工

近鉄奈良線両側　布施～小阪　三三三戸（㊲）／近鉄大阪線両側　布施～俊徳道　長瀬駅両側　三三九戸（㊳）

以上の実行された建物疎開は合計三八八三戸に及んでいる。正に国内における民間の戦争であった。記録では、引続き疎開事業の拡大が予定されたが、終戦で中止となったのである。帯状疎開地二六三戸と間引き疎開地二五ヵ所三八二二戸と大規模であった。うち六九戸は終戦時に立退きまでは終えていたという。

昨今の公共事業においては、その私有財産権に優先して土地を取得できる土地収用法が適用されるが、その手続きは首長の事業認定を受けてさらに収用委員会の採決を得て、補償金の支払いなど実質的には、複雑な事務と長期間を要するのが通例である。

改めて戦時の非常時体制や防空法の威力を思い知らされる。

戦時改描

東大阪市域には明らかな戦時改描がなされた地図が残っている。
市域を南北に通る城東貨物線（現ＪＲ大阪東線）と、大阪電気軌道（現・近畿日本鉄道）の小阪車庫が、昭和一六年（一九四一）八月二〇日付、日本統制地図会社発行の『最新布施市街全図縮尺壱万分之一』には、その時期には実際に存在するのにも関わらず表示が消されている。陸軍の参謀本部の統制を受けて線路の表示を消去し白地にしているのである。

軍事施設や軍用鉄道、軍需工場が空襲で攻撃されるのを避けるために、早くも昭和一二年（一九三七）に軍機保護法が改正され、これらの施設の測量、撮影、複写複製を禁止していたが、昭和一六年（一九四一）の国家総動員法改正に拠って、さらに言論、出版の統制が徹底強化されたのである。地図の出版にあっては防諜と国防のために日本統制地図という全国唯一の会社に統合され、作成した地図は内務省特高警察の

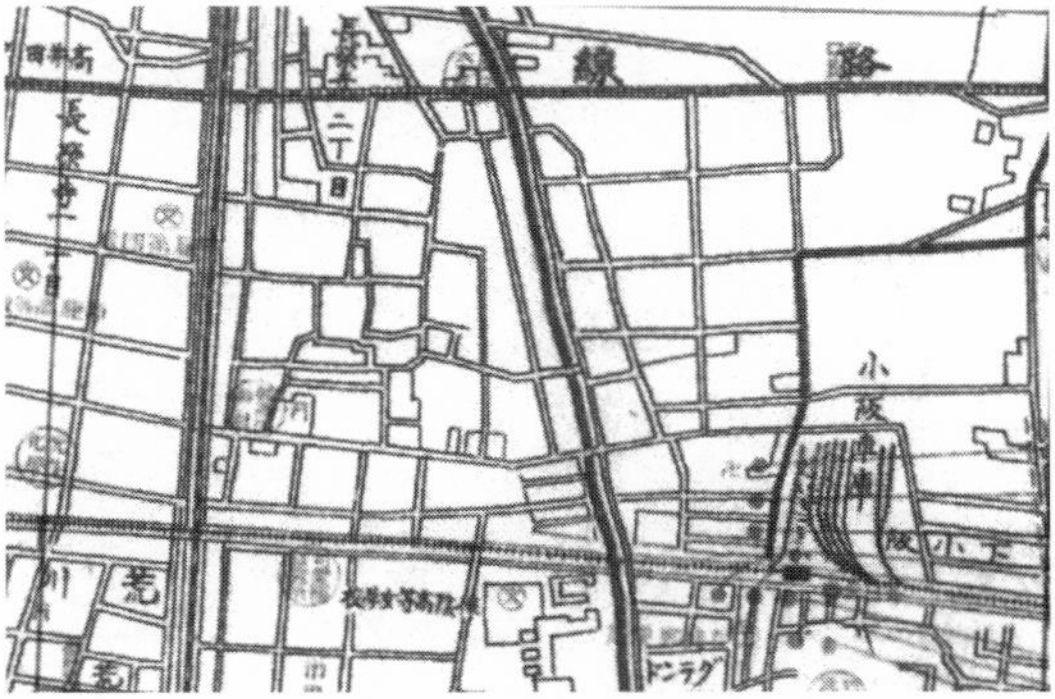

図 86　布施市現勢地図（1938 年）

図 87　戦時改描図（1941 年）（城東貨物線（現・おおさか東線）と近鉄の小阪電車車庫が地図から抹消）

許可を得て発行できたのである。

しかし実際上ではこの戦時改描が防空に役立ったとは言えない。すなわち、近くは昭和一三年（一九三八）に市販された『布施市現勢地図』（夕刊大阪新聞附録）には貨物線路も車庫線も明らかであり、米軍には地形地物は把握されていたからである。

本渡章著『続々大阪古地図むかし案内』には同様の論旨を、大阪城にあった第四師団司令部について述べ、戦時改描は軍の機密保護の重要さのアピールであり、軍というものの重要さを国民に再認識させる意義があったという。終戦後に地理調査所が発行した地図は当然真の地形にもどして表している。

戦時改描は戦争が見せる一つの顔である。

神武天皇顕彰碑

東大阪市域に特有の戦争遺跡として挙げられるのが、神武天皇聖蹟盾津顕彰碑と神武天皇聖蹟孔舎衛坂顕彰碑である。

記念碑は現・東大阪市日下町六丁目の住宅街の中と、日下町八丁目の草香山の山中に草叢に覆われているが、堂々と立派に現存している。

石碑は昭和一五年（一九四〇）に時の文部省の指示のもとに大阪府が建立したもので、方形の広い基壇上に基礎を置き、石碑は長方形で石材は瀬戸内海産の美しい花崗岩である。孔舎衛坂碑の施工は急峻な山腹にあり、運搬施工は難渋したという。

図88 神武天皇聖蹟孔舎衙坂顕彰碑

この記念碑の建立は国策であった。時の政府は日中戦争が長期化し国家総動員法を公布して、国民に戦争遂行の協力体制を強く求めていた。そして昭和一五年（一九四〇）は、日本の神話では神武天皇が大和国橿原で即位して二六〇〇年にあたり、神武天皇東征伝説に登場する聖蹟に顕彰碑を建てることにしたのである。国家事業として大々的に地元を扇動し調査や建設に参加させ、記念碑を建てて愛国心を盛り上げ、国家意識を高揚させ、国粋主義に統一する国策であった。

因みに同種の碑は九州から瀬戸内海を経て大和に至る各地に一九基あるという。

図 89 神武天皇聖蹟盾津顕彰碑

本文を記録するにあたり飛田太一郎氏、北山良氏、杉山三紀雄氏、磯野健一氏、黒田収氏、太田理氏、植木佳子氏に聞き取りを行った。

［参考文献］

「第三次四次五次・第六次建築疎開関係書類」（警察局公安課　大阪府公文書館蔵）

「昭和二〇年九月以降建物疎開関係書類」（警察局警備課　大阪府公文書館蔵）

「建築物疎開一覧」（大阪府都市疎開実行本部）

日下伊兵衛『最新布施市街全圖　縮尺壱万分之一』（日本統制地圖　一九四一年）

『布施市戦災復興誌』（布施市役所　一九五六年）

『大阪市戦災復興誌』（大阪市　一九五八年）

『地理調査所一万分の一大阪東部・東南部』（昭和二七年版）（国土地理院　一九五六年三月二五日発行図）

『米軍撮影航空写真』（一九四七・四八年撮影　国土地理院蔵）
『二万五千分の一大阪東北部・東南部』（国土地理院　一九五七年）
『枚岡市史　第一巻　本編』（枚岡市役所　一九六七年）
堀淳一『地図のたのしみ』（河出書房新社　一九七七年）
『戦争中の暮しの記録』（暮しの手帖社　一九六八年）
松原市史編纂室編『大阪空襲に関する警察局資料Ⅰ・Ⅱ』（松原市役所　一九七六年）
井上英二『五万分の一地図』（中公新書　一九七七年）
『日本の空襲　六（近畿）』（三省堂　一九八〇年）
『河内四条史　第1冊　本篇』（河内四条史編さん委員会　一九八一年）
小山仁示『大阪大空襲』（東方出版　一九八五年）
『東大阪市史　近代Ⅱ　資料編』（東大阪市　一九八八年）
『戦災復興誌　建設省編』（大空社　一九九一年）
荻田昭次『続郷土をたずねて』（長瀬農業協同組合　一九九三年）
『戦争体験談集　死線を越えて』（東大阪市人権啓発室　一九九五年）
『東大阪市史　近代Ⅱ』（東大阪市　一九九八年）
朝日放送編『語りつぐ戦争　一〇〇〇通の手紙から』（東方出版刊　二〇〇六年）
石原佳子「大阪の建物疎開　展開と地区指定」（『大阪国際平和研究所紀要』一四号　二〇〇五年）
飛田太一郎「小阪付近空襲疎開調査図各種」（自刊　二〇〇八年頃）
荻田昭次『東大阪の大空襲』（『河内どんこう』第八五号　二〇〇八年）
井上亮『焦土からの再生　戦災復興はいかに成し得たか』（新潮社　二〇一二年）
本渡章『続々大阪古地図むかし案内』（創元社　二〇一三年）
川口朋子『建物疎開と都市防空』（京都大学学術出版会　二〇一四年）
高城修二『神武天皇①』（パンフレット『近鉄ニュース』二〇一八年一二月）

V おおさかの軍事遺跡と戦争

1 「戦争遺跡」の再検討…………小林義孝

「戦争遺跡」をめぐる二つの立場

戦争遺跡研究のはじまりとしてあげられる論文がある。伊藤厚史氏の「負の文化財——戦争遺跡の重要性——」（註1）である。筆者はこの標題に違和感を持ち続けている。それは、研究対象に対する所与の前提として「負」という評価がなされているからである。

「近代日本が繰り返した侵略戦争と、その戦争遂行のために民主主義や平和を否定し弾圧した事件を物語る『跡』や『物』を特に『戦争遺跡・遺物』と呼び、それにかかわる調査や研究を『戦跡考古学』と呼んでいる」

この定義は、「戦争遺跡に平和を学ぶ京都の会」を主宰していた池田一郎氏の「戦争遺跡」と「戦跡考古学」についての定義である（註2）。平和運動の立場からは当然の定義かもしれない。しかし学問研究の立場からは先の「負の文化財」と同様に、あらかじめ研究対象の意義を特定してしまうことは容認できない。日本国憲法第九条の視点で過去の歴史を解釈しているように思う。

「戦争遺跡（戦跡）とは、『近代日本の侵略戦争とその遂行過程で、戦闘や事件の加害、被害・反戦抵抗に関わって国内国外で形成され、かつ現在の残された構造物・遺構や跡地のこと』である。」（註3）

この定義は、戦争遺跡の調査研究と保存活用に積極的に活動する戦争遺跡保存全国ネットワークや、そこに主体的にかかわる研究者の著作において採用されている定義である。その分布の範囲は、地域としては朝鮮半島、中国大陸、東南アジア、南太平洋地域、ロシア・サハリンなどアジア・太平洋全域まで、かつての「大東亜共栄圏」の領域であり、時代としては、近代軍制が始まった明治初期から昭和前期のアジア太平洋戦争の終結後までが範囲であり、考古学的遺跡以外に、地上文化財・建築物・土木構造物や歴史上の跡地までを含むという。「戦争遺跡」の保存運動、反戦・平和の教育や運動の場で広く流布している（註4）。

しかし、戦争遺跡が「近代日本の侵略戦争とその遂行過程」で形成されたものと規定されていることにはいささかの違和感をもつ。日本の近代国家において軍隊が「侵略」の役割をもったことは否定できない事実である。しかし日本の近代国家における軍隊の歴史的役割はそれだけなのか。この定義はあまりに一面的であると思う。

日本陸軍のはじまりの時期、全国に六つの「鎮台」が置かれている。鎮台は、「鎮」の文字が示すように、明治前期の「本土防衛と内乱鎮圧」のための陸軍の軍事機構である（註5）。この時点で軍の存在は必ずしも「侵略」が前提とされていたとは考えられない。また労働手段としての機械の生産を軍需工場が担ったという敗戦前の日本の資本主義の限界を踏まえると（註6）、近代日本の工業発展における軍の工廠などの規定的な様相などもこの定義でとらえることはできない。

軍事史学会の機関誌『軍事研究』（第四八巻第四号）に「『近代軍事遺産と史跡』座談会」の記録が掲載されている（註7）。報告者は、陸上自衛隊幹部学校、防衛大学、靖国神社の靖國偕行文庫、軍事史学会などに所属し、アジア・太平洋戦争について「大東亜戦争」と呼称する者が主体となった座談会である。

「近代軍事遺産は大東亜戦争において、私たちの祖先・先輩たちが自分の出せる叡智・力を振り絞って日本を守ろうととした形あるものである。」（濱田秀氏／防衛大学校）

「『軍事遺産』という場合は広く『軍隊・軍備・戦争等について人々が残した遺産』と解されます。」（吉田修氏／東京産業考古学会）

「軍事遺跡というのは戦争遺跡とも言われるけれど、私は戦争遺跡というと、どうも戦いというものが常に結びつくでしょう。じゃあ、平時の時の軍事関係施設がどうなんだという問題がある。ですから、私は軍事遺跡という呼び方の方がいいのではないかと思います。」（原剛氏／軍事史学会顧問）

「軍事遺跡にはどのような分類があるかというと（略）平時から関係している軍事業績なもの、いわゆる官衙、学校、病院とかね。そういうものの建物の跡とか、そのほかに、防衛するための施設として、要塞とかいろいろな陣地とか、そういう部類になるものがありますね。また生産とか補給関係のいわゆる軍事工業とか、あるいは補給・貯蔵するための倉庫とか、そういう施設がある。それから、そういうものではなくて戦場という場所があります。」（原剛氏）

この座談会は、戦争遺跡を軍事史研究の資料、自衛官の戦史教育の教材として活用しようという立場で構成されている。そのため、沖縄の戦争遺跡や空襲・戦災跡など非軍事施設が被災した遺跡、強制連行や強制労働による地下工場跡、本土決戦用陣地跡などの遺跡に対する視点、アジア・太平洋全域におよぶ戦争遺跡調査研究の視点が欠落する、とされ、この座談会で示された「戦争遺跡の視点からは国内外に残されている遺跡を正確に理解できない」と批判されている（註8）。

さらに「戦争遺跡ではなくて軍事遺跡（軍事遺産）と呼称する背景には、かつての戦争を肯定的にとらえようとする一部の研究者の思惑がかんじられる」ともいわれる（註9）。この座談会での報告者の論調は、大東亜戦争を否定的にはとらえていないのは確かである。しかし「一部の研究者の思惑をかんじ」ている批判者の思考のなかに「憲法九条」とか「反戦」とかという「思惑」を筆者は感じてしまうのであるが…（註10）。

ここでふれた二つの立場、一方は「侵略戦争」ととらえ、反戦・平和教育を推進する立場であり、他方は「日本を守ろうとした」戦史を学び、実戦的な戦史研究の立場であり、その違いは大きい。そして具体的に扱う資料にもそれぞれの立場から差異が生じ、おのずからその評価もそれぞれに異なっていくのであろう。

この二つの立場からは、どちらも特定の価値観をもとに軍事・戦争を考えようとする姿勢にやはり学問的でないものを感じる。筆者はあくまで学問研究の立場から（もちろんそれぞれの固有な価値的前提を否定するものではない（註11）。筆者は基本的には前者の立場にたつ）、まずは日本の近代国家と社会の歴史全体のなかで歴史的事実として軍事と戦争とその遺跡の位置づけを行う必要があると思う。

「戦争遺跡」の分類の目的

戦争遺跡について伊藤厚史氏「負の文化財――戦争遺跡の重要性――」（註12）による次の分類が広く採用されている。

①政治・行政関係／陸軍省・海軍省などの中央官衙、師団司令部、連隊本部などの地方官衙、陸軍病院、研究所など
②軍事・防衛関係／要塞（保塁砲台）、高射砲陣地、飛行場、陸軍演習場、練兵場、通信所、軍港、洞窟陣地、特攻基地、退避壕、試射場など
③生産関係／陸軍造兵廠、航空機生産工場などの軍需工場、経済統制を受けた工場、地下軍需工場など
④戦闘地・戦場関係／硫黄島、沖縄諸島などの戦闘が行われた地域、地点。東京、大阪、名古屋などで代表される空襲被害地、長崎、広島などの被爆地も広義の戦場として含む
⑤居住地関係／外国人強制連行労働者居住地、防空壕、俘虜収容場など
⑥埋葬関係／陸軍墓地、海軍墓地、捕虜墓地など
⑦交通関係／軍用鉄道軌道、軍用道路など

⑧その他／航空機の墜落跡など

この分類について菊池実氏（戦争遺跡保存全国ネットワーク運営委員）は「どのような遺跡が網羅できるかの参考」である、としたうえで、②軍事・防衛関係と④戦闘地・戦場関係、⑤居住地関係（防空壕）の三つは緊密な関係にあり、③生産関係の地下工場と⑤居住地関係の外国人強制連行労働者の居住地なども不可分の関係にあり、「これらが一体として把握されない限りその遺跡の性格を明らかにすることは難しい」と指摘している（註13）。

また、伊藤氏の分類では平時と戦時における戦争遺跡の区別がなされておらず、制度にもとづくものと、実態によるものの違いが明確でないという問題も指摘される。

この分類が提起されてすでに四半世紀の時間が経過している。その間、これにもとづいて戦争遺跡保存全国ネットワークとそこに所属する研究者による論文や書籍が多く刊行されている（註14）。分類の各項目で例示されるものが追加されてはいるものの枠組みは変わっていない。

考古学の立場で遺跡・遺構・遺物を分類するために必要なことは、当該の資料の範囲を示すのは当然であるが、さらにその資料が示す世界とそれぞれの資料の位置づけを明確にすることである、と思う。「戦争遺跡」の分類は、近代の国家や社会のなかで軍事や戦争の位置を明確にするために、多様な様相を整理し、変遷を示すことである。

戦争遺跡を分類整理することによって、近代の軍事と戦争を俯瞰できるようにならなければならない、と思う。

多様な「戦争遺跡」

「戦争遺跡」の再分類作業の前提として、伊藤厚史氏の分類のなかでは触れられていない遺跡を思いつくままあげてみる。

近代のはじめの軍隊が「本土防衛と内乱鎮圧」のためのものであるとすると、明治国家の軍制以前である幕末の幕府の主導による「海防」遺跡も射程に入る。江戸湾の「品川御台場」、大阪湾の「堺台場」をはじめ日本全国で一〇〇〇基の台場があったといわれる（註15）。この時期まで戦争遺跡の対象の時期を広げる必要があると考える。

大元帥としての天皇が居住する宮城（現・皇居）、ここにおいて平時・戦時にかかわらず大元帥の意志が表明されている。アジア・太平洋戦争時には「御文庫」とよばれる大本営の防空壕が建設され、天皇臨席の御前会議もおこなわれ、無条件降伏の意志も表明された。最重要な戦争遺跡であろう。

また宮城内には日清戦争以降の戦利品などを納めた振天府はじめ五件の「御府」と呼ばれる保管施設があった。大元帥の存在と侵略戦争の関係を示唆する戦争遺跡である（註15）。

日清戦争の緒戦である牙山の戦いに際し忠清道成歓での戦闘の捕獲品が「戦利品」として大阪の川口（大阪港）の砲兵第二方面本署に移送された。その一部は広島の大本営に送られて天皇の見物に供している。その残りの戦利品は大坂西町奉行所跡に設けられた大阪府立大阪博物場の美術館で陳列公開され一万人をはるかに越える見学者があったという。その後、東京九段の招魂社（のちの靖国神社）でも公開され、さらに全国に巡回公開された（註17）。大阪府立大阪博物場跡にはマイドームおおさか（大阪市中央区）が建設されている。

軍の組織や軍人が関わった反乱やクーデター、テロの場。一八七八年（明治一一）の竹橋事件を起こした近衛砲兵隊の竹橋兵営跡、五・一五事件（一九三二年〈昭和七〉）で犬養毅首相が射殺された首相官邸跡、二・二六事件（一九三六年〈昭和一一〉）で内大臣斎藤実、大蔵大臣高橋是清、陸軍教育総監渡辺錠太郎を殺害した場所など。さらに永田鉄山が暗殺された陸軍省軍務局長室跡など。

防衛省市ヶ谷地区に所在する市ヶ谷記念館は陸軍士官学校旧一号館の一部を移転・保存したものである。

一九三七年（昭和一二）に陸軍士官学校本部として建設され、その移転後には陸軍省、陸軍参謀本部がおかれた。敗戦後にはこの建物の講堂が極東国際軍事裁判（東京裁判）の法廷として使われた。米軍からの返還後は陸上自衛隊東部方面総監部が置かれた。一九七〇年（昭和四五）作家三島由紀夫は、その主宰する盾の会の構成員とここに乱入し、総監室を占拠して自衛隊員に「決起」を呼びかけた後、割腹自殺した。戦前・戦後を通じて日本の軍事と深くかかわる遺跡である（註18）。

皇祖を祀った伊勢神宮、慰霊の場としての靖国神社や各地の護国神社（招魂社）はもとよりであるが、別格官幣社の湊川神社、四條畷神社など南朝の「忠臣」をまつり「忠君愛国」の思想を国民に植え付けたイデオロギー宣布装置としての神社がある。

さらに海軍の軍用艦に分祀された艦内社は艦名に由来する神社、たとえば、戦艦「金剛」には南北朝の楠木氏所縁の金剛山麓に所在する建水分神社（大阪府千早赤阪村）の祭神が分祀され、現在も神社の社務所には戦艦「金剛」に由来する品々が展示されている。

一八七〇年（明治三）に大阪城内に設置された兵部省造兵司を前身とする大阪砲兵工廠は、主に大砲と砲弾の生産を担った。民間の需要にも応え、大阪市内に敷設された上水道鉄管の生産にも携わった。アジア・太平洋戦争の勃発時には全陸軍工廠の四分の一もの生産を受け持ち、多くの民間機械工業に下請け発注し、さらに二次、三次の下請け工場が受注した。大阪市東部と東郊に多くの関連の工場が存在したのである。これらの工場は砲兵工廠の技術者や職工が独立して起業したものも多く、大阪の近代の工業生産における大阪砲兵工廠の位置は大きい。敗戦直前の一九四五年八月一四日の大空襲によって壊滅した（註19）。

「軍事遺跡」と「戦争遺跡（War-Related Sites）」

「戦争遺跡」は英語で「War-Related Sites」（戦争関連の遺跡）もしくは「Heritages of war」（戦争の遺産）と表記し、

「戦闘地だけでなく、戦争のあった地名や建造物や事件の跡地」をさすという（註20）。軍事の遺跡も戦争の遺跡も包括してしまう戦争遺跡保存全国ネットワークなどが使っている「戦争遺跡」という用語の語義といくぶん違いがあるように思う。小文では「軍事遺跡」と「戦争遺跡（War-Related Sites）」を並列に位置づけて分類を考えてみたい。

軍事遺跡・戦争遺跡の分類（稿）

Ⅰ．軍事遺跡

1．国家の装置としての軍と関連施設の遺跡

①軍政・軍令関係／宮城（大元帥・天皇の所在地）、陸軍省・海軍省（軍政）、参謀本部・軍令部（軍令）、陸軍教育総監部・海軍教育本部（軍教育）、学校、研究所、兵器試験場所、陸海軍軍法会議と衛戍監獄ほか

②編成された軍事組織／鎮台、師団司令部、連隊と本部、鎮守府と軍港、連合艦隊司令部、軍港、陸海軍の病院、陸軍演習場、練兵場、兵舎、通信所、陸軍墓地、海軍墓地、戦闘機事故墜落地ほか

③軍需物資の生産／陸・海軍造兵廠、民間軍需工場と下請け工場ほか

④軍事的インフラ／軍事鉄道、軍用道路ほか

⑤イデオロギー宣布装置／伊勢神宮、宮城の御府、靖国神社、護国神社、宮城前広場、別格官幣社、艦内社として祭神を分祀した神社、奉安殿、慰霊塔、忠魂碑、楠公史跡、楠木正成・乃木希典・東郷平八郎像ほか

⑥追悼・慰霊の施設／宮城の御府、靖国神社、護国神社、慰霊塔ほか

⑦地域と軍隊／役場（兵事係）、民間の軍人墓地、民間の慰霊塔・忠魂碑ほか

2．国土（本土）防衛のための施設の遺跡

①軍事施設／要塞（堡塁・砲台）、軍港、飛行場、高射砲陣地、防空監視所ほか

②国民の対応／防空壕ほか

Ⅱ．戦争遺跡（War-Relaiated Site）

1．戦時の軍事

①軍政・軍令関係／宮城御文庫（大本営防空壕）、松代大本営、連合艦隊司令部日吉地下壕、陸軍航空総軍司令部屯鶴坊地下壕ほか

②編成された軍事関係／特攻隊基地、本土決戦のための陣地、掩体壕、俘虜収容場、慰安所、戦場での埋葬施設ほか

③軍需物資の生産／研究機関（東大第二工学部ほか）、軍需工場（敗戦直前に建設）、疎開工場、学校などを転用した工場、地下工場（強制連行・強制労働の労働者居住地も含む）、地下倉庫ほか

④防空施設／高射機関砲、民間防空壕、疎開地、学童疎開、防空緑地・防空空地帯、建物疎開ほか

⑤イデオロギー宣布装置／戦勝提灯行列の会場（宮場前広場）、戦利品展示場（宮城の御府）ほか

⑥地域と戦争／戦勝提灯行列の会場、出征兵士の壮行の場、戦死者の出迎えと葬儀場ほか

⑦戦争裁判所／A級戦犯（市ヶ谷）、B・C戦犯

2．戦場、戦闘被害の遺跡

①侵略の戦場

②本土の戦場・戦争被害地／硫黄島・沖縄などの戦闘地、空襲被災地（東京・大阪・名古屋など）、原爆

被災地（広島・長崎）、米軍戦闘機による機銃掃射跡、日本軍戦闘機やB29の墜落場所ほか
③内乱、反乱、クーデター、テロの場所／西南戦争関係、竹橋兵営跡、五・一五事件、二・二六事件関係、永田鉄山暗殺の場ほか

「軍事遺跡」を軍制・軍令の制度に関わるもの、常備の軍事関係の遺跡と国土（本土）防衛に関わるものに分けた。国土（本土）防衛は、幕末の台場（近代軍制以前）、海からの攻撃に備える段階、空からの攻撃に備える段階の三段階に分けられる。

また戦争遺跡（War-Related Sites）は、国土（本土）における戦場や戦争被害のほか、植民地や侵略地においてのものも当然存在する。また内乱、クーデター、テロの場も対象とする。

ここに掲げた分類はあくまで〈稿〉である。現在の筆者の力量では植民地や十五年戦争の戦場全域における軍事・戦争遺跡の全体像を把握することは困難である。とりあえず、現在の日本国域における遺跡を主体として考えた。さらなる広がりを獲得することを今後の課題としたい。

日本近代における軍隊

日本近代における軍隊の性格を「侵略」という言葉のみに収斂させることは難しい。明治国家の政治目標は「富国強兵」であった。

「富国とは資本主義による経済力の養成、強兵とは国民皆兵主義の中で誕生した明治政治は、対外的独立の維持を最大に課題とせざるを得なかった。その実現には経済力と軍事力の強化が必要とされ、殖産興業政策による国内産業の振興と徴兵制による近代的軍事力の創設がめざされた。しかし、この国家目標

は当初の目的から次第に逸脱し、アジア諸国への経済的・軍事的進出へと向かう要因ともなった。」（註21）

富国と強兵は相互に依存関係にある。小山弘健氏は『後期資本主義国における再生産構造の特徴』、つまり、『近代的国民経済の確立』とその『上向的拡大再生産』のための『内部的梃子』としての、軍事的生産部門の特異な不可欠な役割」を明らかにし、日本の軍事工業の発達の歴史を解明した。また、エンゲルスによって築かれた「広義兵学、すなわち、戦争経済、軍事技術、軍制などを包括する『軍事という一個の学的体系』の確立」をめざしたという（註22）。このような小山弘健氏にはじまる軍事史研究（註23）をまずは学ばねばならないと思う。軍制、軍事技術、戦争経済（軍事生産）を日本近代史の中で見渡すなかで、軍事・戦争遺跡の世界を構築する必要がある。

さらに、軍事と戦争に関する遺跡、また「『戦跡考古学』という枠組みで対象を限定するのではなく、『近現代社会』のなかに戦争を位置づけ、総合的な『大考古学』を模索必要がある」という提言におおいに共感するものである（註24）

小文は、大阪民衆史研究会の例会（二〇一六年九月一九日）での報告をもとにまとめた『悲惨』というイメージで戦争のすべてが語れるのか」（大西進・小林義孝・河内の戦争遺跡を語る会編『地域と軍隊――おおさかの軍事・戦争遺跡』（山本グラフィックス出版部　二〇一九年）の四・「『戦争遺跡』とはなにか」をもとに再度整理したものである。

註

1）伊藤厚史「負の文化財――戦争遺跡の重要性――」（『文化財学論集』一九九四年）

2）池田一郎「戦争遺跡・遺物、戦跡考古学について」『考古学研究』四一‐三　一九九四年）

3）戦争遺跡保存全国ネットワーク編『戦争遺跡は語る』（かもがわブックレット一二八）（かもがわ出版　一九九九年）、十菱駿武「近代遺跡としての戦争遺跡」（十菱駿武・菊池実編『しらべる戦争遺跡の事典』柏書房　二〇〇二年）、十菱駿武「戦争遺跡序論」（十菱駿武・菊池実編『続しらべる戦争遺跡の事典』柏書房　二〇〇三年）、十菱駿武「戦争遺跡とは何か」（戦争遺跡保存全国ネットワーク編著『保存版ガイド日本の戦争遺跡』平凡社　二〇〇四年）。菊池実『近代日本の戦争遺跡――戦跡考古学の調査と研究』（青木書店　二〇〇五年）、菊池実『近代日本の戦争遺跡研究――地域史研究の新視点』（雄山閣　二〇一五年）、菊池実「近代の戦争遺跡」（林博史・原田敬一・山本和重編『軍隊と地域社会を問う』（『地域のなかの軍隊』9〈地域社会編〉吉川弘文館　二〇一五年）など、一貫してこの定義を使用している。

また木村茂光監修・歴史科学協議会編『戦後歴史学用語辞典』（東京堂出版　二〇一二年）の「戦跡考古学」（執筆：永田史子）の項でも同様な定義を採用している。

4）大阪府域の「戦跡」を市民にむけて紹介した森田俊彦『大阪戦争モノ語り――街かどの「戦跡」をたずねて』（清風堂書店　二〇一五年）では、第四師団司令部庁舎、大阪砲兵工廠跡、歩兵連隊・騎兵連隊の兵営跡、旧真田山陸軍墓地、高射砲陣地、陸軍大正飛行場の掩体壕などを「戦争をすすめるために」という項で整理している。

5）永原慶二監修『岩波　日本史辞典』（岩波書店　一九九九年）の「鎮台」の項。一八八八年（明治二一）鎮台を対外戦を目標とする師団に改編（同書「師団」の項）。

6）久保在久・酒井一・小山仁示「鼎談　砲兵工廠の歴史と意義」における酒井氏の発言（大阪砲兵工廠慰霊祭世話人会編『大阪砲兵工廠の八月十四日――歴史と大空襲』（東方出版　一九八三年）

7）葛原和三・濱田秀・淺川道夫・齊藤真一・吉田修・白石博司・原剛・山近久美子「近代軍事遺産と史跡」座談会（『軍事史研究』第四八巻第四号　軍事史学会　二〇一三年）

8）菊池実・菊池誠一「アジアの戦争遺跡調査と保存の現状」（『季刊考古学』別冊二三〈特集：アジアの戦争遺跡と活用〉二〇一五年）

9）菊池実「近代の戦争遺跡」（前掲註3論文）

10）反戦・平和の運動や教育のなかでの前提とされるステレオタイプな「悲惨な戦争」イメージによって、事実にもとずく戦争に対する認識が正確に伝わらないという問題がある。

小林義孝『「悲惨」というイメージで戦争のすべてが語れるのか」（大西進・小林義孝・河内の戦争遺跡を語る会編『地域と軍隊――おおさかの軍事・戦争遺跡』山本グラフィックス出版部　二〇一九年）

11）日本近代史研究と戦史研究（狭義の軍事史研究）については吉田裕「戦争と軍隊――日本近代軍事史研究の現在」（同氏『現代歴史学と軍事史研究』校倉書房　二〇一二年、初出『歴史評論』六三〇　二〇〇二年）を参照。

12）伊藤氏前掲註1論文。伊藤氏は「戦争遺跡」の定義について、前掲註1論文において「平成六年（一九九四）、筆者は戦争遺跡の定義（期間・地域・種類）を、次のようにしました」。このうち「期間」の項で「『近代の範囲を明治元年（一八六八）から昭和二〇年（一九四五）までとする。戦争遺跡は、明治四年（一八七一）の御親兵組織後設置された鎮台以後の陸軍と、明治三年（一八七〇）海軍兵学校設置以後の海軍に関係する行為で、大地に形成または関係する構築物のある場所とする』。明治元年の戊辰戦争を近世の出来事として除き、その後から昭和二〇年の敗戦・降伏文書調印までと考えたわけです。今では占領期の構築物、使用物を含めて、講和条約締結により主権回復にいった昭和二七年（一九五二）まで広げてよいとも考えています。」と述べる（伊藤厚司『学芸員と歩く愛知・名古屋の戦争遺跡』名古屋市教育委員会文化財保護室・六一書房　二〇一六年）。戦争遺跡を「陸軍・海軍に関わる行為とその痕跡」とされる立場は、客観的であり理解しやすいと考える。

13）菊池実「近代遺跡としての戦争遺跡」（前掲註3論文）

14）十菱駿武「戦争遺跡序論」（前掲註3論文）

15）原剛『幕末海防史の研究』（名著出版　一九八八年）

16）木下直之「トレンチアート」（同氏『わたしの城下町――天守閣からみえる戦後の日本』筑摩書房　二〇〇七年）、井上亮『天皇の戦争宝庫――知られざる皇居の靖国「御府」』（ちくま新書）（筑摩書房　二〇一七年）

17）西川宏『ラッパ手の最後――戦争のなかの民衆』（青木書店　一九八四年）

18）木下直之「ある騎馬像の孤独――戦争が終わって点々とするもの」（同氏『銅像時代――もうひとつの日本彫刻史』岩波書店　二〇一四年）

19）大阪砲兵工廠慰霊祭世話人会編『大阪砲兵工廠の八月十四日――歴史と大空襲』（東方出版　一九八三年）、久保在久編『大阪砲兵工廠資料集』上・下（日本経済評論社　一九八七年）、三宅宏司『大阪砲兵工廠の研究』（思文閣出

版　一九九三年）、久保在久『大阪砲兵工廠物語』（耕文社　二〇一九年）。また、日本の資本主義社会の生産と再生産のしくみにおいての軍隊の体系、軍の工廠の役割については村上一郎「日本軍隊論序説」（同氏『日本軍隊論序説』新人物往来社　一九七三年）を参照。

20）十菱駿武「戦争遺跡序論」（前掲註3論文）

21）『岩波　日本史辞典』（前掲註5）の「富国強兵」の項

22）中村丈夫「解説　小山広義兵学の遺産」（小山弘健『戦前日本マルクス主義と軍事科学』（エスエル出版会　一九八五年）

23）小山弘健の軍事科学研究に関する著作は『近代軍事技術史』（三笠書房　一九三八年）からはじまる。一九三〇・四〇年代に出版された主要な著作は、一九七〇・八〇年代に増補されて再刊されている。『日本軍事工業の史的分析』（お茶の水書房　一九七二年）、『図説　世界軍事技術史』（芳賀書店　一九七二年）、『増補新版　軍事思想の研究』（新泉社　一九八四年）

24）帖地真穂・木立雅朗「京都の戦争遺跡調査とその活用」（『季刊考古学』別冊二三〈特集：アジアの戦争遺跡と活用〉二〇一五年）

2 「大阪砲兵工廠」と地域社会……………………三宅宏司

軍工廠とは

軍工廠とは、明治、大正、昭和の時代に存在した武器や弾薬などを製造した軍の直轄機関であり、工場である。陸軍省、海軍省それぞれに所属する複数の軍工廠が存在した。時代の進展とともに、軍そのものも変遷したが、工廠もさまざまな変遷を経ている。大勢としては、軍の肥大化にともなって工廠の数も増加していったが、個々の工廠も大きくなっていった。工廠の規模の変化は、各工廠における敷地や工場の建坪、設置機械台数、勤務人員数、購入資材の量、製造兵器の種類と量、等々の変遷にみることができる。明治の始まりとともに陸・海軍の工廠が出来、各々の体制が整えられてゆくが、おおむね第一次世界大戦からそれに続く世界的な軍縮期間においては大きく変化することはなかった。その後、一九三〇年代に入って各国ともに大きな変化があらわれることになった。陸軍においては、軍用車輌、なかでも戦車や装甲車などの登場、海軍においては、英国海軍戦艦「ドレッドノート」の登場にともない各国海軍が弩級戦艦、さらにはそれらをしのぐいわゆる「超弩級」戦艦建造にしのぎをけずる大艦巨砲主義時代へとなってゆくのである。

わが国においては、陸軍は自らの兵器等を全て陸軍工廠で製造する、というのが一貫した方針であった。戦時期における一部の例外を除いて、その原材料から最終品まで工廠で、というのが基本姿勢であった。例外のなかには、欧米の最新兵器を購入し、それを範としたものを国産化してきたのが、その大筋といえる。

他方、海軍においてはその主な兵器は何といっても軍艦とそれに取り付ける砲である。海軍にも工廠がつくられるが、時々の主力艦とその砲などは、欧米で製造されたものを購入し、その陣容を整えることが常であり、外国との戦争を前にすると海外への発注量や発注額が増加するのが常態であった。陸軍工廠もそうであったが、欧米の各兵器工場が世に出して来る最新兵器をいかに真似るか、真似ることが出来るか、であった。海軍工廠も陸軍工廠と同時期に出来ていた。日露戦争時には、横須賀（神奈川県）、呉（広島県）、佐世保（長崎県）、舞鶴（京都府）の四か所の海軍鎮守府のあった所に設置されていた。日中戦争から第二次世界大戦に本格的にわが国も入ってゆくに従い、豊川（愛知県、一九三九年）、光（山口県、一九四〇年）、一九四三年には相模原（神奈川県）、川棚（山口県）、沼津（静岡県）、鈴鹿（三重県）、多賀城（宮城県）にも海軍工廠が開設された。

陸軍造兵部門の七五年

徳川幕府から明治新政府となって、兵部省のなかに造兵司が設置されたのは明治三年（一八七〇）二月二日のことである。この前後に兵部省は幕府の陸・海軍造兵部門を接収したり、各藩所有の同じく造兵部門を貢納させたりして、それらの整理・統合も実施した。ここでは、陸軍の造兵部署のみに少し立ち入ってみることとする。東京と大阪に設置された造兵部門は、これ以後昭和二〇年（一九四五）の敗戦まで七五年間の歴史を有することとなった。その間、幾度もの編成改正でその名称も何度も変更されるが、最も長く使用され、一般になじまれもした「砲兵工廠」の名称で、以下一応統一的に使用することをお許し頂くこととする。概して言えば、「東京砲兵工廠」は小銃とその弾丸・弾薬を、他方の「大阪砲兵工廠」は大砲とその弾丸・弾薬をそれぞれの主製造品とするというのが理解しやすいと思われる。

時代が推移するとともに、世界各国ともに兵器の近代化、先端化が進む。わが国の陸・海軍もご多聞にもれず、それらの導入を常にその念頭に置きながら、整備・充実・改変に追われることになる。この動きにおいて注目されるのは、陸軍は全てを自前で行おうとする道を進んだのに対し、海軍においてはある程度民間や大学などの研究者を取り込みながらの進展であったと見られる。海軍においてはその当初から海外や国内の造船会社に自らの軍艦建造を託さねばならなかったことが大きな理由だといえよう。

陸軍の造兵部門としては、長らく東京と大阪の二つであったが、時代の推移とともに増加し、第二次世界大戦終了時には、東京第一、東京第二、相模、名古屋、大阪、小倉、と六陸軍造兵廠が置かれていた。これらの各造兵廠は、そのすべてが陸軍兵器行政本部に統轄されていた。東京第二はもとの東京砲兵工廠から火薬・爆薬類の製造部門が独立したものである。小倉は関東大震災で壊滅的状況となったもとの東京砲兵工廠の主要部門を引き継ぐかたちで発展したものである。相模はそれまで陸軍には無かった戦車や舟艇用エンジン生産が主力製造品であった。名古屋は航空機に搭載する武器製造が多かった。大阪の主力製造武器はその誕生から最後までいわゆる大砲と総称される大口径砲製造を主力品としていた、と見れよう。

以下では、六か所に設置されていた陸軍造兵廠の、敗戦時の大まかな状況がどのようであったかを見ることにする。航空機生産は陸・海とも多くは民間会社であった。

各陸軍造兵廠の編制概況の内、製造所に注目し、本部、研究所、技能者養成所、出張所、監督班、射場などは記していない。各廠の本部には、庶務、監督、作業、技術、会計、医務の各課が置かれていた。各廠の製造所には、番号や地名が付されているからである。番号が抜けているのは、統廃合や別の場所に移転してそこの地名を付した製造所になっている。各課の職掌は、庶務課は廠全般の庶務・人事・労務など、監督課は兵器の検査・監督・技術工芸など、作業課は作業経営・企画に関する事項を、会計課は物資調達・従業員の給与を、医務課は従業員の診療・保健衛生に関する事項を、それぞれ担当していた。研究所は所轄兵器の研究、技能者養成所は養成工・見習工の教育、出張所・監督班は複数都道府県にまたがっての、監督班は多くは単一の、民間工場の管理監督を行った。射場は試射場のことであり、ごく短距離のものは各廠内に設けられていたものもあるが、多くは山間部や長い直線距離を有する海岸部に設けられた。各造兵廠について少しくわしく見てみる。

東京第一陸軍造兵廠（以下、陸軍造兵廠は略す）は、東京第二と同じく東京砲兵工廠の流れをくむが、大正一二年（一九二三）九月一日に発生した関東大震災で壊滅状態となった。大阪砲兵工廠と同時に出来て以来ずっと後楽園に存在していた。現在、東京ドーム球場、東京ドームシティ等がある地である。震災より前に火薬類製造部門を火工廠として独立させていたが、その内の十條兵器製造所を昭和一一年（一九三六）八月に陸軍造兵廠東京工廠として瀧野川工場とともに独立した。その後、日中戦争の本格化さらに太平洋戦争へという中で、川越、仙台、大宮、小杉の各製造所が開設された。

この間、昭和一五年（一九四〇）四月の陸軍兵器廠令制定時に東京第一陸軍造兵廠と改称されたのであり、この流れは他の各陸軍造兵廠も同じである。

東京第二は、東京砲兵工廠の火薬類製造部門が独立した火工廠が発展したものである。各造兵廠のうちでもっとも多くの製造所をかかえてそれが関東地方から九州地方にまで存在している。黒色火薬から綿火薬、ニトログリセリンへと変化というよりも高性能化してゆく火薬の発展史と軌を一にするように、製造所建設地が各地に散在することになる。肥料にもなるが防虫剤さらには殺虫剤へと進む化学製品のほとんどが石炭や石油を原材料とするいわゆる化工物から多く得られることになる。化学兵器の登場である。催涙性、嘔吐性、窒息性のあるものからビラン性を有するものまでさまざまな中毒性のものの製造である。

相模は、昭和一三年（一九三八）四月東京工廠相模兵器製造所として開設されたものが二年後の六月に相模造兵廠として独立、第一及び第二製造所までが整備されたが、第三製造所は設立準備中に終戦となった。主製造品である戦車のほかにキャタピラ装備車輛（装軌式車輛）全般を製造している。

名古屋は、日露戦争中の明治三七年（一九〇四）一一月に東京砲兵工廠熱田兵器製造所として、また第一次世界大戦中の大正六年（一九一七）六月にさきの熱田兵器製造所北側に大阪砲兵工廠名古屋兵器製造所として設立された。東京砲兵工廠が担当していた航空機部門の多くは、少し後に発生し、東京砲兵工廠に大被害を与えた関東大震災により、名古屋に集積することとなった。軍用機の量産化は民間航空機製作会社に移されていったが、新規の航空技術を開拓する中心として名古屋はあり続けた。

大阪の創立起源としては、徳川時代の大砲製造所に始まり、明治二年（一八六九）にこれを政府の経営とし、東京と大阪の造兵司体制としたのに始まる。以来、幾度もの編成改正や廠令の制定を経るが、火砲・弾丸・鉄材の三製造所体制で一貫していた。昭和一二年（一九三七）七月からの日中戦争本格化後に、三製造所に信管・薬莢の二つを加えて五製造所体制となる。ついで、弾丸と信管の増産のために枚方製造所、播磨製造所を、太平洋戦争に入って陸軍の海洋作戦に対処するために舟艇製造を担当する白浜製造所、昭和一九年（一九四四）に空襲対策のための分散疎開として石見製造所を設置した。

小倉は、明治二七年（一八九四）に三井八郎右衛門一家より門司にあった兵器修理場の寄付申出を受け、三年後に大阪砲兵工廠門司兵器製造所としたのに始まる。北清事変、日露戦争時に大陸に一番近いこともあって業務量が増えて逐次拡張をはかるもより広い旧小倉城内の紫川左岸に移転、大阪砲兵工廠小倉兵器製造所となるが、大正一二年（一九二三）四月の編成改正で一製造所だけで陸軍造兵廠の管轄下にはいった。先に少し触れた、関東大震災で壊滅状態の東京砲兵工廠の主要部門が次々と小倉に集結され、先の小倉兵器製造所も合併、昭和八年（一九三三）に複数製造所を有する小倉工廠となった。昭和一五年（一九四〇）の編成改正で小倉陸軍造兵廠となるも、南洋諸島より早く中国大陸からのB29爆撃機による空襲を予想していた軍の意向に沿い、小倉は本部や各製造所を大分県日田市を中心とした地域に疎開・移転計画して、兵器製造を担当していた。

昭和二〇年（一九四五）の敗戦時における六つの陸軍造兵廠について表-1で示したように、その概況の一部については見ることが出来る。なお表には示していない造兵廠があと二か所に存在していた。それは、仁川陸軍造兵廠と南満陸軍造兵廠であるが、内地の六造兵廠のみを取りあげることとして、ここでは取り上げていない。表 - 2では、各造兵廠の総人員数と残存工作機械台数で、どちらも終戦時の数である。「連合軍要求ニ基ク雑調査綴」、「合衆国戦略爆撃調査団提出書類」、「終戦直後の造兵廠現況綴」等の資料があるが、八月一五日時点の数をあげてはいるものの、それらの数には若干の相異がある。原因として考えられるの

表 -1　陸軍造兵廠一覧

	製造所名	所在地	主要業務
東京第一	第一	東京・下十條町	実包、空包、薬莢
	第二	東京・下十條町	無線機
	第三	東京・下十條町	信管、弾丸
	川越	埼玉・福岡村	火具類、起爆剤
	大宮	埼玉・大宮市	光学兵器
	仙台	宮城・仙台市	弾薬
	小杉	富山・小杉町	信管
東京第二	板橋	東京・板橋町	C無煙薬、黄色薬、茶褐薬
	多摩	東京・稲城村	爆薬
	岩鼻	群馬・岩鼻町	G無煙薬、黒色薬
	宇治	京都・宇治村	C無煙薬、爆薬
	忠海	広島・忠海町	小型爆破薬、毒ガス設備アリ
	曽根	福岡・曽根町	小型爆破薬、毒ガス設備アリ
	香里	大阪・枚方町	爆薬
	深谷	埼玉・深谷	C無煙薬
	櫛挽	埼玉・藤沢村	C及G無煙薬、ロケット火薬
	坂ノ市	大分・坂ノ市町	無煙薬
	荒尾	熊本・荒尾市	爆薬
相模	第一	神奈川・相模原町	戦車、舟艇機関
	第二	神奈川・相模原町	高射砲弾丸
	第三	神奈川・相模原町	(開設準備中)
名古屋	熱田	愛知・大野町	小口径火砲、航空機関砲、車輛
	鳥居松	愛知・鳥居松町	小銃、軽機関銃
	高蔵	愛知・大野町	火砲、高射砲、薬莢
	鷹来	愛知・鷹来町	実包
	柳津	岐阜・柳津町	航空機関砲
	楠	三重・楠町	航空機関砲、航空爆薬
	千種	愛知・千種町	航空機関砲
	駿河	静岡・沼津市	航空機関砲
大阪	第一	大阪・杉山町	火砲、高射砲
	第二	大阪・枚方町	大型弾丸・爆弾
	第四	大阪・杉山町	火砲素材、高射砲素材
	第五	大阪・枚方町	航空信管
	枚方	大阪・枚方町	大型弾丸、爆弾
	播磨	兵庫・荒井村	火砲素材、高射砲素材
	石見	島根・江津町	火砲、高射砲、航空機関砲用薬莢
	白浜	兵庫・白浜町	大型舟艇
小倉	第一	大分・立石町	航空機部品
	第二	大分・日田市	航空機関砲、高射機関砲
	第三	福岡・小倉市	弾丸
	春日	大分・日田市	航空機関砲、小銃
	糸口山	大分・糸口村	航空機関砲、高射機関砲

は、終戦時の混乱、基礎資料としたものの相異、なかには単純な計算のまちがいも見受けられる。急ぎ作成、提出を求められたため、推測による、とか、一〇の数位以下を全てゼロ、と示しているものもある。ここでは、各造兵廠から提出された書類中から、より整合性ありと認められる数値として、表に示した。表-1、表-2とも、防衛研修所戦史室所蔵の資料によるものである。しかし、これらの資料全てが元は日本兵器工業会所有のものであり、将来これの全調査がなされれば、より正確な内容と数値になることが期待される。今はこの数値でご寛恕を願う次第である。

表-2の職員とは、将校、高等武官・文官、判任武官（准士官、下士官）、判任文官、嘱託・雇員、である。現場の労働を担っていた工員と動員学徒について見ることにする。工員合計と動員学徒合計との合算数に占める工員合計の割合は、東京第一が七五％、東京第二が七三％、相模が八〇％、名古屋が八三％、大阪が八一％、小倉が八〇％、全体では七九％（小数以下四捨五入）である。二〇％以上が動員学徒によって担われていたことになる。労務者の内、東京第二と名古屋には挺身隊の実数が認められなかった。また、名古屋の一般工員の男女別、東京第二と名古屋の動員学徒の男女別も無く、合算数のみである。大阪の徴用工員の上段は「一般徴用工員」、下段は「半島徴用工員」としてその実数が記載されている（労務者総員に対する割合は二％）。他にこの

表-2　各造兵廠人員数及び残存機械台数

	東京第一	東京第二	相模	名古屋	大阪	小倉
職員	1,965	1,512	1,234	2,850	2,640	1,438
一般工員（男）	18,855	12,333	5,900	28,956	31,028	19,413
一般工員（女）	15,695	7,340	2,180		9,728	8,700
徴用工員	1,858	1,373	1,400	5,845	6,558 1,319	167
挺身隊	188	—	1,600	—	3,003	1,947
工員合計	36,596	21,046	11,080	34,801	51,636	30,227
動員学徒（男）	6,843	7,723	1,520	7,145	12,306	3,067
動員学徒（女）	5,595		1,230			4,290
動員学徒合計	12,438	7,723	2,750	7,145	12,306	7,357
総合計	50,999	30,281	15,064	44,796	66,582	39,022
残存工作機械台数	7,420	365	2,423	9,027	13,944	8,822

ように記載している造兵廠は見受けられず、東京第一に労務者総数に対し「朝鮮人〇・五％」のみが見えているのみである。約二四五人位かと思われる。

米軍による本格的爆撃のごく初期から最終盤にいたるまで、各造兵廠のほとんどが格好の目標となり、幾度も爆撃された。当然、日本もそうした事態を予測し、都市部からの疎開、分散化などで対処しようとし、各造兵廠でも早いところでは昭和一八年（一九四三）から実施し始め、各製造所を移転させていた。それらのうちで最も速くから実施したのは小倉で、その製造所のみならず本部も大分県日田市に移転させていた。昭和二〇年（一九四五）になってからの分散疎開では、それまでの地方にあった比較的大きな工場（多くは紡績工場）や学校などから、半地下やトンネル工場への移転が計画、実施された。しかし、三月の硫黄島での日本軍全滅、四月の沖縄への米軍上陸以降は、数えきれないほどの地下・トンネル工場の工事そのものも、これまた多数の悲劇を伴いながらも未完成のまま八月一五日を迎えることとなった。

表-2最下段に示した各造兵廠の八月一五日現在の残存工作機械台数も、書類によってその台数が異なっている。九月、一〇月と時がたつに従ってその数が変化している。大阪の場合、八月は約一四〇〇〇台と記載されているが、一〇月末日現在の調査報告では、一九〇〇〇台を越える報告書もある。戦争末期に各製造所から機械を取り外し、山間部のトンネル工場に移転を企画していても、鉄道網の寸断で目的地までの途中駅で止められたままの機械、最寄り駅までは輸送できたものの、地下や山腹を掘り進めていたトンネル工場までの道路の未完成、道は完成していても現地までの輸送トラックや使用のためのガソリン不足、等々山のようなトラブルだらけで、各造兵廠ともなかなか工作機械類一つを取り上げるにしても、正確な数を報告できなかったことが考えられよう。これも大阪の場合を例にとると、大阪城近隣のいわゆる本廠地区のみで約九〇％、全体としては約二〇％の損害率としている。各造兵廠全体の残存工作機械総台数は四二〇〇〇台にのぼっている。これらの台数には、爆撃によって使用不能となったものは当然含まず、使用に耐えるものの台数である。又、作業台や万力などは算入されていない。

地域社会とのかかわり

いわゆる現業部門をかかえたものとしては、造兵廠のほかに被服廠、燃料廠、航空工廠などがあった。従業者としての職員の高等武官や判任武官はほとんどがいわゆる理系出身者が占めていた。多くを占めた労務者は時代の推移とともに、職工、職人、工員と呼ばれることが多かった。学校卒業後に町工場の親方のもとで見習いとして基本的なことを身にけてのちに各廠毎に募集され、多くは鋳工、鍛工、旋工などの職種毎に入廠していった。はじめは見習工として、しだいに技術や知識の修得にともなって中習工、やがて班長や工長へと昇進していった。明治時代は常設ではなかったが、東京と大阪の両砲兵工廠にいわば臨時の技能者研修所が置かれて優秀者は表彰され、俸給上昇し、なかには武官や技師（多くは高等文官）や技手（多くは判任武官）とともに欧米の民間兵器会社への留学機会を与えられることもあった。余談になるが技手を「ギテ」と呼んでいた。

昭和一二年（一九三七）以後に愛国運動の一環として勤労奉仕を申し出た女性を「女子挺身隊」として、昭和一九年（一九四四）以降は学徒を勤労動員して動員学徒として、最大時には全工員中に占める割合は約二五％に達していた。各造兵廠の工員（女子挺身隊と動員学徒を除く）は、昭和一六年（一九四一）一〇月から全員を軍属とした。この時期の工員賃金は厚生省の定める基本給に、始業前就業に日給の一〇〇分の三、残業手当は午後一〇時まで一時間毎に一〇〇分の六、午後一〇時を超えると一〇〇分の八、危険作業等に日額の一〇分の一から一〇分の一〇が作業内容に応じて加給され、その他に臨時戦時手当、臨時家族手当、精勤手当などが加給された。太平洋での戦域が拡大するにしたがい各作業庁のみではとても生産出来なくなり、兵器生産をその主任務とした造兵廠はそれぞれ、指定、管理、監督工場を定めて、資材を他の民間工場より優先して渡し、工作機械を貸与するなどした。最終段階では、南満造兵廠（奉天省遼陽県文官屯）だけ兵器行政本部から切り離されて独立していた。終戦時の調査では、東京第二及び名古屋にあった新しい工作機械を移設したのを始めとし、その大部分が新設された工場群であった。

戦争の最終期、本土国内での戦闘もその視野に入れていた軍は、各造兵廠の最重要工場や新しい設備類の多くを大都市内やその近隣部から山間部へ、日本海側へと移設を実施していた。各陸軍造兵廠は多くの製造所とその下にいくつもの工場をかかえており、多くはその工場毎の移転や疎開であった。それらのいくつかを見てみよう。東京第一の大宮製造所は光学兵器製造をその主要業務としているが、その素材であるガラス素材の製造工場は池田（大阪）、信管製造は小杉製造所（富山）に置いていた。大阪の枚方製造所は一一の工場をかかえていたが、米子工場（鳥取）で信管組立、伏見工場（京都）では信管部品の旋造と噴進弾（ロケット弾）製造を行ってもいた。小倉では、少し先述したように製造所のみならず本部機能まで日田市に本格的移転を済ませた工場も多く見られる。東京の目黒製造所は、海軍と陸軍（東京砲兵工廠）を行ったり来たり、最後は海軍技術研究所で終戦を迎え、現在は防衛省の技術研究本部第一研究所となって陸・海・空自衛隊の先端技術研究の中心施設となっている。明治創設期から終戦後の種々の処理にいたるまでの膨大な旧陸軍・海軍両本省の資料を所蔵する防衛図書館も実はこの敷地内にある。

一九八〇年代後半から二〇〇〇年頃まで、筆者は国内各地を歩き廻る機会を多く与えられた。さまざまな産業、モノ作り、技術、歴史が混じる地域、モノ、コト、人に多く出会うことが出来た。巨大企業はもちろん、そこで産み出される最終製品の、この部材は、あの部品は、と行く内に、中小、零細企業から、たった一人で操業されている町工場を訪ねることがふえ、ときにはほんの真似事で手伝わせていただくこともあった。明治以降から戦後の高度経済成長期ころまでに外面的にも内面的にも陸海軍の有していた技術の大きさや根深さに気付かされることがしばしばであった。筆者の関心のかたよりに基因するのか不明であるが、それまで海軍関係の技術変遷についての研究や著作は多数あるにもかかわらず、陸軍関係のそれはこれまた筆者の視野の狭小さにもよるかも知れないが、経済や経営史的観点からの研究や著作はあるものの、技術史学的に見ているものには接することがなかった。新鋭兵器のほとんどを輸入に頼っていた時期から何とか自力で全兵器の自製を可能にするまでの陸軍造兵関係の技術史的変遷の一端でよいから当時の資料などに依りながらその姿を垣間見るために造兵廠を中心に見ることとした。

全国を歩き廻っていて、まず足元をということから自身は大阪を、また研究者仲間に各々、東京、名古屋、小倉に取りかかるよう何度も促しはしたが、皆それぞれ別の主テーマを持っていたり、あまりの巨大さに尻込みされてしまった。大阪を主にとは思いながら、全国の造兵廠や傘下の製造所や各工場を尋ねつつも、資料だけは集め聞き取りもした。当時はまだ生存者がお元気で、住所と図面を片手にした筆者をていねいに現地を案内、説明していただいた。陸・海軍の終末期に全国で数多く計画され、一部は何とか操業し始め、一部は掘り始めていたけれども終戦を迎えたものまで「地下施設一覧」に記載されていないが多くあることを知らされた。本当に数多くの悲劇はもちろん、いまから見れば喜劇的にさえ見えてくる国家の、軍の、さらに人々の営みの端に触れたこともあったように思われる。地下トンネル工場跡も、危険防止のために埋め戻されたもの、椎茸栽培や農機具置場に変身しているもの、戦後もう少し掘り進めて隣接集落との道路になっているものなどさまざまである。

下調べをして出かけた日田は、小倉造兵廠の主力製造所の多くが早くから移転し、すでに操業していただけに、末期に多く掘られたトンネル及びその跡はついにその数は最後まで正確に数えられなかった。おそらく五百本くらいはあると思われる。大阪では元の本廠地区では鉄工や車輛工業の中堅会社が昭和末期でも存在していたし、上町筋には減少したが今も工具店が残っている。職工さんたちは自らが使用しやすい言わば自分専用の小工具を買い求め、修理を依頼もした店に多くはその淵源をもつところが多い。大阪市東部から東大阪や八尾市にかけては退職された職工さんや戦後になって砲兵工廠に勤めておられた方が創業し町工場を経営された、また工廠の協力会社や部品製作のさらに下請工場からの立ち直りから続けておられるところが数多く、というより圧倒的に多かった。

そうした方々にお話を聞き少しなじみになると、戦後間もない自らが工廠出身であることを誇りにさえ思っておられ、当時の写真を見せてもいただいた。紙数も限られているので、いちいち細かくは記述出来ないが、東京では、板橋・赤羽・王子・十條の町々にもおびただしいほどの中堅企業や町工場がもとの東京砲兵工廠からのつながりを持っていた。名古屋ではその多くが自動車関連の、小倉では鉄鋼・機械・電機関連の町工場として操業を続けておられた。それらの工場のなかでもほとんど一人か数人の小さな工場の主人の多くが「もうこんな仕事は俺で終り」と言れていたのが印象に残る言葉であった。

こうしたフィールドワークと言えるような研究生活を送り得たのも、大西進様の本当に地道な活動に力を与えられもしたし、今回このような貴重な紙面をも与えていただけたことに深甚の謝意を述べることで終言とさせていただきます。

3 「陸軍盾津飛行場」――未発の構想……………小林義孝・太田理

盾津飛行場は、昭和九年（一九三四）大阪府中河内郡盾津村本庄・新庄（現・東大阪市本庄・新庄）に所在し、約一〇万坪（約三三万平方メートル）の敷地に南西から北東に向かう全長約七五〇メートルの滑走路が設けられた飛行場である。国粋義勇飛行隊の「大阪防空飛行場」として建設され、その後陸軍に「献納」され「大阪陸軍飛行場」となった。戦争末期には海軍に移管されて松下飛行機の飛行場などとして利用されたという。敗戦後に飛行場は直ちに廃止され農地に戻された。

盾津飛行場の建設から廃止に至る歩みについては太田理編著『かたりべ　たてつの飛行場』をはじめいくつかの論考によってほぼその全体像が明らかにされている（註1）。小文はその補遺の意味を込めて、盾津飛行場が大きく転換した可能性のある未発の構想について整理する。

一．国粋義勇飛行隊と盾津飛行場

盾津飛行場の建設を企画・実現したのは国粋大衆党総裁であった笹川良一（一八九九―一九九五）である。笹川は昭和六年（一九三一）国家社会主義的な志向をもつ政治団体である国粋大衆党の総裁となる。軍縮の反対と防空の必要を主張する笹川は、翌年、実戦的な飛行士の養成を目的とする国粋義勇飛行隊を創設する。陸軍航空本部より練習機三機の払い下げを受け、当初奈良陸軍練兵場（現・奈良市高畑町）を訓練場所とした。設立の賛助者には、第四師団長（寺内寿一中将）、第十六師団長（山本鶴一中将）、陸軍大臣（荒木貞夫中将）、陸軍航空本部長（渡邊錠太郎大将）、教育総監（林銑十郎大将）、参謀本部次長（真埼甚三郎中将）、第三十八連隊長（伊藤正弼大佐）、大阪府知事（縣忍）、奈良県知事（久米成夫）、大阪市長（関一）などが名を連ねる（註2）。

笹川は引き続き国粋義勇飛行隊専用の飛行場の建設に奔走する。昭和八年（一九三三）、大阪府中河内郡盾津村にその場を定め、飛行場建設に乗り出した。資金を関西経済界に求め、住友一〇万円、三井、三菱その他各方面から四二万七〇〇〇円余りを集め（註3）、約一〇万坪の土地を確保した。翌年二月に起工し六月に竣工している。竣工時には滑走路、格納庫三棟（各二三四坪）、発動機工場、教育隊舎、隊員四〇名収容の寄宿舎、隊長隊舎、五〇〇人収容の講堂兼道場、食堂、浴室などが整備されていた（註4）。六月一九日に挙行された竣工式には、陸軍大臣、海軍大臣、陸軍航空本部長、帝国飛行協会長、大阪市長、大阪府知事からの祝辞が寄せられている（註5）。

そして笹川は盾津飛行場を陸軍に「献納」する。その経過について笹川良一は次のように述べる。

「当初の予定では同飛行場を国粋義勇隊の飛行場として使用する計画でありましたが、同飛行隊のものとしてをけば、若し私が働いたり破産でもしたりする様な事態が生じた時は忽ち人の手に渡さなければならぬと云ふ様になりますので、之は国粋義勇飛行隊の物とせず、永久に京阪神に防空任務の達成を期する為に陸軍に献納する方が良いと考へ、陸軍の意向を聞いて見ますと、陸軍に於いても所望だと云ふ事でありましたから、同飛行場に付いての後援者各位の承認を得て陸軍に献納の手続を執り、昭和十年六月一日大阪陸軍飛行場となったのであります。尤も同飛行場は其の後国粋義勇飛行隊が陸軍より借用し、引続き現在に至る迄飛行士の養成に努めて居るのであります。」（註6）

昭和一〇年（一九三五）六月一日に陸軍第四師団長東久邇宮稔彦も臨席して「献納式」が行われた（註7）。「献納」されたのは「敷地　七萬貳千貳拾九坪／建物　格納庫三棟七〇二坪／講堂一棟　六〇坪／工作物　下水一式／以上受領月日　昭和九年九月二十九日」「敷地　壹萬四千九百四拾九坪／境界標石　四拾五本／以上

受領月日　昭和十年二月五日」と昭和一〇年（一九三五）二月八日付の第四師団経理部長から陸軍大臣宛の文書にみえる（註8）。この時、「献納」された飛行場の敷地は公簿上約八七〇〇〇坪（約二九万平方メートル）であり、この他に国粋義勇飛行隊の施設などが設けられた一五〇〇坪（約五〇〇〇平方メートル）ほどの敷地が笹川のもとに残された。

陸軍に「献納」した盾津飛行場は、「大阪陸軍飛行場」となったが、陸軍は常駐せず、国粋義勇飛行隊の飛行学校の拠点としてその運営はまかされていた。また関西の大学などの航空部やグライダー滑空部の練習地としても活用された。学生グライダーの競技大会などの催しには大勢の人々が見物に訪れたという。のどかな農村地域の飛行場であった。

国粋義勇飛行隊が盾津飛行場を拠点に十全に機能していた時点の概要を『航空年鑑』昭和十一年度版（註9）によって知ることができる。「設立／一九三二年（昭和七）九月五日、事務所／大阪市東区北浜、飛行場／大阪府中河内郡盾津村、隊長／笹川良一、副隊長／笹川春二、飛行機／一三式艦上攻撃機、アンリオ式二八型など一八台、主義／一人一艦撃沈、目的／非常時防空自警、事業／「無料」民間飛行機操縦士並航空機機関士養成」、また隊員（職員）一六名、一等操縦士三名、二等操縦士七名とある。国粋義勇飛行隊が「多数の操縦士を養成したことは、操縦士氏名が掲載された最後の『航空年鑑』昭和十二年度版で、国粋義勇飛行隊出身の五名の一等操縦士がリストアップされていることからも想像できる」という（註10）。

昭和一六年（一九四一）二月、国粋義勇飛行隊は解散する。「逓信省航空局の方針に基き民間航空事業は大日本航空協会に於て統一し、民間飛行士の養成並に航空思想の普及徹底を期することとなりたるを以て、二月十一日紀元節をトして同隊を解散し、同隊所属の建造物及練習機十一台を寄附し」た（註11）。その後、大日本航空協会の盾津飛行訓練所として運用されたという（註12）。

笹川良一によって創設された国粋義勇飛行隊の拠点として、飛行場は、発足当初には淀川の河口に建設する計画をもっていたようである（註13）。笹川はなぜ盾津の地に飛行場を建設したのか。その理由のひとつはこの一帯が大正四年（一九一五）から耕地整理が行われ、転用しやすい土地の条件が整っていたことがあげられている（註14）。耕地整理事業のなかで土地所有の関係も整理されており、さらに水路が整備され灌漑用水などの調整も容易かったと考えられる。飛行場の建設にともない水路の暗渠化がされるが、施行図面である「大阪陸軍飛行場関係新旧水路地図」（山野学昭所蔵資料）などをみると、水路の経路は部分的に変更することで対応できたことがわかる（註15）。

さらに規定的な要素は、盾津飛行場の位置が、陸軍第四師団司令部など大阪の陸軍の軍事施設が集中している大阪城あたりから東に六キロメートルと至近の距離にあることであろう。そのことは昭和一五年（一九四〇）に大阪陸軍練兵場が大阪砲兵工廠の拡張に伴って森之宮から盾津飛行場の西隣に移転することからもうかがえる。国粋義勇飛行隊の飛行場が盾津の地に建設されたことは、その設立、飛行場の建設と献納の過程において陸軍とりわけ第四師団との深い関わりがあり、その意向が強く反映していたことを推測させる。

二．阪神飛行学校の計画

京阪神の防空の要としての陸軍大正飛行場（八尾市）は、昭和一五年（一九四〇）に着工して、翌年運用が始まる。この飛行場の前史に阪神飛行学校がある。その設立の経過、運用、廃止については清水綾氏「阪神飛行学校と大正飛行場」に詳しく整理されている（註16）。

そのはじまりは昭和一一年（一九三六年）一二月四日付『大阪毎日新聞』の記事である。阪神地方の防空のために民間飛行学校の設立が官民と陸軍第四師団などによって計画され、盾津飛行場を改修して「阪神民間飛行学校」を設立し、さらに国粋義勇飛行隊を中心に拡充し「阪神防空飛行隊」を基幹とする機関をつくろうというものであった。そして半年後の昭和一二年（一九三七）六月一六日付『大阪朝日新聞』に「半歳で基本金二百万円に達す　顧問、発起人ら具体案協議」の見出しで次のような記事が掲載された。

「生産日本の心臓部、阪神の空をわれらの力で護らうと昨年末阪神官民有力者らが『阪神民間機関の設立』に乗り出し第四師団はじめ大毎および本社後援のもとに広く資金を募集に着手してゐたが、住友合資会社の十万円を筆頭に伊藤忠商店、大阪商船、鐘紡、川崎造船所、神戸製鋼、大日本紡、東洋紡、野村徳七氏、三菱造船所、三井物産の各五万円をはじめ三万円以上五口、一万円以上六十六口のほか自由労働者に至るまで零細な日給献金を行ふなど反響は意外に大きく、最初五ヶ年計画で募集するはずだった基本金百五十万円は僅か半年にして約二百万円に達するに至ったので、十五日午後三時から甲子園ホテルに、顧問第四師団司令部河村〔董〕少将、大阪聯隊区川口大佐、北条中佐、小田島中佐、航空本部大阪監督官長山田大佐、田中中佐、官民発起人側から大阪市森下助役、神戸市川島教育部長、西宮蔭山〔品次〕市長、嘉納治郎右衛門、伊藤竹之介、筒井民次郎、田中顕三、木村惣次郎、児山保之諸氏、本社久庶務部長らが会合、河村少将から経過報告ののち具体案を提示し種々懇談の結果『財団法人阪神航空協会』と名づけ、早くも今秋あたりには力強く誕生する運びとなった。

同協会は基本金を二百万円とし事務局を第四師団司令部内におき逓信、陸軍、内務各大臣および第四師団、大阪府知事の指揮監督を受け航空、防空に関する学術の研究と国民の航空防空思想の普及にあたり一朝事有る秋に際しては命令一下、防衛司令部指揮のもとに飛行隊を編成して阪神地方上空の防衛任務に出動参加するもので、これがためには民間飛行士養成と航空学術研究のため大阪府中河内郡盾津陸軍飛行場に阪神飛行学校を設立するほか、絶えず講演会、映画会、図書の頒布などにより一般民衆の航空思想を培ふことゝとなった。この経常費は年二十五万円とし、大阪、兵庫両府県当局、大阪、神戸両市当局拠出の十三万五千円、逓信省の補助七万余円および基本金の利子四万五千円をあてるはずである。なほ役員は理事長、理事、監事、評議員などをおき阪神飛行学校は理事長が統括することになるが、役員その他は協会設立と同時に選定することになった。」

阪神飛行学校の創設のために軍官民が一体となり、関西の財界に財政的な援助をもとめる方法は、盾津飛行場を建設した時の笹川良一の手法をなぞったものであった。盾津飛行場と阪神飛行学校設立の経緯の違いは陸軍第四師団を中心とする陸軍の関わりの度合いである。

そのことは阪神飛行学校開設の仮事務所が大阪聯隊区司令部内に設置され、初代校長として予備役航空大佐藤野市之丞が着任したことに明確に表れる（『大阪朝日新聞』昭和一二年（一九三七）一〇月一日付）。

阪神飛行学校は盾津飛行場（「大阪陸軍飛行場」）に陸軍の主導で設立が予定され、着々と準備されていたのである。

三、大正村の阪神飛行学校

しかし同昭和一二年（一九三七）一一月一八日付の『大阪時事新報』や翌日付の『大阪朝日新聞』『大阪毎日新聞』には、阪神飛行学校の用地が大和川北岸の「中河内郡大正村」一帯の一〇万坪に決まり、用地買収交渉も成立したと報道される。先の六月の記事から五ヶ月の間に阪神飛行学校の設置場所が盾津飛行場（大阪陸軍飛行場）から大正村一帯に突然変更されたのである。

阪神飛行学校と飛行場の用地として大正村一帯に求めた約一〇万坪（約三三万平方メートル）の用地は盾津飛行場の面積と大きな違いはない。しかし変更に伴いその買収費用の三〇万円、さらに多額の工事費を要し、計画当初の資金計画が大きく狂ったのは間違いない。しかもその予定地は水田が広がり、造成するにあたっては灌漑用水などの調整が必要であり、さらに現在の平野川が南東から北西の方向に流れていた。これらのことから灌漑用水路の建設、河川の付け替えをはじめ大規模な改修工事が必要であった。またこの一帯は地下水位が高く、のちに大拡張して陸軍大正飛行場を建設した際には飛行場の周囲一一キロメートルに最大幅二五メートルの水濠を設けて飛行場内の地下水位を下げる必要があったほどである。

すでに陸軍に「献納」され、飛行場として運用されていた盾津飛行場とはまったく条件が違っていた。また国粋義勇飛行隊は飛行士養成機関としての実績もあり、それを改組して飛行学校を設立することもはるかに容易であった。

盾津から大正への事業地の変更は、大いに不可思議なことである。これについて笹川良一の証言が残っている。


「予が投獄され、日時の経過と共に軍、官の残留者に対する態度が冷酷となり、特に軍では一言の諒解も予一党に得る事なくして、国粋義勇飛行隊を拡充強化して阪神飛行学校を創立するとの趣意書を印刷して、京阪神の有力者に配布して寄附を募集し始めた為に、予と親密な者は、予を援助の気持ちで寄附した。それを知った弟は予を特別に訪問して趣意書を見せ、その不徳を泣いて訴へた故に、予は溺れんとする者を助くが武人である、然に投獄不在中に予の隊を乗り取らんとは不都合千万、日本軍隊とは強盗の集団かと質問せよと予審判事の面前で激怒した。その後大阪師団の中将が裁判所へ予を訪問して、君を援助の目的でやった事であるから、白紙委任状に捺印すべしと強要したから、悲憤慷慨断固拒絶した。金を集めた為、他に飛行場を建設して阪神飛行学校を軍は創設せり。現在の大正飛行場なり。」(註17)

昭和一〇(一九三五)国粋大衆党は国体明徴運動の推進に全力をあげていた。政府は「暴力団狩り」を口実に党の幹部を拘束した。笹川は八月七日に出頭し収監され、八月一六日に起訴される。保釈になったのは昭和一二年(一九三七)七月である(註18)。笹川が拘束されている間に阪神飛行学校設立に向けての動きが、笹川の知らないところで粛々と展開していたのである。

先に掲げた昭和一二年(一九三七)六月の新聞報道の時から一一月に大正村に決定するまで五ヶ月の間に、

笹川が記す「大阪師団の中将」（師団長クラスの要人）の説得と決裂、そして一〇月半ば頃から新予定地の選定と買収交渉がなされたのである。

国粋義勇飛行隊の改組・再編を第四師団に対して拒否する笹川の政治的力の源泉をここでは明らかにすることはできない。しかし盾津から大正への不自然な変更は笹川の「悲憤慷慨断固拒絶」に発すると考えざるをえない。

ここに阪神飛行学校から陸軍大正飛行場にいたる歴史がはじまる。

四．松下飛行機と盾津飛行場

太平洋戦争も次第に戦線が縮小してくる時期、河内で二つの軍用飛行機の組立工場が建設される。陸軍大正飛行場に隣接して建設された大阪金属工業大和川航空機製作所と盾津飛行場の存在を前提に計画された松下飛行機である。

昭和一八年（一九四三）一〇月松下電器は松下飛行機株式会社を設立し、北河内郡住道町灰塚（現・大東市灰塚）に一三万坪（約四三万平方メートル）の敷地をもつ飛行機工場を建設した。南方一キロメートルに盾津飛行場、工場の北側には国鉄片町線の住道駅が所在する。翌昭和一九年（一九四四）四月に海軍の指定工場になり海軍航空技術廠から将官級の技術者が工場で指導したという。試製九九式練習用爆撃機二二型「明星」の生産のためのである。これは樹脂を木材に浸透させた板を組み合わせ熱と圧力を加えて接着する集成材で軸組や胴体を構成する飛行機であった。当初の計画では月産二〇〇機であったが、敗戦時までに三機の実用可能な飛行機を製作したに止まる。本工場で、胴体や翼の木工作業場と組み立て作業場があり一〇〇〇人が働いていた。別に北河内郡南郷村太子田（現・大東市太子田）に飛行機の組み立て工場と、中河内郡盾津町鴻池（現・東大阪市鴻池町）に木工場がありそれぞれ七〇人から八〇人ほどの従業員がいたという。

盾津飛行場はこの頃海軍に移管されていたといわれ（註19）、松下飛行機工場とは新設された搬入路で結ばれていたと思われる。昭和二三年（一九四八）米軍撮影の空中写真では、一本のまっすぐな道路が盾津飛行場の東北隅から北に延びているのが見て取れる。生産された飛行機は搬入路によって盾津飛行場に運ばれたと推定される。

「私が配属されたのは盾津飛行場の海軍航空機組立工場でした。格納庫の真中に製作中の単発（プロペラ発動機一つ）単葉の木製機が一機、まるで遊園地の見本にでも使われるように骨だらけの機体で置かれてありました。やがて塗装が施され、エンジンが積み込まれるとの説明がありましたが、『これで空中戦ができるの？』というのが素朴な疑問でした。海兵団の水兵さん三十余人が忙しく立ち働く（？）いや立ち廻るその格納庫の一隅で我々は来る日も来る日もバイス機で訳の解からない研磨作業をさせられました。」そして「やっと組み立てが終わった木製機が滑走路に引き出され試運転が行われました。（略）テスト・パイロットが乗り込み、皆の歓声を浴びながらプロペラが廻り、やがてするすると機体を揺すぶりながら五メートルほどの高さに舞い上がったと思ったら、ふらふらっと田圃の中に墜落しました。」

当時旧制の大阪府立四條畷中学校二年生で学徒動員された重松蒸治氏の回想である（註20）。第一号機は昭和二〇年（一九四五）一月に盾津飛行場で進空式を迎えた。この式に臨む社主松下幸之助の写真も残っている。

また月産二〇〇機の生産体制に対応するためか松下飛行機の本工場の西側に「松下海軍飛行場」が計画された。盾津村鴻池と住道町灰塚の境界あたりから東に向かって買収がはじめられ、約七万坪（約二三万平方メートル）の面積が想定されていたという（註21）。本工場の隣接地に盾津飛行場とほぼ同規模の専用飛行場の建設がすすめられていたようである。

松下飛行機は工場と飛行場の敷地を合わせて二〇万坪（約六六万平方メートル）の用地を確保または確保しつつ敗戦を迎えた。

五．未発の構想――「陸軍盾津飛行場」

陸軍大正飛行場は、約八六万坪（約二八〇万平方メートル）の敷地面積をもち、斜めに交差した全長一六〇〇メートルの主滑走路と全長一三〇〇メートルの副滑走路を中心に駐機場、誘導路、格納庫、飛行戦闘隊基地、飛行師団司令部、飛行偵察隊基地、気象隊、大阪陸軍航空廠、地上軍陣地などが設置されていた（註22）。昭和一五年（一九四〇）一〇月に着工し、翌年九月には運用が始まっている。その前身の阪神飛行学校の飛行場は一〇万坪（約三三万平方メートル）の敷地面積であり、盾津飛行場とほぼ同じ規模であった。

陸軍は関西の官民を結集して当初国粋義勇飛行隊と根拠地である盾津飛行場をもとに阪神飛行学校として改組・拡充しようと計画したが、笹川良一の反対によって、急遽大正村に変更した。昭和一三年（一九三八）に開校するものの、昭和一五年（一九四〇）の夏には閉校して財産のすべてを陸軍に譲り渡してしまう。阪神飛行学校の譲渡を受け、陸軍大正飛行場の改組・大拡張するという展開における陸軍の意志決定の過程を示す史料は見つかっていない。しかし京阪神の防空兵力の拡充を目論む陸軍の予定調和的な動きであると想定することは容易い。

陸軍第四師団の高官の説得に笹川良一が応じていたならば、盾津飛行場に阪神飛行学校が設置されたことは明確である。それでは設置ののち盾津飛行場をもとに陸軍大正飛行場のような陸軍の一大航空兵力の拠点とされたのか。

盾津飛行場の西隣に移転した大阪陸軍練兵場の面積は約三〇万坪（約九九万平方メートル）である。これに盾津飛行場の約一〇万坪（約三三万平方メートル）を合わせるならば、陸軍大正飛行場と同規模の滑走路を建設することは可能である。さらに周辺には耕地整理によって土地所有と水利が整理された転用しやすい土地が展開している。北方約一キロメートルには松下飛行機の工場と飛行場の二〇万坪（六六万平方メートル）の用地がある。ここは大阪砲兵工廠と直結している国鉄片町線に近く、物資の搬入や工員らの通勤に利便性が高い。ここに大阪航空工廠を建設することも十分可能な条件を揃えていると考える。盾津飛行場と松下飛行機、これらふたつの拠点の周辺には軍用地として転用可能な土地が広がっており、盾津飛行場をめぐる地域の中で陸軍大正飛行場とその関連施設の敷地八六万坪（約二八〇万平方メートル）を確保することは十分可能であった。

歴史に「もし」はありえない。しかし、もし「陸軍盾津飛行場」ができたと考えると、敗戦後の地域にどのような影響を及ぼしたのか。現在の八尾空港の一帯の姿を東大阪市北部と大東市の南西部の地域に投射すると、現在のまちの姿とはまったく異なったものになっていたことは明らかである。

清水綾氏の「阪神飛行学校と大正飛行場」を精読することで問題を発見し、さらに伊藤隆氏が編纂された笹川良一資料のなかに答えをみいだした。小文は両氏の成果によって成すことができたものである。深く謝意を表したい。

註

1）太田理編著『かたりべ　たてつの飛行場』（わかくす文芸研究会　二〇〇〇年）。太田理「盾津飛行場――笹川良一と民間の防空」（『大阪春秋』一六三号　二〇一六年）。太田理「盾津中学校はかつて飛行場だった――盾津飛行場の探求」（大西進・小林義孝・河内の戦争遺跡を語る会編『地域と軍隊――おおさかの軍事・戦争遺跡』山本書院グラフィックス出版部　二〇一九年）

2）『国粋大衆』第三号　一九一二年（昭和七）一二月一〇日。伊藤隆編『国防と航空――国粋大衆党時代』〈笹川良一と東京裁判　別冊〉（中央公論新社　二〇一〇年）の「四八、国粋航空聯盟の進展」として所収。

3）『大阪朝日新聞』一九三五年（昭和一〇）六月二日付

4）『大阪朝日新聞』一九三三年（昭和八）一〇月一三日付ほか
5）『国防』一〇九八号　一九三四年（昭和九）七月一日。伊藤氏編前掲註2に「五七、大阪防空飛行場竣工式祝辞」として所収。
6）笹川良一の「第二回訊問調書」の「九、飛行場の建設」（伊藤氏編前掲註2所収）
7）『国粋大衆』第三三号　一九三五年（昭和一〇）六月一〇日。伊藤氏編前掲註2に「六〇、東久邇師団長官殿下御台臨の下に」として所収。
8）防衛省防衛研究所所蔵、『陸軍省大日記』「大日記二輯」「保存史料二集」「第二類第一冊」（昭和一〇年）所収。国立公文書館アジア歴史資料センター　閲覧画像番号一四六四・一四六五
9）帝国飛行協会編『航空年鑑』昭和十一年度版（同協会発行）
10）伊藤隆「国防と航空――国粋大衆党時代　解説」（伊藤氏編前掲註2）
11）司法省刑事局調査資料　一九四一年（昭和一六）月日不明。伊藤氏編前掲註2に「一六九、国粋大衆党の動向」として所収。
12）伊藤氏註10
13）『読売新聞』一九三二年（昭和七）一二月二日付夕刊。
14）島田善博「盾津飛行場と練兵場」（東大阪市史編纂委員会編『東大阪市史』〈近代Ⅱ〉東大阪市　一九九七年）の第九章第二節の三
15）太田編著『かたりべ　たてつの飛行場』前掲註1所収。山野学昭氏所蔵の『飛行場関係雑件』に「大阪防空飛行場工事概要」が綴られている。そこには「土木工事設計監督」者として山野氏の祖父にあたる杉森益治郎がみえる。『飛行場関係雑件』とともに保管されていた施行図面の作成に杉森が関わったものであろう。
16）清水綾「阪神飛行学校と大正飛行場」（『大阪民衆史研究』第五三号　二〇〇三年）。17）「国粋大衆党の略歴」一九四六年（昭和二一）一月一五日。伊藤氏編前掲註2に「五二、飛行場建設」として所収。
18）伊藤氏註10
19）島田氏前掲註14。一九四四年（昭和一九）には海軍が大阪陸軍練兵場の西側、現在の中央環状線の西側、東大阪市七軒屋あたりまで買収をおこなったという。さらに本文で後述するように生産した飛行機の離着陸のみでなく、学

徒動員の旧制中学の生徒が盾津飛行場の格納庫で海軍の兵士と飛行機の組み立て作業をおこなったという証言もある。盾津飛行場一帯が一九四三年以降に海軍に移管されたことを推測させる事柄である。しかし盾津飛行場が陸軍の「と号部隊」の待機特別攻撃隊の待機場所になっていたという記録もある（陸軍航空碑奉賛会編『陸軍航空の鎮魂』（同会発行　一九九三年）。敗戦直前の盾津飛行場の帰属については今後の課題である。

20）重松蒸治「『盾津飛行場』偶感」（『わかくす』第二三号　わかくす文芸研究会　一九九三年）

21）和田一雄「東大阪の農業の歴史」（南清彦他『東大阪市の地域開発と農業』（大阪府農業会議・東大阪市農業委員会　一九八〇年）

22）大西進「旧陸軍大正飛行場」（同氏『日常の中の戦争遺跡』（アットワークス　二〇一二年）のⅠ - 1

4 河内長野市における戦争遺跡……………尾谷雅比古

はじめに

大阪府の東南部に位置する河内長野市は、昭和二九年（一九五四）以前は長野町、川上村、三日市村、加賀田村、高向村、天見村の行政単位となっていた。

戦前、この河内長野を含む南河内は、大楠公こと楠木正成の活躍した場所と知られ、関係する史跡は忠君愛国教育の場として国民教化に利用された。特に昭和六年（一九三一）の満州事変から日中戦争、太平洋戦争への流れの中で、軍人をはじめ多くの青少年、教師、警察官らが楠公精神を学ぶために訪れた。史跡には、教育の場としての修養道場が建設された。昭和五年（一九三〇）に観心寺の恩賜講堂（重要文化財）、昭和一一年（一九三六）には千早城跡に平泉澄が提唱した存道館、昭和一六年（一九四一）に天野山金剛寺の講堂・食堂（国登録文化財）が建設された。

楠木正成が鎌倉幕府軍と戦った金剛山麓の城跡は、ビジュアルに楠公の戦いが体得でき、楠公精神を学習する場として利用された。さらに、この金剛山麓の城跡は、日本陸軍創設以来、楠木正成が寡兵で百万と号する鎌倉幕府軍を翻弄した戦跡として軍事史研究の対象になり、指揮者としての楠木正成論や楠公要塞論や築城論が展開された。

そして、この忠臣楠木正成が戦った金剛山麓を見渡せる千代田村に大阪陸軍幼年学校が設置された。

太平洋戦争がはじまると、天見村の南海鉄道天見駅近くの尾根上に防空監視哨が置かれた。また、確実な資料はないが、長野町に所在する烏帽子形城跡の尾根上に機関銃座（一説では高射砲陣地）が設置されていたという。同じく長野国民学校には、陸軍気象隊が一時駐屯していた。そして、昭和四五年（一九七〇）に発刊した『大阪建設業協会六十年史』によれば、昭和一六年（一九四一）に陸軍省の出入業者で設立された軍建協会が、大工事として行ったものとして皇居内防空壕や長野県松代の地下大本営とともに河内長野市内の中部軍前線司令部の工事をあげている。しかし、残された資料は皆無で場所も規模も所在も不明である。さらに、終戦後、寺ケ池にイペリットガスのドラム缶が隠匿され、それが流れ出し、死亡事故が起こっている。

　これらの戦争遺跡で確実な資料で分かっている陸軍幼年学校、天

図1　河内長野の戦争遺跡の位置

見防空監視哨、毒ガス事件について記す。

一・大阪陸軍幼年学校

南海高野線千代田駅を降りると北東約八〇〇メートルに大阪南医療センター（元国立大阪南病院）がある。この敷地が昭和一五年（一九四〇）から昭和二〇年（一九四五）の終戦まで存在した大阪陸軍幼年学校の跡地である。

陸軍幼年学校は明治初年（一八六八）に創設されたが制度上画期となったのは明治二九年（一八九六）五月の陸軍中央幼年学校条例（明治二九年勅令第二一二号）・陸軍地方幼年学校条例（明治二九年勅令第二一三号）が制定されたことである。これに基づき、陸軍中央幼年学校が東京に、陸軍地方幼年学校が大阪・東京・仙台・名古屋・広島・熊本に設立された。

大阪陸軍地方幼年学校は大阪偕行社内で開校し、明治三一年（一八九八）二月二一日、大阪市東区大手前之町五番地（現在の同市中央区大手前）の新校舎に移転した。大正九年（一九二〇）八月、陸軍幼年学校令（大正九年勅令第二三七号）が制定され、陸軍中央幼年学校が陸軍士官学校の予科となり、各陸軍地方幼年学校は陸軍幼年学校と改称した。

しかし、大正一一年（一九二二）のワシントン海軍軍縮条約に代表される世界的軍縮傾向のなか、

図２ 大阪陸軍幼年学校正門（絵はがき）

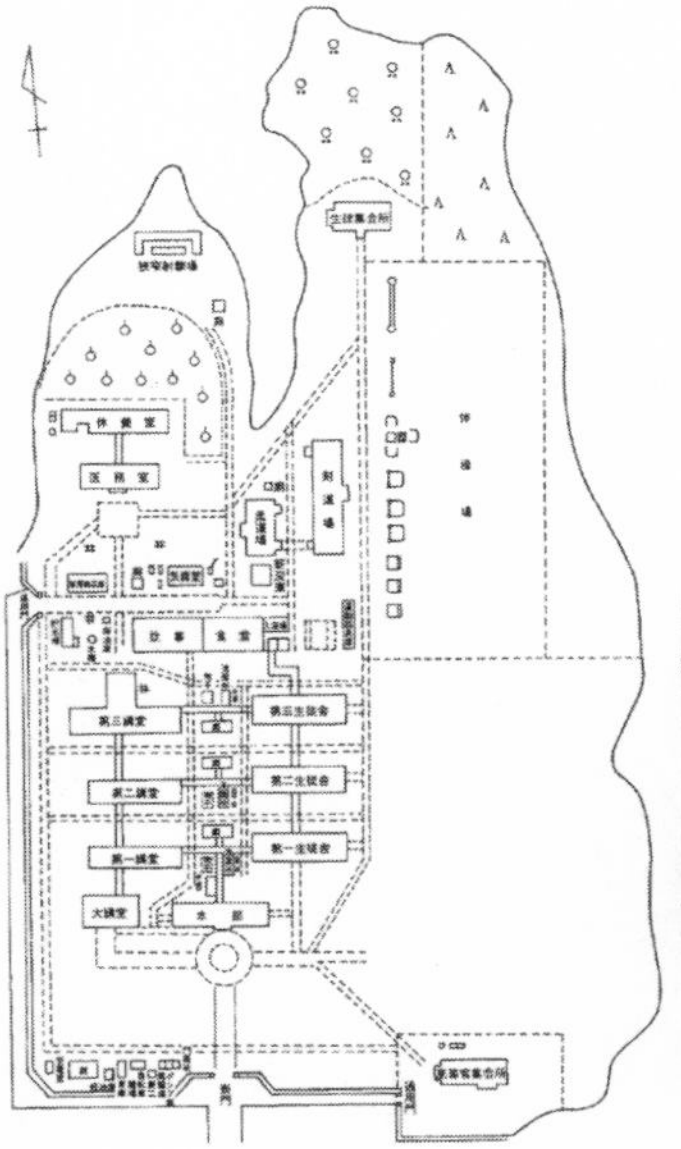

図３ 大阪幼年学校敷地図

陸軍幼年学校は東京の一校を残し、昭和三年（一九二八）まで逐次廃校となった。その中で大正一一年（一九二二）三月三一日に大阪陸軍幼年学校が最初に廃校になった。

その後、満州事変後の軍備拡張により、昭和一一年（一九三六）四月、広島陸軍幼年学校が復活。次いで昭和一二年（一九三七）に仙台、昭和一四年（一九三九）に熊本、昭和一五年（一九四〇）に名古屋と大阪が復活して六校が揃った。

大阪陸軍幼年学校は、復活に当たり校地を大阪市内ではなく当時の南河内郡千代田村に選定した。その理由は、市街地を避けたことと楠公精神継承のため、校庭から金剛山を仰ぎみられることであった。

この南河内郡千代田村の学校用地は昭和一四年（一九三九）五月四日から買収がはじまり同月一八日には終わっていた。買収面積は五六二五六坪で大半が水田であり、残りはぶどう畑と森林であった。買収期間をみれば、買収というより接収に近いものであったと思われる。全農地が対象となって、買収の結果、農業の継続を断念したり経営不安におちいった所有者もいたという。また、前年には南海鉄道高野線千代田駅が開業しており、校舎建設工事着工前には千代田駅から校門にいたる幅一〇メートル、延長四六〇メートルの専用道路が施設された。

工事は昭和一四年（一九三九）一〇月七日に始まり翌年七月一五日に竣工した。この竣工後も工事が続き同年九月六日に剣道場、柔道場も完成したので、同月二二日、大阪の留守第四師団長であった李王垠を

図4　自習室風景（絵はがき）

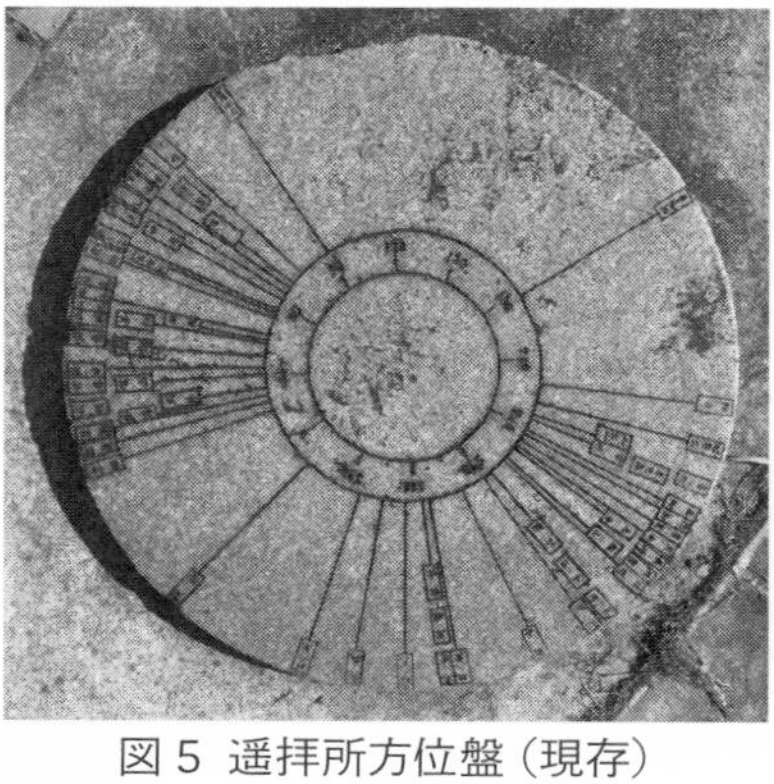

図５　遥拝所方位盤（現存）

迎え、近隣町村長、小・中学校長が参列して落成式が行われた。この間、昭和一五年（一九四〇）六月一日、千代田村は長野町と合併した。

学生は皇紀二六〇〇年にあたる昭和一五年（一九四〇）三月二九日に二学年一五一人、同年四月一日に一学年一五二人が入校した。同年五月三一日に閑院宮載仁が来校し、学校の場所を慣例に従い「千代田台」と命名した。二学年は東京陸軍幼年学校に大阪陸軍幼年学校要員として確保されていた生徒であった。彼らは明治三〇年（一八九七）入校の第一期から数えて四三期（大阪は第二五期から四四期は存在せず）であり、昭和二〇年（一九四五）入校の四九期まで続いた。修学期間は三年、志願者の資格は年齢が一三歳以上一五歳未満、試験は身体検査（身長一・三三メートル以上、視力〇・八以上）と学科試験（国語、作文、数学、地理、歴史、理科）で四〇倍から五〇倍の競争率であったと言われている。

図６ 大阪陸軍幼年学校記念碑

学校の一日の生活は起床点呼、軍人勅諭の奉読、遥拝、教授（学科教育等）、訓育（精神教育、教練、体操等）、夕食、自習、点呼、消燈で終わる。時間の区切りはラッパが合図であった。学校行事は野外演習、野営演習、校外教練があり、恒例行事としては五月二五日大楠公祭、二月一一日小楠公祭、一二月一四日義士祭、九月一三日乃木祭が重要なものであった。他に毎月二五日の大楠公首塚参拝、四月三日の橿原神宮参拝や皇陵巡拝、楠公史跡巡拝も行なわれていた。

この幼年学校も、太平洋戦争終盤昭和一九年（一九四四）になると空襲に備えての退避壕構築などが行われ、七月にはアメリカ軍の機銃掃射を受けている。そして、ついに昭和二〇年（一九四五）八月一五日を迎え、翌日には一旦退去指示が出されたが、翌日には帰校指示がラジオで流され混乱した。同月二九日学校の解散式、生徒の復員がなされた。この時は退職金一五〇円と軍靴や服などをもって復員した。

二、大阪防空監視隊天見監視哨

南海電鉄高野線の天見駅の東側、旗尾山から南西に延びる尾根上に菊水台（標高約三七六メートル）と呼ばれる平坦地があり、そこに太平洋戦争中、天見監視哨が置かれた。

地形的には石川の支流、天見川によって形成された狭小な谷の右岸側にあたる。この天見は、和歌山県とは紀見峠を挟んで接している。府県境となっている和泉葛城山地の北側斜面は、太平洋戦争中、アメリカ軍の爆撃機が太平洋から紀伊半島を北上するルート上に位置している。

防空監視哨は昭和一二年（一九三七）公布、昭和一六年（一九四一）改正の防空法に基づき同年防空監視隊令（勅令一一三六号）により設置さ

図7　天見防空監視哨と隊員

図8 聴音壕（現在）

れたものである。防空監視隊令第一条により地方長官は「防空監視隊ヲ設置スベシ」と規定している。大阪府では、府庁内に監視隊本部が置かれ大阪府内一二ヶ所に監視哨が設置された。昭和一八年（一九四三）の大阪府防空計画では、定員については本部が隊（哨）長一名、副隊（哨）長七名、隊（哨）員一九五名で、各監視哨は隊（哨）長一名、副隊（哨）長五名、隊（哨）員三〇名あるいは四〇名で、五班体制（班長が副隊（哨）長）であった。

天見監視哨の施設は中心となる屋根付きの聴音壕（直径一・九メートル、深さ三・八メートル）があり、その南西側から北西側の大阪方面が見渡せる位置に監視用櫓（高さ約五メートル）、通信室（電話ボックス程度）、哨舎（隊員詰所、四畳から五畳）が配置されていた。昭和一八年（一九四三）に大阪府防空計画が策定されたときに、国の予算配分では運営費が不足するため府は独自に隊員の休息所の営繕予算を計上している。

監視体制は、元隊員の聞き取り調査によると、設置された昭和一六年（一九四一）当時は一班七人で五班体制が組まれていたとのことである。また、戦争が激化してきた昭和一九年（一九四四）には五人体制となったようである。監視哨の現地所轄は長野警察署で、哨長が在席して

表1　防空監視哨一覧（大阪府防空計画書別表第３号、第８号より）

番号	哨名	位置	所轄	定員
	監視隊本部	大阪市東区大手前之町大阪府庁内	東	46
1	淡輪監視哨	泉南郡淡輪村五井谷丘上	尾崎	46
2	佐野監視哨	泉南郡佐野町四ツ池市場寄西側	佐野	46
3	三林監視哨	泉南郡池田村国見山頂	三林	36
4	天見監視哨	南河内郡天見村菊水台	長野	36
5	岸和田監視哨	岸和田市本町岸和田署屋上	岸和田	46
6	堺監視所	堺市市之町堺署屋上	堺	46
7	二上山監視哨	南河内郡山田村二上山雌岳	富田林	36
8	富田林監視所	南河内郡富田林町三和銀行屋上	同	36
9				
10	吹田監視哨	吹田市国民学校屋上	吹田	36
11	見山監視哨	三島郡見山村龍王山頂	茨城	36
12	枚方監視哨	北河内郡枚方町枚方警察署屋上	枚方	36
13	地黄監視所	豊能郡東郷村地黄下尾山頂	地黄	36
14	大阪監視所	大阪市港区二條通３丁目市立会員宿舎屋上	築港	36

いた。隊員は地元天見の人も雇用された。

この監視哨の位置から、南側、西側から侵入する機体と、金剛山と南葛城山系を避けて紀見峠上空から侵入する機体を監視することが多かった。聴音壕での監視と手持ちと三脚固定の望遠鏡での目視監視が行われていたようで、飛行機を発見するとその機種を特定し、監視要領にもとづいて報告が行われた。報告は監視哨から府庁への直通電話で本部にされていたようである。

三、寺ケ池毒ガス投棄

日本陸軍は太平洋戦争中、大量の毒ガスを製造し、占領したアジア各地、さらには、連合国軍の日本上陸に備えて、国内各地に配備し保管されていた。敗戦後、これらの毒ガスは、連合国軍進駐前に慌ただしく現場判断で処分された。

昭和二〇年(一九四五)八月二〇日頃、堺市金岡にあった旧陸軍輜重隊が、保管していた毒ガスの処分を迫られたため、ドラム缶十数本を大阪陸軍幼年学校の南西約一二〇〇メートルに位置する市内最大の寺ヶ池に運んできた。そして、地元警防団員も手伝わされて数本を池の中に投棄し、残りを池の西側と南側に埋めた。

九月になって池の水位が低下して、投棄されたドラム缶が現れた。何も知らない住民は、缶の口をあけて中の液状の内容物を樋管から堤外の用水路に流した。たまたま、用水路から流れ出てくる魚を取ろうとしていた大人一人と子供二、三人が、この液状の内容物に触れ水疱ができ、大人一人が死亡した。しかし、この事件は、毒ガスの事を知らない住

図9 寺ケ池北堤

民らが池の主の毒気にあたったということで公にはならなかった。

ところがその三年後の昭和二三年（一九四八）八月に、寺ケ池から異臭が出るとの風評が広まり、長野警察署が調査してドラム缶十数本を確認した。その後、八月二四日に大阪府衛生課薬物係などの職員が現地で聞き取りと水質調査を実施した。同年八月二九日になってドラム缶投棄の責任者の元陸軍軍人が見つかった。その元軍人の証言は驚くべき内容であった。ドラム缶の中身はイベリットとルイサイトと呼ばれる二種類のびらん性毒ガスであった。敗戦当時、毒ガスは水に分解すると無毒化すると考えられていて、大量に海や湖に投棄されたようである。

同年一〇月になってアメリカ駐留軍が池からドラム缶を引き上げ、埋められていたドラム缶も発見され、投棄された全てが完全処分された。

おわりに

以上のように、戦争遺跡は残念ながら資料が稀少で、なかなか実体がわからない。しかし、幸い大阪陸軍幼年学校は防衛省に残された資料や卒業生らが作成した資料も多く実態が把握できる。また、防空監視哨も勤務していた地元の人からの聞き取りや資料提供もあり、ある程度の把握ができた。しかし、中部軍前線司令部については、まったく資料がなくわからない。しかし、記載された文章の前後から地下壕構築の工事が施工されたことは事実のようである。消化不良であるが、今後の資料の発掘に期待したい。

〔**参考文献**〕
『大阪陸軍幼年学校歴史別表』（防衛研究所蔵　一九四〇年）
大阪建設業協会『大阪建設業協会六十年史』（大阪建設業協会　一九七〇年）

阪幼会『大阪陸軍幼年学校史』(阪幼会　一九七五年)
阪幼会『大幼会会報　楠蔭』(阪幼会　一九七七～二〇二〇年)
河内長野市史編修委員会編『河内長野市史 第3巻　本文編　近現代』(河内長野市　二〇〇四年)
井元元良「天見の監視哨」『河内長野市郷土研究会誌　五一号』(河内長野市郷土研究会　二〇〇九年)

5 「陸軍香里工廠」——東洋一のニュータウンに生まれかわった軍需工場

森井貞雄

一．はじめに

「香里工廠」とは、大阪府の北東部、北河内郡枚方町大字茄子作・山之上地内（現在の枚方市香里ヶ丘）に設立された陸軍の軍需工場である。正式名称は「東京第二陸軍造兵廠香里製造所」である（図1）。

東京第二陸軍造兵廠とは、陸軍の兵器製造機関である陸軍造兵廠（内地六・外地二か所）の一つで、火薬生産に特化した旧火工廠を引き継いでいた。本部は東京板橋に置かれ、一一か所の製造所を擁した（表1）。

この内、板橋（東京）、岩鼻（群馬）、宇治（京都）は創設が明治前半期まで遡るが、香里は、多摩（東京）、坂ノ市（大分）、荒尾（熊本）と同じく、日中戦争に

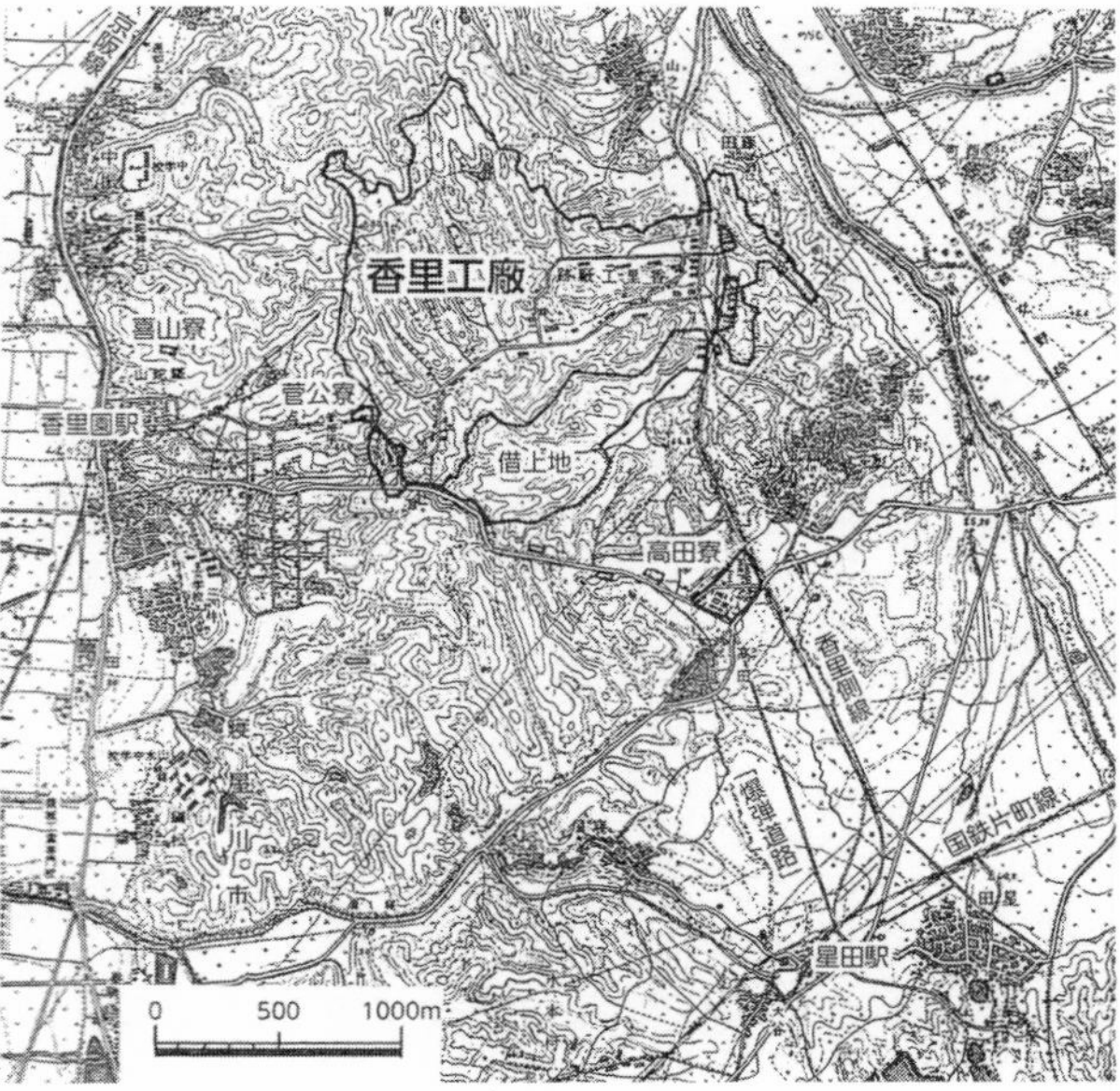

図1

よる火薬需要に対応するため昭和一二～一五年に新設されたもので、立地や施設配置に類似性が認められる。

二、設立に至る経過

香里工廠は、当初、陸軍火工廠宇治火薬製造所の分工場として計画された。宇治では、設備の老朽化と敷地の狭さに加え、昭和一二年（一九三七）黄色薬溶融中に爆発事故を起こし、工程を分離・再編する必要に迫られていた。

昭和一三年（一九三八）八月頃、枚方丘陵の東部（北河内郡川越村地内、昭和一三年（一九三八）一一月に枚方町に合併）に新工場

表 1　東京第二陸軍造兵廠　製造所一覧（昭和 20 年 8 月現在）

名称	所在地	生産品目	開設年（工事開始年）	敷地（千㎡）	建家（千㎡）	主要機械（台）	従業員（人）
板橋	東京都板橋区	黄・茶・茗（化成）、C 無煙	1876 年（1874 年）	708	89	1,037	2,099
岩鼻	群馬県岩鼻村	G 無煙、有煙、ダ	1882 年（1880 年）	1,060	81	404	3,956
宇治	京都府東宇治町	黄那・茶・平・茗・硝宇・硝英・ヂ（化成）、安（化成塡実）、硝斗（成形）、C 無煙	1896 年（1894 年）	1,062	121	1,608	4,682
忠海	広島県忠海村	き・ち（化兵）硝英・ヂ（化成）、硝斗（成形）	1928 年（1927 年）	747	33	120	1,360
曽根	福岡県小倉市	化兵塡実、硝斗	1937 年（1934 年）	384	21	166	921
多摩	東京都稲城村	黄・淡黄・硝斗（成形）、有煙	1939 年（1937 年）	1,731	50	371	2,085
香里	大阪府枚方町	黄・淡黄（成形）、安（化成塡実）	1942 年（1939 年）	1,396	49	278	3,052
坂ノ市	大分県坂ノ市町	安（化成塡実）、硝斗（成形）、C 無煙、G 無煙	1942 年（1940 年）	4,279	129	858	2,707
荒尾	熊本県荒尾市	黄・茶・茗（化成）、黄・淡黄・黄那（成形）	1944 年（1940 年）	3,086	68	780	3,004
深谷	埼玉県深谷町	C 無煙	1944 年（1943 年）	1,538	69	480	2,375
櫛挽	埼玉県櫛挽村	C 無煙、G 無煙	1944 年（1944 年）	3,300	52	519	1,361

※黄：黄色薬、茶：茶褐薬、茗：茗亜薬、平：平寧薬、ヂ：ヂニトロナフタリン、安：安瓦薬、き：きい剤、ち：ちゃ剤、ダ：ダイナマイト（『主要軍需品製造施設一覧表』防衛研究所図書館所蔵等より作成）

の候補地が見つかる。近くに京阪電鉄の香里園駅があって通勤の便が良く、付近まで香里園住宅地（友呂岐村地内、昭和一八年（一九四三）四月寝屋川町に合併）の開発が進んでいたが、予定地は雑木林と水田・畑が広がる無住の地であった。

昭和一四年（一九三九）一月の正式決定を受け、二千数百筆に及ぶ土地が買い上げられた。農地を失った村民の中には工廠で働く者もあったという。工廠の設計・工事監督は京都帝国大学から技術将校として宇治製造所に応召されていた西山夘三らがあたった。なお、着工まもない三月一日、同じ枚方町内で「禁野火薬庫」の爆発事故が起こっている。

ところで、枚方町内にあるにもかかわらず、新工場にはおよそ兵器工場を連想させない「香里」の名がつけられた。計らずもこの名称が戦後も引継がれ、地域イメージを高める役割を果たした。

三、製造所として独立

建設工事は最盛期には一日一三〇〇人が動員され、敷地の西側から急ピッチで進められた。土地の造成や建物の建設、上水道の整備など大部分の工事は、㈱清水組、村田組、日加木材㈱、三和電気土木工事㈱、日本鑿井探鉱㈱といった民間企業が請け負った。昭和一四年（一九三九）七月一五日に香里工場開設式が行われ、一二月から火薬工場として稼働を開始した。周辺の道路なども整備され、昭和一六年（一九四一）九月には国鉄片町線星田駅から軍用鉄道（香里側線）が開通した。

宇治製造所からの独立は、昭和一七年（一九四二）三月一日付けとなる。同年中に安瓦薬製造施設が稼働し、施設の大部分が完成した。従業員用の住宅や寮の建設も工廠内外で進められた。

工廠の整備は独立後も続けられたが、昭和一九年（一九四四）になると空襲に備えて倉庫を分散させる必要が生じ、南側の隣接地一七万坪が借上げられると共に、茄子作・村野・寝屋など周辺農村の物置小屋まで弾薬倉庫として使われた。

四．組織と人員

独立後の香里工廠の組織は事務部門に庶務・工務・検査・会計・医務の五係、業務部門に第一工場・第二工場が置かれた。初代所長は小野秀夫技術中佐が赴任する。

従業員の数は、昭和一七年（一九四二）三月時点で一三五〇名（職員四九名、雇人一〇〇名、工員一二〇一名）、昭和一八年（一九四三）三月時点で総数一七三七名、昭和二〇年（一九四五）八月時点で三〇五二名（職員・雇人八四名、工員二九六八名（内、一般一三〇一名、徴用一二七名、学徒一五四〇名））と増加した。特に、太平洋戦争が終盤を迎えた昭和二〇年（一九四五）四月から四條畷中学・泉尾高等女学校などから学徒動員が行われ、労働力の主体となった。

なお、工廠が所在する旧川越村の人口は、昭和一二年（一九三七）時点で二八一九人であったことから、工廠建設によってその半数を越える人々が新たに流入したことになる。

五．製造品目

香里工廠で取扱われた火薬は次の通りである。（火薬の名称は陸軍による）

（1）黄色薬、硝宇薬

黄色薬は陸軍の主要火薬で大量に使用された。香里工廠では昭和一四年（一九三九）の設立時から取扱われ、宇治製造所で合成（化成）された、（爆発する恐れの無い）湿潤状態の半製品を乾燥し、伝火薬筒（炸薬と信管の間にあって爆発を媒介するもの）に充填、あるいは砲弾・爆弾に装填する前処理として、紙筒へ詰める（圧搾・熔填）成形と呼ばれる作業を行った。その処理能力は、陸軍全体の約三割に相当する月産三〇〇トン（昭和一七〜二〇年度）である。

起爆薬として鋭敏な硝宇薬は、乾燥後、伝火薬筒に充填されたが、安瓦薬等の原料にも使われた。

（2）茶褐薬、平寧薬

これらも宇治製造所で合成され、香里工廠では乾燥作業のみが行われた。

乾燥品は、京都の陸軍補給廠祝園填薬所へ送られ、砲弾・爆弾に装填された。茶褐薬（ＴＮＴ）は昭和一六年（一九四一）に取扱いが始まり、昭和一七〜一九年度に月産三五〇トン、平寧薬は月産二五〇トンを処理したが、昭和二〇年度に加工方式の転換に伴い扱いを停止した。

（3）安瓦薬、淡黄薬

いずれも、新たに考案された混合爆薬である。安瓦薬は硝酸アンモニウム（硝安）・硝酸グアニジンに硝宇薬を加えたもので、香里工廠で本格的に製造が始まった。合成から砲弾・爆弾への充填までを行った。昭和一七年度の生産能力は月一二五トンであった。淡黄薬は茶褐薬・硝宇薬・テトリルを原料とし、香里工廠では熔填方式により方形・円形爆破薬に加工、特攻爆弾などに装填された。生産能力は月産二五トンであった。

六．物資の輸送

宇治製造所からは火薬の半製品が国鉄奈良線と片町線を経由し、星田駅からは香里側線により工廠内へ運ばれた。火薬が装填されていない空の爆弾などは大阪造兵廠から同じく片町線で輸送された。香里で完成した品は大阪兵器補給廠へ運ばれた。戦時中の空中写真には側線を走る六両編成の貨車が映し出されている。昭和前期には鉄道による輸送ルートが確立し、工廠間の連携が進められた。

火薬や火工品の輸送には「弾薬箱（火薬箱）」という頑丈な木箱が使われた。不要となった火薬箱は戦後、近隣の農家に放出され、今も道具箱に転用され数多く残されている。

七．工廠の立地と景観

「工場内は正門から裏門まで一本の道が通っています。正門を入ってすぐ診療所があり、次いで第一工場、その奥が私達の作業する第二工場でした。（略）道の右は低い丘、左はいくつもの道が枝分かれしていて、道の先にバラック建の工場が見えました。途中には池もあり畑もあって、とにかく広々していました。畑の向こうには山が見えて、工場というより田園風景を見るようでした」（『女学生の戦争体験』）。昭和二〇年（一九四五）に動員された泉尾高等女学校の卒業生である久保三也子氏の回想である。

工廠の敷地は、約一四〇ヘクタール（四二三四二一坪）あり、敷地の西半分は標高約八〇メートルの妙見山から細長い丘陵が約一〇〇～一五〇メートル間隔で南南東方向に幾条にも伸びていた。敷地の東半分は東西方向に丘陵が三つあり、谷間には比較的広い平坦地が広がっていた。こうした地形を巧みに生かして工廠の諸施設が配置された（図2）。

構内の道路は、敷地の南側と東側を幅員八～一〇メートルの幹線が走り、各谷筋へと支線が伸びていた。また、敷地の西・北側を走る外周路がある。丘陵を横切る部分では、コンクリートで擁壁された深い切通しや、トンネルなどが設けられた。

工廠の正門（表門）は香里園に面した西南角にあった。北東部側には枚方門（裏門）、軍用側線が入る東南部に高田門（鉄道門）など、あわせて六か所の門があり、守衛所が置かれていた。正門を出るとすぐ府道木屋私部線に通じ、西へ一・五キロメートル歩けば京阪電鉄香里園駅、東南へは、高田寮を経て新設の直線道路（通称、爆弾道路）から星田駅へ向かうことができた。

八．施設の配置

正門を入った敷地西南部に、本部事務所、診療所、大講堂、消防大詰所、自動車庫、変電所、納品検査所などが集まる管理部門の中枢があった。枚方門付近にも消防大詰所、消防・貨物自動車庫、診療所等が置かれ、前者に準じていた。

工場本体は、西側の丘陵地帯に主に黄色薬の成形を行う第一工場、北部から東部にかけて、茶褐薬等の乾燥や安瓦薬の製造を行う第二工場が置かれた。

各工場には、従業員用の「工員会食所」「浴室・更衣室」「工場員詰所」などが配置された。

東側の鉄道駅付近には、建物や工作機械の維持修繕を担う「工事場」（施工場、鉄工場、板金工場、木工場のセッ

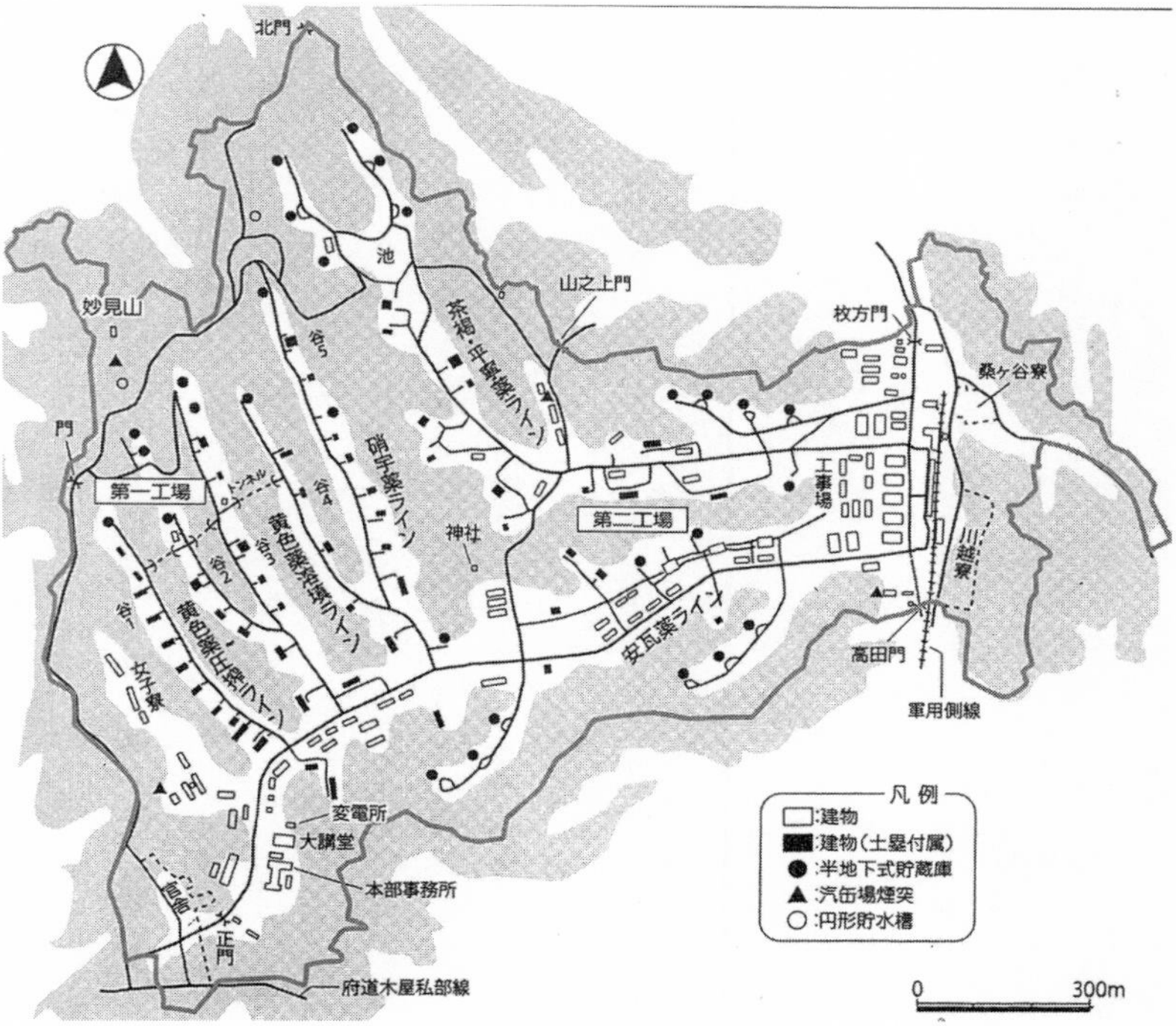

図２

ト）が置かれた。また、構内のほぼ中央、養成所北側の丘には火伏の神である愛宕神社が祭られ、その階段の一部が現存している。

官舎は正門付近と高田寮の一角にあった。前者は生垣や板塀で囲まれた屋敷地に木造平屋造の主屋が建てられた。工員寮は工廠の西端に女子寮、東端に桑ヶ谷寮と川越寮があり、敷地外では、香里園に向かって菅公寮と喜山寮、星田駅方面に高田寮があった。これらは長屋型式の住居棟に食堂・浴室・倉庫などが付属するものである。この他、工廠外には民営の宿舎等も建設された。

九．工場と生産ライン

工場には、火薬の種類や製品毎に複数の生産ラインが組まれていた。

（1）第一工場（黄色薬・硝宇薬ライン）

細長い谷間が平行して走る敷地の西側に設けられた。谷の最上部に原料の貯蔵庫を作り、工室（工種名がつけられた）を谷間に沿って上から順番に配置し、谷の出口に製品の貯蔵庫を置いた。各生産ラインは自然の丘陵によって隔てられ、各工室も土塁で隔離されることで、万一、事故が起こっても他に波及しないように設計されていた。

黄色薬の生産ラインは、（図2）の（仮称）谷1から4に設けられた。

まず、湿潤状態の黄色薬は、外周路に直結した三基の洞窟式「湿黄色薬溜置場」に運び込まれる。次に「乾燥室」「篩粉室」で前処理を経た後、丘陵を横断するトンネルを通じて別の谷に振り分けられ、各谷の奥に設けられた半地下式「乾薬庫」に一時貯蔵される。その後、①熔填方式と②圧搾方式にラインが分岐し、①は谷2と谷4で「熔填室」「放熱室」「破砕室」「切断室」の順に下方へと流れ、谷の出口の「仕上室」を経て「収函室」で箱詰めされ完成に至る。②は谷1の「圧搾室」「組立室」「仕上室」を経て、南の丘陵にある「収函室」に至る。完成品は最終的に南の丘陵に設けられた三基がセットとなった半地下式「成品庫」に収納されたと考えられる。

硝宇薬ラインについては、谷5の外周路に直結した一基の半地下式貯蔵庫に搬入され、「乾燥室」「篩粉室」を経て「乾薬庫」に一時貯蔵され、続いて「混和室」「圧搾室」「組立室」「仕上室」「収函室」の順に送られ、完成品は「伝火薬筒置場」などに収納された。

（2）第二工場（茶褐薬・平寧薬ライン）

敷地の北側のやや広い谷に想定できる。まず、二種類の湿火薬が谷の最上部の三基セットの半地下式「留置場」に搬入され、次に谷下にある四セットの「乾燥室」「篩粉室」で並列的に処理された後、さらに東側にある三棟の「収函室」で箱詰めされた。完成品は四基の半地下式「成品庫」に収納されたと推定される。

（3）第三工場（安瓦薬ライン）

敷地の南側中程の幹線道路に沿った東西四五〇メートルの区域であり、概ね、東に向かって生産ラインが組まれている。その工程は①原料である硝宇薬を「風晒室」へ送り、②硝宇薬と硝酸アンモニウムを「混和室」で混濁させ、③これと硝酸グアニジン（硝酸アンモニウム＋ジシアン薬）を加えて「合成塡実室」にて安瓦薬に合成する。それを④空弾へ塡実すると共に、一部は⑤南側の谷間に単独に置かれた「破砕室」に送られ、伝火薬筒へ塡実される。これらは⑥「仕上室」「収函室」を経て、最終的に南側の谷間に設けられた三基セットの半地下式「成品庫」に運ばれたと推定される。このエリアの東には「硝安倉庫」「空弾倉庫」など、各種資材を保管する大型の倉庫群がある。

一〇．上水道・蒸気・電気設備

工室では火薬の乾燥・溶解の熱源として高温の蒸気が使われた。蒸気を発生させる「汽缶室（ボイラー室）」が四か所設置された。妙見山頂に設けられた第三汽缶場の煙突と煙道は、香里工廠を伝える貴重な遺構として耐震工事が施され、保存されている（図3）。また、蒸気配管の一部は観音山公園内に残存している。

上水は、淀川左岸の磯島揚水場（大阪造兵廠枚方製造所が設置）で取水し、天野川の浜橋を通る水道本管（軍施設線）を経由して、敷地内の二か所の円形水槽に貯水された。変電所は本部事務所の北側に設けられた。

図3 第三気缶場の煙突

一一．建物の構造

工廠内の建物は、昭和二〇年（一九四五）八月時点で三二六棟（建坪は一四八三二坪）を数え、用途別には事務所一六、倉庫四六、工場八八、官宿舎四二、雑家一三四となっていた。

工室の大半は、木造平屋で、工種毎に平面形が異なっている。大部分の工室は、丘陵を背に建てられ、前面と側面を土塁（幅一二〜一八メートル、高さ約五メートル）で囲まれていた。
一方、安瓦薬製造にかかる三棟は鉄筋コンクリート造で、合成塡実室は装置を立体的に配置する必要から一部三階建、仕上室と収函室はいずれも平屋であった。この内、収函室が診療所となって現存している（図4）。

原料や完成品の保管に使われた半地下式貯蔵庫は、丘陵斜面を垂直に切って擁壁し、地中にコンクリート造の部屋を設けたものである。伝火薬筒の「仮置室」は小規模で、近年工事中に姿を現した。

図4　安瓦薬の収函室

一二．跡地利用

香里工廠は、敗戦によってその役割を終え、昭和二〇年（一九四五）一一月に陸軍造兵廠の解散により「第一復員省東京第二陸軍造兵廠残務整理部香里出張所」が管理を行った。一〇〜一二月には米軍が進駐し、残置された爆弾などの破壊処理を行った。

昭和二一年（一九四六）四月、用地・建物は大蔵省近畿財務局に移管され、建物の一部が香里国民学校（後の枚方市立香里小学校）、税務研修所、民間の鉄工所などに転用されたが、大部分はそのままの状態で放置された。工作機械類は、戦争賠償品として昭和二四年（一九四九）五月頃から中国・フィリピン等へ搬送された。

日本が独立を回復してまもない昭和二七年（一九五二）七、九月には、朝鮮戦争の特需の影響もあって、旭化成・大日本セルロイド・日本化薬の三社が国に払下申請を行った。これに対し、香里園地区の住民などから火薬工場の再開に反対する住民運動が起き、枚方市議会を二分する論争に発展した。これに先立つ同年六月には、枚方市にあった旧大阪陸軍造兵廠枚方製造所の小松製作所への払い下げをめぐって、過激派が小松社長宅などを襲撃した「枚方事件」が起きるなど、社会的緊張が高まった時代であった。

一三．香里団地の建設

香里工廠の跡地は、最終的に、昭和三〇年（一九五五）七月に発足した日本住宅公団によって、計画人口二二〇〇〇人を擁する日本で初めてとなる本格的なニュータウン「香里団地」として生まれ変わることとなった。計らずも、そのマスタープランを住宅公団から依頼されたのは京都大学西山夘三研究室であった。

香里団地は「天興の景観と自然樹林の保存に努め、地形地物を有効に利用して、良好な住宅環境を整備し、大阪京都両大都市の中間における理想的住宅都市を建設する」（『日本住宅公団枚方都市計画香里土地区画整理事業計画書』一九五七年）との高い理念をもって建設された。

その工事は、昭和三一年（一九五六）一〇月敷地の東側から順次進められ、昭和三三年（一九五八）一一月には第一次入居が開始されている。その後、二度の設計変更を経て昭和三七年（一九六二）五月に完工式が挙行された。

工事途中の昭和三三年（一九五八）四月には、中国からの引き揚げ家族を描いた東宝映画『つづり方兄妹』（森繁久弥・香川京子出演）の現地ロケが行われ、「兄妹の意図とは別に（略）団地建設以前の香里丘陵の状況を伝える作品ともなっている」（『枚方市史』第五巻）。

一四．おわりに

香里工廠が軍需工場として機能したのは僅か六年間に過ぎない。しかし、広大な敷地が戦後、大規模住宅団地に引き継がれたことで、大阪近郊の住宅地として香里丘陵一帯の土地利用が決定づけられることになった。

工廠の遺構は香里団地の建設でほぼ姿を消したが、団地自体も竣工から既に六〇年近くが経過し、再開発事業で大きく姿を変えつつある。現在も、工事に伴って地下に埋もれた香里工廠の遺構が一時的ではあるが、その姿を現すことがある。平成三〇年（二〇一八）には、香里小学校の敷地内で、かまぼこ形の天井を持つ鉄筋コンクリート造の半地下式の貯蔵庫と考えられる建物が発見され、枚方市文化財課によって調査が行われた。（図5）

なお本稿は、『大阪春秋』第一六三号（二〇一六年）に掲載した拙稿を一部補足の上、転載したものである。

図5 工事中に現れた貯蔵庫（筆者撮影・枚方市）

［参考文献］

西山夘三「一建築学徒の回想・日中戦争へ」（『近代建築』三三―五　一九七九年）
枚方市史編纂委員会編『枚方市史』第五巻（枚方市　一九八四年）
枚方市企画調査室『語り継ぐ戦争体験』（枚方市　一九八六年）
森井貞雄「香里団地以前」（『大阪文化財研究』三〇　二〇〇六年）
森井貞雄「「香里団地以前」補考」（『大阪文化財研究』三二　二〇〇七年）
府立泉尾高等女学校戦争体験を語る会編『女学生の戦争体験』（二〇〇七年）
枚方市教育委員会編『平成三〇年度　枚方市埋蔵文化財調査年報』（二〇二〇年）

6　大阪の忠霊塔建設

横山篤夫

はじめに

近代日本の戦没者（戦闘死者と戦病死者を総合して本稿ではこう表記する）追悼には三類型があった。第一は戦没者の霊魂の存在を前提にしてその霊魂を慰霊して祀り、或いは「英霊」として顕彰するもので、祀殿を建てて「護国の神」として祀った靖国神社や護国神社はその代表例である。第二は戦没者の名前を記録し地域社会の共同の記憶として記念するために、石や金属などに刻みそこで祭礼などを執行するもので、忠魂碑や戦勝記念碑などが有名だが、沖縄の敵味方全戦没者を対象して記録して悼む「平和の礎」などもこれに該当する。第三は戦没者の遺体や遺骨（分骨や遺髪なども含む）を埋葬し、納骨して追悼する陸軍墓地・海軍墓地や家墓の中の軍人墓、さらに村や町の共同軍人墓地などが知られている。

今回本稿で取り上げる「大阪の忠霊塔」は、陸軍がバックアップした大日本忠霊顕彰会の全国的運動の中で、大阪で建設された忠霊塔を中心に見て行く。これは上の類型で言えば第三の墓地の一種になる。しかしその運動とは別に、忠魂碑や記念碑の意味で作られた忠霊塔が大阪には存在する。これも建設された時期順に対象として検討したい。

一人の戦没者はこの三類型で重なり合いながら追悼されてきたのが、近代日本の戦没者追悼の姿であった。ただしそこで追悼された戦没者の死をどう意味づけるかは、遺族や関係者によって大きな乖離がある。一方で「護国の英霊」と讃えて顕彰しようとする意味づけが行われるが、他方では「侵略戦争に加担させられた犠牲者」として見て追悼する動きもある。そうした視点も踏まえながら、大阪の忠霊塔の建設を概観したい。

一・大阪の初期の忠霊塔

大日本忠霊顕彰会が成立する以前に、大阪で「忠霊塔」という名称の塔は二基建設されていた。その概要を以下に纏める。

（1）藤井寺村「忠霊塔」

大阪で一番早く「忠霊塔」という名前の追悼施設が建設されたのは、明治三九年（一九〇六）四月二〇日、南河内郡藤井寺村の剛林寺に建立された十三輪塔であった。納骨施設はなく、右側面に「明治三十七八年役弔慰戦死及病没将卒忠魂英霊其偉勲伝萬世従五位勲四等大郁屯書」の銘文があり、日露戦争に従軍して戦没した藤井寺村出身の将兵の氏名を「村の英霊」として記念・顕彰するために建てられた記念碑であることが分かる。揮毫者の大郁屯は明治二二年（一八八九）から大阪聯隊区司令官を一〇年勤め、書家として当時大阪で有名な人物であった。

台座には「明治三十九年四月建之、寄付者総代大野新七、現住職山本祐性」と刻まれている。剛林寺住職をはじめ村の有力者と思われる七人の名前で建設されたと記録されるが、村の記念碑として「はじめに」で述べた第二類型に属する記念碑であった。

（2）布忍村「忠霊塔」

藤井寺村「忠霊塔」が建設されてから三〇年近くは、大阪府内では「忠霊塔」の名のついた塔の建設は無かった。

一九三〇年代に入り日露戦争後三〇年を前にして、帝国在郷軍人会は日露戦争戦没者を顕彰する「忠魂碑」建設運動を全国的に展開した。従ってこの時期に大阪では多くの「忠魂碑」名の記念碑建碑が進められたが、布忍《ぬのせ》村の場合、独自性を出そうとしたのであろうか「忠霊塔」名の塔を建設した。昭和九年（一九三四）五月四日に、中河内郡布忍村の布忍村尋常高等小学校の校庭東南隅に碑は建設された。建設者は帝国在郷軍人会布忍村分会であり、納骨施設はなかった。側面に「明治二十七年製加農青銅砲」と銘文があり、日清戦争時に製造されたカノン砲の砲身を使用して、非常時の覚悟を促す意味を込めた記念碑であったと考えられる。

昭和八年（一九三三）、満州事変を起こし傀儡政権「満州国」を建設した日本に対して、国際連盟はこれを独立国と認めず、日本は国際連盟を脱退していた。国際的に孤立していく中で「非常時」が叫ばれる中、忠魂碑建設運動は日露戦争の戦没者追悼・追慕のみならず「非常時」の国民統合、村民結束を目指した中で建設された。

それだけに戦後、ＧＨＱは特に通帳を出して学校校内の「忠霊塔・忠魂碑」は撤去することを指示した。この指示を受けて布忍村の忠霊塔は昭和二二年（一九四七）三月に撤去された。

二、大日本忠霊顕彰会の成立と挫折

（1）大日本忠霊顕彰会の成立

昭和一二年（一九三七）からの日中戦争は全面化し、長期化し、泥沼化した結果、動員された日本軍の兵力は数十万人にのぼり、中国各地の激戦で死傷者が急増した。この戦没者を靖国神社に名誉の戦没者として荘厳に祀るという国家神道の祭祀に対して、遺族の中からはもっと身近に戦没者を祀りたいという声が強くなった。

現在の交通事情と異なり、東京九段の靖国神社にお参りに行くのは遺族にとっては時間的にも、経済的にも大きな負担であった。そこで各地に建設されていた戊辰戦争以来の官軍で戦死した将兵等を祭神とする招魂社を整備し、基本的に府県に一社を護国神社として整備することが内務省令によって決められたのは昭和一四年（一九三九）四月のことであった。以来各地にあった招魂社は、国家神道の後押しを受けて戦没者を地域ごとに祀るセンターとして地域住民を巻き込み動員して護国神社建設運動が進められた。大阪では昭和一三年（一九三八）に大阪府知事を奉賛会長とする大阪護国神社造営奉賛会が結成され、大阪市住之江区南加賀屋町に広大な敷地の大阪護国神社建設運動が展開され、昭和一五年（一九四〇）には鎮座祭が執行された。

しかしもっと身近に日常的に戦没者を追悼したいという戦没者遺族の声に応えようと忠魂碑建設運動を取り組んだのが帝国在郷軍人会であった。町や村の小学校単位に分会が組織されていることが多く、地域社会ごとに建設運動が組織された。一方、戦没者祭祀から疎外されることを危惧する仏教界からは、戦没者祭祀に関わろうとする動きが起きていた。

日中戦争の初期に、現地で日本軍の第一線の指揮官として部下を死なせた櫻井徳太郎大佐は、帰国後に見た日本国内の戦没者墓地の荒廃を、日本軍の戦意に関わる重大問題として捉え各界にその対処を訴えた。こうして戦没者遺骨を地域毎に祀る「忠霊塔」の構想が提起された。櫻井は市町村毎に一基の忠霊塔を建てることで、日中戦争の戦没者を英霊として顕彰すること、そのためには全国民が一ヶ月の収入の一日分を戦死した兵の気持ちになって資金献納する「一日戦死」の構想を述べ、陸軍内部でもこの動きを支持する声が高まった。

遺骨・遺体を穢れているとして境内に祀ることを認めない神社に対して、仏教では境内に納骨堂を持ち墓地管理して葬儀にも関わってきた仏教界は、忠霊塔の建設を宗派を超えて支援した。自分たちの町村に忠霊塔が出来れば、身近に戦没者をお参りできるとして遺族からも支持する声が高まった。

こうした忠霊塔建設を支持する声を、戦時体制に国民を動員する流れに組み込む一環として組織されたのが大日本忠霊顕彰会（以下本稿では「顕彰会」と略記）であった。日中戦争開戦二年目に当たる昭和一四年

（一九三九）七月七日、前関東軍司令官で、満州にいた日本人を組織・動員して満州に巨大な忠霊塔を建設した実績を持つ菱刈隆陸軍大将を会長にして、財団法人が発足した。仏教界はこれを歓迎し、各地の忠霊塔建設運動に進んで参加した。

こうして日中戦争の拡大、戦没者の増大を受け止めて遺骨を収納する合葬墓の性格を持つ忠霊塔建設運動が各地で進められた。これは「はじめに」で取り上げた第三類型であった。

（2）忠霊塔建設運動の発展と挫折

忠霊塔建設運動が盛んになると、各地で護国神社を建設する運動と競合するようになった。和歌山県では建設敷地を巡り確執が起きていた。こうした戦没者慰霊を巡るトラブルを避けるため、昭和一四年（一九三九）一一月四日に神社界と顕彰会幹部の懇談が開催され、以下の内容で合意をしたと『中外日報』（昭和一四年（一九三九）一一月八日）は報じた。

忠霊塔は支那事変（日中戦争のことを当時はこう呼んだ）において名誉の戦病死をなせる英霊の遺骨を納むるものであり、即ち墓であり、墳墓であって、これが管理は市町村に於いてなす事とするので即ち公営墳墓と称す可きものである。

この合意により忠霊塔は墳墓として遺骨を納める追悼施設であり、宗教施設ではないことが確認され、戦没者の霊魂を「護国の神」として祀る第一類型とは異なる第三類型であるとされた。この結果神道界も忠霊塔建設に協力するようになった。

この合意を踏まえて忠霊塔建設運動は全国で広がりを見せ、昭和一六年（一九四一）七月一九日、陸軍省は積極的に陸軍墓地に忠霊塔を建設する方向で陸軍墓地規則を改正した。昭和一六年（一九四一）一二月八日、日中戦争はアジア太平洋戦争に拡大し、戦地に動員される兵力はさらに増大した。戦線の拡大は戦没者の増加を生み、戦地に巨大な忠霊塔が建設されるのと並行して国内市町村に多くの忠霊塔が建設され、計画された。昭和一七年（一九四二）一〇月一日時点で、既に完成した忠霊塔は一二四基あり、建設中及び計画中のものは一五〇〇基もあったと伝えられる。大阪でも顕彰会の成立に前後して、いくつかの忠霊塔が建設された。

しかし間もなく、全国での忠霊塔建設運動にブレーキがかけられた。アジア太平洋戦争の戦局の悪化がその原因であった。昭和一七年（一九四二）六月にはミッドウェー海戦の大敗北を転機にして日本軍は守勢になり、同年秋にはガダルカナル島の攻防戦で消耗し大敗した。日本軍の首脳部は制空権の確保こそ戦局を左右することを認識し、全てを航空機の製造と搭乗員の急速養成を優先するようになった。公式に忠霊塔建設運動に中止命令は出されなかったが、それまで連日新聞に掲載されていた忠霊塔建設に関する記事は昭和一七年（一九四二）一〇月を境にほとんど掲載されなくなった。代わりに軍用機資金献納の記事が紙面を賑わした。昭和一八年（一九四三）一〇月三〇日、陸軍省から「戦没者墓碑建設指導ニ関スル件」という通牒が出された。

国家総力ヲ挙ゲテ戦力増強生産拡充ニ結集スベキ現時局下ニアリテハ墓碑建設ニ使用スル資材労力ハ徹底的ニ節減スルヲ要スルコト

顕彰会の幹部の多くは軍の要職経験者であり、国民には知らされていない戦局悪化の情報も伝わっていた事であろう。敗戦が続くと遺骨が還送されないことが多く、遺族の忠霊塔建設熱も冷めていった。但し公式に忠霊塔建設を禁止する命令がなかったので、熱心な建設推進者が居たところではその後も忠霊塔が建設された。

三、戦時下大阪の忠霊塔建設

以下に顕彰会成立前後から戦時下の大阪の忠霊塔を個別に取り上げる。

（１）関西大学忠霊塔

顕彰会発足の一年前から建設運動が進められていたのが関西大学忠霊塔であった。日中戦争の開戦以来、昭和一四年（一九三九）九月までの関西大学関係出征者は一二一〇人にものぼり、戦死者の報も相次いだ。昭和一三年（一九三八）初夏に学生の有志から同窓の「殉国の英霊」に感謝する記念碑を建てようという呼びかけが新聞に報道されると大きな反響を呼び、戦地の関西大学出身兵から募金が届きこれが報道されるとまた波紋が広がった。こうして関西大学学長が大阪府警察部に忠霊塔の建設許可を出願した。

顕彰会成立後は市町村に一基の忠霊塔をという建設方針が出されたが、その前であったため許可されて、関西大学千里山学舎西南角に七三人の分骨を納める納骨施設を持つ六・三メートルの石造の塔が昭和一四年（一九三九）一一月一日に建てられた。文部大臣であった荒木貞夫が揮毫し、以後関西大学の戦意昂揚・戦没者の慰霊顕彰の空間として度々使われた。そのため戦後ＧＨＱの指令が出ると撤去されたといわれるが、撤去の日時は特定出来ていない。

写真　関西大学忠霊塔除幕式

（2）信太山忠霊塔

昭和一四年（一九三九）東京で顕彰会が発足した頃、信太山を衛戍地とする第四師団野砲兵第四聯隊では隣接する黒鳥山に陸軍墓地の建設が課題として検討されていた。同年七月には野砲兵聯隊関係者と和泉憲兵分遣隊長、地元市町村長・有力者らが集まり、信太山忠霊塔建設を決議した。陸軍墓地規則の改正で運動に弾みがついた。地域住民、地域仏教界の協力を得て昭和一七年（一九四二）四月二三日、信太山忠霊塔は竣工した。塔高一三メートル、元中部第二七部隊長多田駿の揮毫のもとに、顕彰会が公募・選定した忠霊塔図案集による納骨室を備えた忠霊塔であった。和泉市史担当者であった森下徹氏の調査に拠れば、一五六四人の遺骨と約一四〇〇基の位牌が納められていた。部隊の慰霊空間のみならず、地域社会の「英霊顕彰」の施設として厳かな式典が執行される場となった。

戦後陸軍が解体されたとき、信太山の営舎は米軍が接収し忠霊塔は国有財産として大蔵省の管轄下に置かれた。この維持管理祭祀を担当をするとして遺族会や所縁の寺院関係者等が組織した大阪靖国霊場維持会が管理した。昭和三一年（一九五六）三月二四日、和泉町は忠霊塔と周辺の土地の払い下げを申請し認められた。こうして施設は和泉町（現和泉市）が管理し、慰霊の祭祀は大阪靖国霊場維持会が担当し、後に遺族会が引き継いだ。

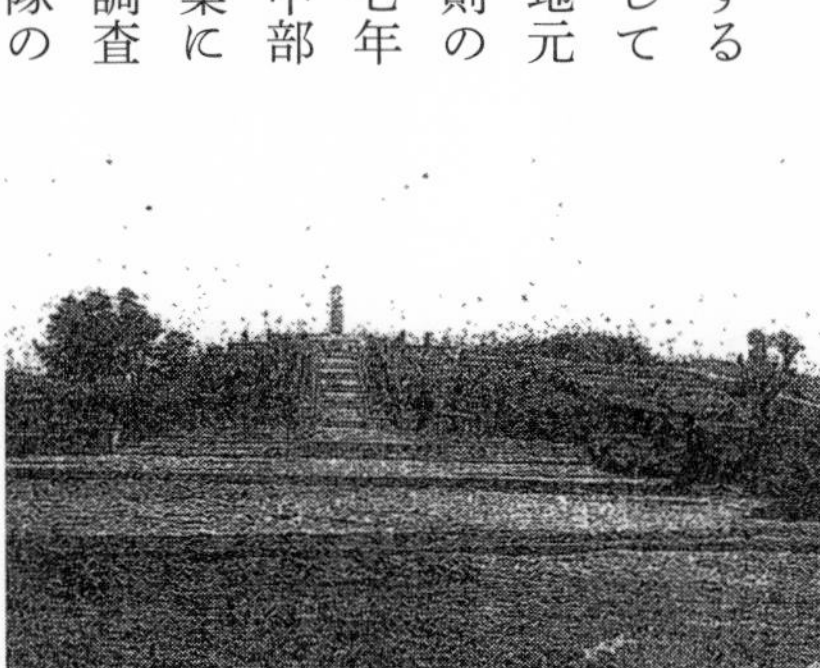

写真　竣工時の信太山忠霊塔

（3）真田山陸軍墓地「仮忠霊堂」

顕彰会が発足する直前に真田山と高槻の陸軍墓地に大忠霊塔を建設する構想が新聞に報道された。市町村と府が分担して費用を拠出する案は、国民を組織動員して建設するという顕彰会の方針には沿わなかったからであろうか、続報はなかった。しかし昭和一六年（一九四一）一〇月に結成された大阪府仏教会は積極的に組織を挙げて忠霊塔建設の募金を進めていた。昭和一七年（一九四二）一〇月に顕彰会は忠霊塔建設運動にブレーキをかけ、全国的に忠霊塔建設の大運動を進める方針は挫折していた。しかし大阪府仏教界は継続して献金運動を進め、昭和一八年（一九四三）八月二五日には、戦勝の時に本格的大忠霊塔を建設するまでの仮の施設という意味で名付けられたと推定される「仮忠霊堂」を竣工し、第四師団に献納した。「仮忠霊塔の分骨合祀祭・けふ盛大に執行」の見出しで『毎日新聞』の記事の一部を引用する。

大阪市天王寺区真田山陸軍墓地に建立中の大阪府仏教会献納の仮忠霊堂はこのほど竣工、大阪師団では津村・難波別院などに安置してゐた在阪衛戍部隊の英霊の分骨をさめ廿五日午前十時から関師団長祭主のもと仏式による分骨合祀祭を同墓地で行つた。

写真　真田山陸軍墓地仮忠霊堂竣工

これが戦後「納骨堂」と呼ばれる大阪の忠霊堂であった。高さ八・九メートル、間口二二・一メートル、奥行き九・〇メートル、面積一七六・四平方メートル平方の木造平屋建てである。平成二四年（二〇一二）の調査によると、八二三〇人ほどの将兵の分骨・遺品が収納されている。

建設費を節約するため、隅々まで工夫した工法で作られていた。また仏教会の献納を考慮して最初の慰霊祭が仏式で行われていた。その後神道による慰霊祭も執行されるが、仏教会の存在は大きかった。

戦後、全国の陸軍墓地は大蔵省の管轄とされたが、旧真田山陸軍墓地は大阪市が昭和二一年（一九四六）八月一日無償貸与を受けた。ただし施設としての管理者という位置づけで祭祀は担当できなかった。荒れた墓地を慰霊追悼するための大阪靖国霊場維持会（現在公益財団法人真田山陸軍墓地維持会）が仏教関係者を主にして結成されたのは昭和二二年（一九四七）一一月一八日のことであった。この祭祀担当団体の存在が、現在まで真田山の景観を維持してきた大きな要因であった。

（4）若江村忠霊塔

大阪ではその後も各地で忠霊塔を建設しようという高槻や貝塚などの動きはあったが、顕彰会の路線が挫折するとそれを押して建設に至るところは少なかった。その状況下で忠霊塔を建設した事例が二件あった。その一つが中河内郡若江村（現在東大阪市若江本町）であった。

若江村の奥野音吉村会議員は、愛息が昭和一八年（一九四三）に一七歳でニューギニア戦線で戦死したのを深く悼み、村出身の将兵の死者を英霊として祀るため、土地と忠霊塔の建設費一切を寄附すると申し出て昭和一八年（一九四三）一二月八日に竣工した忠霊塔であった。墓碑建設に資材を使うなという軍の方針に反して建設資材を調達できたのは、奥野が大林組の下請け仲間の親睦会会長をしていたことから可能になったと思われる。顕彰会の図案集により設計された納骨施設を土台に組み込んだ典型的な忠霊塔である。花崗岩の塔高は一〇メートル、塔の揮毫は陸軍中将関原六、約二〇〇坪の敷地は塔前で村の慰霊祭がゆったり執行出来る広さであった。村の戦没者は一三二人に上るがその分骨を納めて、村を挙げて慰霊顕彰する場となった。これについては杉山三記雄氏が『あしたづ』第一四号に報告を発表している。

写真　若江の忠霊塔

戦後はＧＨＱの目を憚って忠霊塔の塔名を塗り込め、「舎利塔」とした時期もあったが、占領が終わると再び忠霊塔にもどした。しかし戦後は遺族会の主催する慰霊祭に自治体が協力する形になった。

（5）堺市金蓮寺忠霊塔

もう一つは堺市の寺に建てられた忠霊塔であるが、これは納骨施設を持たず第二類型の記念碑であった。『堺市史続編』（第二巻）には堺市の忠霊塔建設は昭和一六年（一九四一）頃から検討されたが進まず、昭和一九年（一九四四）二月に金蓮寺住職の奔走で同寺境内に建碑されたと短く記す。

大阪府内第二の都市である堺には、大忠霊塔の建設の議論があったが、顕彰会による住民を巻き込み建設するという路線が挫折した後は沙汰止みになっていた。金蓮寺住職の井上文成は前線に出征将兵を尋ねて慰問し、帰国後は講談調に体験を語って銃後の覚悟を訴える時の人であった。堺市に忠霊塔が建てられないのを憂い、自費で自分の寺に建てることを企画、つながりのある軍の幹部の支持を取り付けて「護国之忠霊追善供養塔」という三メートル大の石柱に陸軍大将後宮淳揮毫の納骨施設のない記念碑を建立した。

この碑は顕彰会の企図した忠霊塔とは異質の、第二類型の記念碑であった。

写真　堺市金蓮寺「護国之忠霊追善供養塔」

四．戦後に建設された忠霊塔

敗戦後も、大阪府内で忠霊塔という名の記念碑は、私の調べた範囲で七基建設されている。しかし既に本稿の予定枚数を超えているので、一覧表で報告に代えたい。このうち大阪市平野区加美の忠霊塔には納骨施設があると記録されるが、現地での調査は出来ていない。他は大小はあるがすべて第二類型、記念碑型の慰霊施設である。

表 大阪府内の忠霊塔

建立(許可)年月日	忠霊塔名	建立場所	建立者	備考
1954.8.8 竣工	泉大津市 「忠霊塔」 揮毫 靖国神社宮司 筑波藤麿	泉大津市春日町 共同墓地内奥の一画 市有地 300 坪	泉大津市戦没者遺族会	納骨施設あり（中央に神道風祭壇と鏡、「ご英霊名簿」、左右の納骨室に約850 人の位牌） 〈泉大津市遺族会『遺族会だより』創刊号、2006（平成 18）年 8 月 21 日、遺族会相談役大野歳雄氏の聞き取り〉
1955.3.21	加美「忠霊塔」 厚生大臣 揮毫	大阪市平野区加美柿花町加美霊園内	加美遺族会	納骨施設あり 忠霊塔タイプ
1957.4	阪南町「忠霊塔」 内閣総理大臣 岸信介 揮毫	阪南市尾崎町 711 尾崎神社境内		仏塔型の石塔 納骨施設なし
1958.4.4	「大東亜戦争忠霊塔」在豊中市 西田王堂 揮毫	豊能郡能勢町天王	能勢町遺族会	角柱型石塔 納骨施設なし
1958.5	貝塚市「忠霊塔」	貝塚市三ツ松地内	貝塚市忠霊塔建設推進委員会	納骨堂あり（石に刻名） 忠霊塔タイプ 敷地市有地 3420 坪
1970.7.15	柏原市「忠霊塔」	柏原市大字高井田 89 天湯川田神社境内	柏原市遺族会	寺院伽藍型
1971.8	八田「忠霊塔」	堺市中区八田北町 1008 八田南北墓地内	八田南之町町会	自然石を使った墓石型

7　戦争と市町村役場…………島田善博

太平洋戦争を境として、戦前・戦中の市町村役場業務の内容は、当然ながら現在とは大きく異なる。最も大きな違いは軍隊に関する業務の有無だが、とりわけ戦争末期、敗戦目前の時期には、政府が多くの異常な国策を決定し、市町村役場は末端の実施機関として、頻発される政策の執行に追われた。以下、現在の大阪府東大阪市域を対象として、当時の市町村役場の仕事を戦争との関連で見ることにする。

なお、東大阪市は昭和四二年（一九六七）に布施市（昭和一二年（一九三七）市制施行）・河内市（昭和三〇年（一九五五）市制施行）・枚岡市（昭和三〇年（一九五五）市制施行）の三市の合併によって成立したが、旧三市市制以前の町村名には参考のために旧市名を付した。

一・職員数

自治体の職員数は、居住人口によって一定の基準があった。大正九年（一九二〇）から昭和一三年（一九三八）までの八例を挙げる。

大正　九年（一九二〇）小阪村（旧布施市）　人口三五五六人、職員数六人
昭和　五年（一九三〇）三野郷村（旧河内市）　人口三三三四人、職員数五人
同年　若江村（旧河内市）　人口二二四一人、職員数四人
同年　玉川村（旧河内市）　人口三七四一人、職員数五人

昭和　七年（一九三二）長瀬村（旧布施市）　人口九八〇七人、職員数一二人
昭和一〇年（一九三五）小阪町（旧布施市）　人口一三八五〇人、職員数三一人
同年　　　　　　　　　布施町（旧布施市）　人口五〇〇四〇人、職員数八〇人
昭和一三年（一九三八）布施市　　　　　　　人口一一八二九一人、職員数二〇五人

職員数は一見少なく見えるが、当時と現在では行政の担当範囲が大きく違うから、簡単に比較は出来ない。

二．事務分掌

次に役場の組織、担当部門について当時の係名を挙げて見る。布施市は課名と（係名）を示す。現在と大差はないように見えるが、しかし、役場の規模の大小を問わず必ず置かれていて、昭和二〇年（一九四五）の敗戦以後絶滅したのが「兵事」係で、兵事とは兵役に関する役場業務を指す。兵役は納税・義務教育と並んで国民の三大義務と言われる必任義務だった。

昭和四年（一九二九）北江村（旧河内市）
　教育・衛生・勧業・交通・議事・選挙・兵事・戸籍及び寄留・庶務・財務
昭和七年（一九三二）長瀬村（旧布施市）
　教育・衛生・農事・土木・議事・選挙・兵事・戸籍・寄留・庶務・税務・会計
昭和一六年（一九四一）布施市
　秘書・総務・兵事戸籍（兵事・軍事援護・戸籍）・厚生・教育・税務・会計・経済・土木・水道・振興（町会・総動員・社寺）・防衛（警防・整備）

三. 兵役

明治六年（一八七三）に始まる徴兵令に替わって昭和二年（一九二七）に公布された兵役法によると、「内地」と「樺太」に本籍のある一七歳―四〇歳の男子は、兵役に耐えないものを除き、すべて兵役に服する義務を負った。平時（ここでいう平時とは戦時に対する言葉で、国家として戦争を行っているか否かで区別する）の場合、男子は満二〇歳で徴兵検査を受け、陸軍では甲種に認定された者は入営して現役二年間の兵役に就き、満期除隊後は在郷軍人として動員召集を待つのが基本である。甲種以外の者も、現役は除かれるが補充兵・国民兵として召集待機する兵役義務に変わりはない。海軍の場合も、兵役種別の年限に多少の違いがあるだけで大差はないが、志願兵制度があったので、強制感はいくらか薄かった。

ただし、以上は平時の場合で、戦時は兵役対象の範囲は広がり、服役兵種の見直し・兵役年齢の延長、徴集年齢の切り下げ、徴集猶予の廃止など、すべて対象拡大の方向で改変が繰り返された。昭和二〇年（一九四五）六月には、従来の兵役法とは別に義勇兵役法が制定され、一五歳―六〇歳の男子、一七歳―四〇歳の女子に義勇兵役が課せられている。

四. 徴集と召集

兵事の仕事でもっとも重要なのが、徴集と召集である。

徴集とは兵役義務者に対して徴兵検査を行い、所要の人員を選び服役させること。召集は、平時には在郷軍人の訓練のための演習・教育・簡閲点呼《かんえつてんこ》などの召集があり、戦時には在郷軍人を軍隊に集めるための、充員・臨時・国民兵の召集がある（以下の説明は主として陸軍の場合をいう）。

箇閲点呼とは在郷軍人の中から一定の対象者を召集し、軍務召集待機者としての精神・知識・健康・応召準備などを良好に保つために、居住地近傍に召集し、点検・訓示などを行うもので、通常は即日解除される。教育召集も目的は同じだが期間は三ヶ月で、聯隊に入営し内務班に所属する。三ヶ月で解除されるが、間もなく再度の召集を受けることが多かった。

昭和一七年（一九四二）には空襲対策として防衛召集制度が出来た。

徴集も召集も、対象者を決定するのは軍だが、その基礎となる資料は、戸籍を把握している市町村が提供する。また召集を通知する召集令状は、軍や警察から市町村の兵事係職員に渡される。令状の紙の色から、軍務の召集令状は赤紙、教育・演習などの召集は白紙、防衛召集は青紙と通称した。令状は兵事係職員から召集対象者に手渡しで送達する。陸軍内務班でよく言われた「新兵は一銭五厘の葉書でいくらでも集められる」というのは俗説で、郵便による召集は無い。

五．兵事事務

役場の兵役関連年間業務（平時）は普通、次のようだった。

一月、現役兵入営・徴兵適齢届・壮丁身体検査願。三月、寄留地簡閲点呼参会届。四月、徴兵身体検査。八月、簡閲点呼。一一月、帰郷現役兵出迎。

昭和七年（一九三二）の長瀬村（旧布施市）公報には、兵事の業務内容として次のように載っている。これが平時の兵事事務である。

一　徴兵及召集

（イ）徴兵　適齢者数　寄留地受検

昭和六年　受検者総人員六六人　同上成績　合格者三〇人　不合格者三六人
（ロ）勤務演習召集　十七人アリテ、何レモ無事勤務を終了、帰郷シタリ
（ハ）動員下令　ナシ
（ニ）簡閲点呼ノ概況
八月九日、本村小学校校庭ニ於テ執行セラレ、当日本村在郷軍人参会者七五人、不参者無シ。何レモ点呼開始ノ時刻迄ニ参会シ、其ノ成績ハ良好ナリキ。
（ホ）海軍志願　ナシ
（ヘ）海軍諸学校生徒等　ナシ
二　徴発　ナシ
三　在郷軍人
（イ）在郷軍人会ノ活動ノ状況
本会ノ事業ハ、在営兵ノ慰問、予備教育、簡閲点呼予習、入退営兵ノ送迎、運動会、消防、青年訓練、戦病死者ノ弔魂祭等ニシテ、会員ハ何レモ一致団結、其ノ目的遂行ニ力ヲ致シ、本村社会教化ノ上ニ大ナル力ヲ致セリ。故ニ、本村ハ村費ヨリ事業ノ助成トシテ、金百二十円ノ補助金ヲ交付セリ。

六．陸海軍兵力の急増

陸海軍兵力は昭和一二年（一九三七）の日中戦争勃発から急増する。

陸海軍兵力の推移を大江志乃夫『徴兵制』（岩波新書　一九八一年）によって示す（単位、万人、各年一二月時点の数、昭和二〇年は八月一五日時点）。

	陸軍	海軍	合計
昭和　六年（一九三一）	二〇	八	二八
昭和一三年（一九三八）	一一三	二〇	一三三
昭和一六年（一九四一）	二一〇	三一	二四一
昭和一九年（一九四四）	四一〇	一三〇	五四〇
昭和二〇年（一九四五）	五四七	一六九	七一六

昭和六年（一九三一）の陸軍兵力は二〇万人だったが、昭和二〇年（一九四五）の敗戦時、動員兵力は陸軍五四七万人、陸海軍合計七一六万人に達した。当時、満一七歳～四五歳の日本国籍男子総数は約一七四〇万人であったから、約四割が軍に動員されたことになる。これは当然、国内の全生産部門に大きく影響する。また役所の兵事事務も繁忙を極めることになる。

昭和一七年（一九四二）若江村（旧河内市）の事務報告書によると、当年の兵事事務報告は次のようである。

「兵事事務ニ就テハ、大東亜戦争勃発第二周年ニ当リ兵事事務ノ繁忙ヲ来シツツアリ。又一面、現下非常時局ニ鑑ミ、益々挙国一致堅忍持久ヲ要スル折柄、現役及応召軍人ヲシテ後顧ノ憂ナカラシメンガ為ニ、遺家族各般ノ相談ニ応ジ、適当ナル指導斡旋ヲナシ援護ノ完璧ヲ期シツツアリ。現役軍人及ビ応召軍人中、家庭ノ事情ニ依リ若干ノ補助ヲナシ、遺家族ニ対シテハ慰問ヲナシ、軍人ニハ慰問袋ヲ送リ、農家ト協力シテ勤労奉仕ヲナシ、英霊ニ対シテハ墓参リ其ノ他適当ナル御供ヘヲナシ、銃後後援ノ完璧ヲ期センガ為、銃後奉公会ニ於テ専ラ其ノ事務ヲ担当シツツアリ。」

また、三野郷村（旧河内市）村長の手記によると、兵事係や村長にはこんな仕事もあった。

「戦時の特別な仕事は年々倍加し、大政翼賛会、勤労奉仕団、国防婦人会、隣組制度などの運営に日々多忙であったが、昭和一六年ごろから戦死公報が増えて来る。村長は通報を助役や兵事主任に任せず、家庭を訪問し仏壇を拝礼して弔意を表したが、「戦死の公報を手にせられた方々の中には〈応召の当初からお国に捧げた命です、既に覚悟は出来て居りました〉と健気に申される婦人もありました。又、公報を手渡すと同時に土間に倒れ〈倅が死んだ、も早や皈って来ない、今一度丈け顔を見たい〉と泣き叫ばれる老母もありました。その表現の模様はそれぞれ異なりますが、親として又妻として、杖柱とも頼む相続人或は最愛の夫を失われた婦人の心情を思う時、涙無くしては居られません。私の務めと思いますが、この仕事が一番骨身に沁みて痛かった一つでした。」

七、町会・隣組

大阪府は昭和一七年（一九四二）九月、府下市町村長に対して行政簡素化を通達し、各市は一割の減員、町村も余地ある限り減員を命じた。兵力急増により、日本全国が労働力不足の時期の減員指令である。戦時の行政事務はすでに混乱、煩雑化していて役所は到底その業務を消化出来ない。そこで政府は対策として町会・隣組を作る。

昭和一五年（一九四〇）九月の内務省訓令により、全国に町会（町内会）・部落会・隣組の組織がつくられ、昭和一八年（一九四三）には市町村制を改正して町会を市町村の末端組織として法制化した。法制化によって町会・隣組にも権限と強制力が発生する。布施市には三〇〇余の町会があったが、市は幾つかの町会をまとめて強化し、事務員を置いて行政事務を委託した。

町会・隣組は毎月常会を開いて国の指導を伝達し、住民の転入出・納税事務・物資配給・動員などに関与して、あらゆる日常生活のすみずみまで、政治の干渉が及んだ。

当時日本国民は一億人と言ったので、「一億一心」「進め一億火の玉だ」などの標語で国民に一致協力を求めたが、建前とは裏腹に、物資不足・人手不足・空襲の不安などで人心は荒廃し、町会・隣組の間でも、乏しい食料品や生活用品の配給に役得や情実が横行した。

清沢洌『暗黒日記』昭和一八年(一九四三)四月三〇日の項に、「世の中は星に錨に闇に顔、馬鹿者のみが行列に立つという歌が流行している」とある。清沢(一八九〇〜一九四五)は国際ジャーナリストで評論家。星は陸軍、錨は海軍、顔は有力者で闇は闇取引。権力が横行する世相と無力な庶民を嘆いている。

八.戦時下の布施市役所

新聞報道によれば、昭和一六年(一九四一)三月、布施市は市役所に「自治報国挺身隊」を結成。五月、市議会に「市政協力報国隊」、六月には「布施翼賛市政会」が出来て神社に参拝「決死敢闘」を誓う。九月、行政の決戦化により男子職員の補充に約一〇〇人の女子職員が決戦事務に取り組む。昭和一九年(一九四四)三月に就任した布施市長は決戦自治行政に全力を傾注すると語る。八月からは市役所を大隊編成にして男女全職員に軍事訓練を行う。

昭和一九年(一九四四)九月、布施の市常会では「布施市皇民決戦隊」が編成された。市長を部隊長、聯合町会長が大隊長、町会長が隊長、隣組長が分隊長で「国民即戦士・本土是戦場・一億総武装」が実践三原則であるという。布施市の分課組織を見ると、昭和一五年(一九四〇)に総動員課が新設され、昭和一六年(一九四一)には防衛課ができ、昭和一九年(一九四四)に兵事戸籍課が軍事戸籍課に改称されている。

九．戦時施策

戦前・戦中期には、今日では考えられない多くの施策が計画・施行された。その中から東大阪市域に関連する四件を取り上げる。

（1）満州開拓団

昭和七年（一九三二）から昭和二〇年（一九四五）まで日本が「満州国」と呼んでいた中国の東北地方に、日本の国家政策として「満州開拓団」と称する農業移民が送られた。昭和七年（一九三二）の第一次から昭和二〇年（一九四五）の第一四次まで日本全国から四四二団が編成・送出されているが、昭和一一年（一九三六）八月に決定した「満州農業移民百万戸送出計画」は昭和一二年（一九三七）から二〇年間に、一〇〇万戸五〇〇万人を移住させるというものだった。敗戦で施策が破綻した結果生じた多くの悲惨な事象については、ここでは触れない。

大阪府が送出した移民団は昭和一三年（一九三八）から昭和一九年（一九四四）まで八開拓団があり、その一つに昭和一八年（一九四三）に送出された布施郷開拓団がある。計画では中小商工転廃業者を主とした転業移民団で、昭和一七年（一九四二）末から布施市役所市民課拓務係で申し込みを受け付けている。応募者は一ヶ月ほど私市（現交野市）の興亜拓殖訓練道場（跡地は現在、大阪公立大学付属植物園）で訓練を受けたのち、「満州国北安省」の開拓村「布施郷」に送られた。新聞によると初年度に合計一一五人ほどが出発している。市民課・総動員課などの職員が付き添い同行した。敗戦時の布施郷開拓団在籍者数は二五四名という数字がある。布施と河内地方の人たちが多かったと思われる。

（2）満蒙開拓青少年義勇軍

政府は昭和一二年（一九三七）一一月、「満州」への青年移民を閣議決定し、「満蒙開拓青少年義勇軍」（公称は満州開拓青年義勇隊）の満一四歳―一九歳の男子三万人を募集した。これは関東軍および開拓団の若年予備軍と言うべきもので、最終の昭和二〇年（一九四五）までに合計八六〇〇〇人余を送出したとする資料がある。うち大阪府出身者は二〇〇〇人ほどらしい。学校別に集計された選出人員表を見ると、北河内で守口の二校、中河内では布施の五校・八尾の二校と盾津（旧河内市）・三野郷（旧河内市）、南河内では野田で合計人数は六二人である。敗戦後は満州開拓団と運命を共にする。

（3）疎開

戦局の悪化から本土空襲は必至の状勢となり、政府は対策として昭和一八年（一九四三）九月に「都市疎開実施要綱」を発表した。目的は都市の防空的改造のための分散疎開で、施設疎開・建物疎開・人員疎開に大別される。

大規模な輸送能力と建設能力を要する施設疎開は簡単には実施出来なかったが、建物疎開は、布施市では昭和二〇年（一九四五）一月から七月まで五次にわたって行われている。第六次も八月に予定されていたが、敗戦で中止された。

人員疎開の対象は、疎開区域（大阪市・神戸市・尼崎市）外に職場のある者、企業整備によって転廃業する者、財産収入や仕送りなどで生活する者、建物疎開の対象となった者などに勧奨で進められた。この段階の疎開者は応召者や徴用者の留守家族が多く、縁故先への任意疎開もあった。

昭和二〇年（一九四五）一月ごろには、ひととおりの疎開が終わったが、三月の東京・名古屋・大阪の大空襲の後は状況が一変する。大阪では一夜で五〇万人が家を失い、府・市は緊急に罹災者を近府県に移さればならない。政府は三月一五日、都市から人と建物を徹底的に疎開させると発表したが、空襲の実態を知った住民から、都市脱出をはかる者が続出する。生産と都市機能の維持のため、今度は逆に転出禁止が必要となった。四月一〇日の「疎開緊急措置要綱」の閣議決定を受けて、大阪府は一四日大阪・堺・布施の三市に戦時緊要人員の残留制度を実施した。官公庁勤務者と広範囲の産業従事者、動員中の学生・生徒について、僅かな例外と市区長の証明ある者を除き、原則として任意転出を一切認めぬことになった。三市で働く大部分の人たちは、職場を離れることが許されず、以後のたび重なる空襲の下で耐えねばならなくなった。

人員疎開の一つである学童疎開は、昭和一九年（一九四四）六月に学童疎開促進要綱が決定された。目的は人的資源の保存と都市防衛の足手まといの隔離だろう。河内地方では布施市で学童の集団疎開が実施される。他地区は大阪をはじめ各地から疎開してくる学童の受け入れ側となる。布施市学童の集団疎開先は福井県の寺院が多かったが、昭和二〇年（一九四五）八月の敗戦後、学童たちの帰郷は一〇月五日に完了し、一二月二二日解散式を行っている。

（4）文書焼却

東大阪市域では、昭和二〇年（一九四五）六月一五日の空襲で楠根出張所が罹災して戸籍・印鑑帳・税金台帳などを焼失し、監督官庁の指示を受けて再製した。東大阪市域の、空襲の直接被災による行政書類の焼失はこの事案だけだったが、敗戦時の行政書類の焼失はこれだけでは無い。

敗戦の混乱と不安の中で、占領軍に見せたくない書類は、市町村役場だけでなく、あらゆる行政機関で大量に焼却されている。特に軍事関係の書類は徹底して処分されたはずで、ために現在も軍関係書類の残存は少ない。それは役場以外の、地区で保管していた書類にも処分が指示されていて、縄手村（旧枚岡市）の四条地区に下記のメモ書きが残っている。

「昭和弐拾年八月十五日終戦ノ大詔渙発、其筋ヨリ聯合軍駐入国検閲等アル由ニ付、軍事関係書類一切焼却放棄方通牒趣ニヨリ処理ス、昭和弐拾年九月七日」(『河内四条史』本編)。

おそらく全国で、膨大な量の書類が焼却処分されたことだろう。これには上級官庁の指令に加えて、現場の忖度も少なくあるまい。現在では、公文書は法律によってある程度保護され公開される建前だが、権力側にとって都合の悪い文書が表に出てこない事例は跡を絶たない。市民の監視と告発が必要とされる。

8　地域と地域の人々の戦争

小林義孝

自治体史における戦争

『地域と軍隊――おおさかの軍事・戦争遺跡』（註1）の発刊記念の講演会（註2）において大西進氏は、自治体史における戦争の記述にふれ、『新修大阪市史』の近代を対象とした巻（第五巻～第七巻）（註3）では四五四六頁のうち、戦争に関する記述は五二八頁（一二％）を占めるのに対して、『大東市史』（近現代編）（註4）では五三八頁のうち二〇頁（四％）に過ぎないとした。さらに『大東市史』（近現代編）では、その大部分が一般的な内容で、地域における具体的な戦争ついての記述は一頁のみであるとする。そして大西氏はふたつの自治体史の量的な差異に編纂の姿勢の違いをみる。

大阪市は明治初期の大阪鎮台の設置にはじまり陸軍第四師団、大阪砲兵工廠をはじめとして日本陸軍の軍事とその関連施設が大阪城を中心に集積され、軍都と呼ぶに相応しい歴史をもつ。さらに敗戦直前には大阪大空襲により、そのすべてを喪失するような巨大な被害を受けている。

これに対して大東市域（敗戦時には住道町、四条村、南郷村の一町二村）は大阪市の近郊の農村部であり、戦争末期に松下飛行機や松下通信機などの軍需工業や緊急避難的な軍事施設はおかれるものの、近代を通じて地域と軍隊の関係は強くなかった。『大東市史』（近現代編）において戦争に関する記述が少ないことは、地域と軍隊や戦争の関係が比較的希薄であったことに起因していると思う。

平和運動や平和教育に関わって、多くの地域において戦争被害が調査され報告されている。そのことに筆者も大きな意義を認めるものである。しかし戦争被害→〈悲惨な戦争〉→反戦・平和という論理の流れを一般化、普遍化することには大きな不満を持っている。同じ被害であっても大阪市内の空襲と大東市域での空襲を〈悲惨な戦争〉という視点のみで一元的にとらえてよいのか、疑問をもつ。戦争の〈悲惨〉な結果を導きだした過程、近代における地域の軍事と戦争との関わりを、地域ごとに具体的に考える必要がある、と考えるからである。

小論は筆者が生活の場とする、大阪市に隣接する大東市という人口一二・五万人の小都市の戦争の実像を次の二つの視点から述べる。

ひとつは大西氏のいう大東市域における四%の戦争の実態である。この地域が軍事と戦争にどのようにかかわったのかいうことを整理する。

二つ目は、この地域で生まれ育ち生活をしていた人々が国家に動員されて、どのようなな戦争の場において、どのように戦い、どのように死を迎えたかを明らかにしなければならない。大西進氏は「あの戦争の戦没者は三一〇万人でうち二三〇万人が軍人、と人の死を統計の数のように軽く扱うが、職業軍人は僅かで殆どの人は普通の市井の父であり兄であり、本来であれば、個々に調べて夫々の生き様があったことを実証的に描きたかった」と記す（註5）。このことを大東において試みたい。

地域の戦争――四%の戦争の実態

大東の位置

大東市域は大阪市鶴見区に東隣し、東は飯盛山によって奈良県生駒市と接しており、河内平野の低湿地部から生駒山地に展開する市域をもつ。近世・近代を通じて大都市・大阪を背後から支えてきた地域である。近代には稲作が中心で裏作として麦と菜種が栽培された。湿田の多い西部地区では蓮根栽培が顕著であった。

この地域では灌漑施設により流下する水を水田に引き込むことが難しく、踏車によって人力で水田に揚げる様子がこの地域の風物詩となっていた。

近代には中河内地域の人と物の流通の中心のひとつである住道に繊維や煉瓦生産の小規模な工場は存在したが、明治の後半期に建設された鐘紡住道工場が大東市域における唯一といってよい大規模な工場であった。一九三三年（昭和八）から大拡張をして、住道がその企業城下町の態をなしていた。これらが戦時を迎える頃の大東の様子である。当時の市域の人口は二万人にかなり満たないと想定している。

大東市域における「戦争遺跡」を通じての戦争に記憶については本書Ⅳ－3「大東・四條畷の戦争遺跡」において大西進氏が詳細に報告されている。これを再整理する。

片町線と四條畷神社

大東市域において明治期以来、存在していた軍事施設は国鉄片町線（JR学研都市線）のみである。大阪陸軍砲兵工廠と枚方や南山城に点在する工廠や火薬庫を結ぶ軍需輸送をになう鉄道である。またこの鉄道線が当初、浪速鉄道として一八九五年（明治二八）片町と四條畷間で開業されたことは、別格官幣社四條畷神社の存在と無関係ではない。四條畷神社は一八九〇年（明治二三）に楠木正行が敗死した四條畷の合戦の古戦場近くに正行を主祭神として創建された。正行は「忠君愛国」の典型として小楠公として明治期に神格化された。別格官幣社としての四條畷神社は靖国神社などとともに軍のイデオロギー宣布の装置としての意味をもつものであった。

大阪市域の防空――監視哨と防空空地帯

直接的な軍事施設や軍需工場などは一五年戦争が始まるまで大東市域には存在しなかった。

日中・太平洋戦争の時期に、大阪の中枢部を防衛するために、大阪市を東部から半円状に取り巻くよう高射砲陣地と照空隊・聴音隊がセットとして配置されていた。さらに生駒山地の稜線上をはじめ見晴らしの良い場所には防空監視哨が設置されていた。大東市域では飯盛山の山頂に一九三九年（昭和一四）に建設された国旗掲揚台の基部に四條畷防空監視哨が設けられた。大阪府が所管する施設で、二四時間体制で人の目と耳で敵機の襲来を監視し、府庁の防空本部に報告することとなっていた。

一九四三年（昭和一八）に、大阪市域を環状に取り巻く空地帯と市域の中心から放射状に空地帯が設置された。敗戦後に大阪外環状線（大阪府道二号）が建設されることとなる外環状空地帯が大阪市域（現・城東区）と南郷村諸福（現・大東市）の間に設置された。諸福側では幅約六〇〇メートルがこの空地帯に組み込まれた。

大東市域で明確な軍事施設というものは、大阪市域を防衛するための防空監視哨と防空空地帯のみであり、近代を通じて軍事施設が希薄な地域であった。

敗戦直前に建設された軍需工場

大東市域において本格的に軍事施設が建設されるのは一九四三年（昭和一八）一〇月である。当時の住道町灰塚に敷地面積一三万坪（約四三万平方メートル）をもつ松下飛行機住道工場が建設される。翌年四月には海軍の指定工場となり、機体が積層木材による練習用爆撃機「明星」の生産を始める。周辺地域に工場を拡張し、盾津飛行場（現・東大阪市本庄・新庄）の格納庫でも組み立て作業を行っていた。

工場の労働力の確保のために四條畷中学校（現・四條畷高校）や四條畷高等女学校（現・四條畷学園高校）をはじめ近隣の学校から勤労動員がなされた。さらに地域住民に対する徴用もおこなわれた。当時四条村野崎にアトリエを構えていた彫刻家・浅野孟府もここに徴用され、それが縁で海軍のプロパガンダ映画の撮影に関わったと伝えられている。

敗戦後にはその敷地の一部に一九五〇年（昭和二五）三洋電機住道工場が建設され、地域の工業生産の象徴的な企業となる。

松下無線は、一九四三年（昭和一八）、四条村寺川（現・大東市寺川）に約一〇万坪（三三万平方メートル）の軍用無線機を主に生産する工場を建設した。超短波無線機、携帯無線機、方向探知機、レーダー等の生産に努めた。職員は二五〇〇名を数え、徴用や学徒動員された者が多かったという。片町線に工場通勤者用の仮駅「東住道駅」が造られた。また敗戦間際には地下工場化がめざされ四條畷村の丘陵地の強制買収が行われた（現・四條畷市岡山東四丁目一帯）。敗戦後、四条村の工場は廃止され大阪拘置所や学校の用地とされた。

空襲の被害と疎開の受け入れ

松下飛行機や松下無線に対する空襲については現在でも断片的に伝えられてる。それ以外の場所に対する空襲は限定的である。『大東市史』（近現代編）には、灰塚と大箇に数個焼夷弾が投下され民家が炎上したと記されている。記録されているものでは一九四五年（昭和二〇）六月一五日の空襲では、四條畷警察署管内（現・大東市域と四條畷市域）で、全焼の家屋四四件、半焼五件、死者三名、重傷一人、軽傷三人、罹災者二四〇名が最大の被害である。しかし管内のどこの地点かは明らかでない。

これに対して大東市域の村やまちでは大阪市内からの疎開者に家屋の一部を提供していた。さらに四条村野崎と北条の寺院などで大阪市内の国民学校生徒の学童疎開を受け入れていた。

大東市域の戦争――四％の実態（参照本書Ｖ－１）

大東市域のまちや村は、軍事鉄道の性格をもつ片町線（註６）（Ⅰ－１④）域内を走り、北隣する四條畷市域に「忠君愛国」の聖地である別格官幣社四條畷神社（Ⅰ－１⑤）が所在するものの、近代を通じて軍事施設とは関わりのない地域であった。唯一の軍事施設は飯盛山頂の設けられた大阪市域の防空体制の一環として設けられた防空監視哨（Ⅰ－２①）のみである。敗戦直前の時期には大阪市の防空のための防空空地帯（Ⅱ

・1④）に市域の西端部分が指定された。一九四三年（昭和一八）に松下飛行機と松下無線という軍需工場（Ⅱ・1③）が建設されたため、一部空襲被害も受けたが限定的であった（Ⅱ・2②）。

大阪市内からの疎開者や学童疎開（Ⅱ・1④）の記憶は今も地域に残っている。

基本的には「軍事遺跡」に分類されるものはほとんどなく、「戦争遺跡」にあたる軍需工場などとそれに向けての空襲の被害を限定的に受けた、これが大東市域における地域の戦争の実態であった。

『大東市史』（近現代編）は昭和五五年（一九八〇）の発行であり、市史編纂に主要にたずさわる職員は配置されず、地元の高校などに勤務する教員が編集と執筆を短期間で担ったのである。史資料の収集、市民への聞き取り調査などが決して十分でなかったことは理解できる。しかし「四％の戦争」は、地域に密着した中での編纂作業の中で、生活の場としての地域における戦争についての地域住民の認識が、執筆者に投影した結果である、と思う。

地域の人々の戦争

大東の戦死者――戦没兵士の墓標調査から

『大東市史』（近現代編）によれば、満州事変以降の十五年戦争において四条村二九〇名、住道町二六九名、南郷村一七一名、合計七三〇名の戦死者の数があげられている。一万数千人の人口に対してである。

水永八十生氏は、市域の墓地に残された戦没兵士の墓標を、独力で悉皆的に調査を行っている（註7）。以下、水永氏の調査成果によって述べる。

確認された二九八基のうち十五年戦争期のものが二九一基を数える。残りの七基については戦没年不記載である。圧倒的に昭和の戦争のものが多い。詳細にみると昭和七年（一九三二）の満州事変に関わる戦死者は二名、日中戦争が始まった昭和一二年（一九三七）は四名、そしてそれ以降、年末に太平洋戦争がはじまった昭和一六年（一九四一）まで、七名、一一名、八名、七名と推移する。

太平洋戦争中は昭和一七年（一九四二）・一三名、昭和一八年（一九四三）・二四名、昭和一九年（一九四四）・一〇〇名、そして昭和二〇年（一九四五）・一一五名と戦況が不利になるとともに戦死者（戦病死者）の数が爆発的に増えている。この傾向は日本軍全体の動向とも一致する。

戦没地をみると昭和一八年（一九四三）までは中国大陸（旧満州、中国戦線、ソ連との闘い）四二名、南方が二五名であるのに対して、昭和一九年（一九四四）以降には中国大陸が六三名、南方が一一七名となっている。この数字は太平洋戦争が南太平洋に戦線が拡大したことの結果ではあるが、さらに大東市域の住民が召集された連隊区の戦場での配置の問題も想定される。この点は今後の課題である。

十五年戦争で戦没した大東市域の住民七三〇名のうち墓標が確認できた二九八名については、その死の様子の一部でも情報が確保できたことについて、水永氏の調査に敬意をはらいたい。


『龍間戦争記』


『龍間戦争記』は平成三年（一九九一）、敗戦から四六年目の年に大東市龍間（旧・四条村龍間）に在住の樋口清春氏がまとめた村の人々の十五年戦争の記録である（註8）。

龍間は飯盛山の西斜面の谷合に所在し、大阪と奈良を結ぶ龍間越えの古堤街道が通り、冬季には天然氷を製造・貯蔵し夏の大阪へ搬出する地として名高い。大東市域の平野部からみると飯盛山南端あたりの山中に展開する村である（註9）。

龍間で生まれ育ち運送業を営んだ樋口清春氏は、龍間の地域の歴史を中心に地域の古文書の調査、地域でのフィールドワークを行い、地域資料の書籍を刊行している。その一冊が『龍間戦争記』である。

ここには「戦没者遺影と軍隊歴・戦死状況」「従軍者軍隊歴」「戦争時の区長・隣組組織」「村の産業」「戦争疎開受入状況」「戦争の思い出」などの項目で龍間の村人の十五年戦争における軍隊歴、村の状況、大阪市内からの疎開者の受入れ状況、そしてそれらの情報を包み込むように村人たちの「戦争の思い出」が記される。四五件にも上る「戦争の思い出」には、龍間から出征した人たちの戦地での活動を中心に、村から徴用された体験談、戦死者の親族の思いと戦後の生活のようすなどが実名で綴られている。編者の樋口清春氏と村人の深い信頼関係によってできあがった『龍間戦争記』である。

村人の戦地での状況と龍間の村人の戦時の生活が二重写しとなっている。

戦時の龍間

昭和一六年（一九四一）の龍間の村は戸数八一戸、人口四三三人（男性二二六人、女性二〇七人）である（「昭和十六年隣組編成表」による）。農業が四分の三を占める。一〇反前後の水田をもつ世帯と一～三反程度の世帯に大別できる。専業農家は四〇戸であり、兼業する職は狩猟、杣《きこり》、籾摺・製粉業（水車を利用）、大工、石工、石材商、花行商、茶行商、雑穀商などである。非農業世帯では自動車運搬業、酒小売業、荒物商、石材業、石工・大工など、自営している者がみられる。村外へ勤めに出る者の職場として陸軍造兵工廠、大阪市役所などがあげられている。

龍間は農業を主体としながらも、地域の特色をいかした伝統的な職業（狩猟、石工、製粉など）とともに大阪市内への勤め人もみられる。勤め先は大阪砲兵工廠が圧倒的に多い。野崎駅と片町駅・森ノ宮駅の間を片町線で通勤したのである。

龍間の人々の戦争

『龍間戦争史』には十五年戦争において出征した龍間の住民の軍隊における履歴を載せている（「戦没者遺影と軍隊歴・戦死状況」）。

龍間の村から十五年戦争に出征した者は六六名であり、そのうち戦死者は二二名を数える。三人に一人が戦死しているのである。それぞれの軍歴と兵士本人の回想、家族の回想（「戦争の思い出」）を重ね合わせると龍間の人々の多様な戦争を読み取ることができる。

1　植田幸三郎陸軍輜重上等兵

植田幸三郎上等兵は十五年戦争における龍間の最初の死者である。大正五年（一九一六）生まれ、昭和一二年（一九三七）に現役兵として歩兵三七連隊に輜重兵として応召。翌年、第一野戦道路構築隊に転属し、中国大陸で転戦（天津、杭州、城州、漢口）し、昭和一四年（一九三九）六月湖北省漢口の第三兵站病院に入院、翌七月に大阪赤十字病院に収容。一一月三〇日同病院にて戦病死、享年二三歳。大阪の第三七連隊で通夜・葬式の後に阿倍野斎場で荼毘にふされる。遺骨は幸三郎と同時に出征した隣家の田中誠太郎の胸にだかれて龍間に帰る。翌年の四月に称迎寺で村葬が営まれる。「龍間村では、最初の戦死者と言うことで、名誉の家として、暖かい扱いをうけ」た（妹・植田フサエ「戦死と入営」『龍間戦争記』「戦争の思い出」の章に所収、以下同じ）。

2　笹尾宇三郎陸軍工兵軍曹

明治三四年（一九一一）生まれ、大工職。敗戦時に三四歳。独立した世帯を構えており、妻と息子が二人という家族構成か。

昭和一四年（一九三九）八月、臨時招集により工兵第四連隊（高槻）留守部隊に召集。同年、工兵第三十四連隊に転属し、中国湖北省の武漢三鎮方面を転戦。昭和二一年（一九四六）一〇月召集解除。

「揚子江上流の九江に上陸、南昌を経て重慶を目指し掃討の行軍が続くこと約七か月間、目指す重慶の点前沙市に到着」、「敵軍は日本軍の追撃をはばむため、道路、橋りょうを破壊して退却するのが常であるため、前線より『工兵隊、前へ』の号令がかかれば兵士、兵器、糧秣等の輸送を助けるために駆け足で前に出て、道路、橋を修復つけ替え等をするのが私達の工兵隊に仕事であった」（笹尾宇三郎「役にたった大工職」）

昭和一八年（一九四三）二月、臨時召集により独立工兵第三十連隊に召集、工兵第四連隊に転属。同年四月広島宇品港よりラバウル島へ。五月ラバウルからブーゲンビル島へ、掃討作戦に参加する。敗戦後、ショートランド島で使役。昭和二一年（一九四六）三月に復員。

3　松本龍治上等兵

大正一四年（一九二五）生まれ。敗戦時二〇歳。昭和一九年（一九四四）一〇月、野砲兵第四連隊（信太山）に現兵として入営。博多から釜山を経由して「満州国」の北方国境の東安省（現・黒竜江省東部）林口駅着（一一月）。「すでに氷点下二十五度である。はじめて体験する寒さである。震え上がった。林口駅より歩いて約一時間位の所に兵舎があり、四十名位の単位で各中隊に配属になる。」（松本龍治「私の歩んだ道」、以下本項の引用は同じ）

昭和二〇年（一九四五）三月、第一二六師団砲兵隊に転属、七月野砲第一二六連隊に改編。

「八月九日ソ連軍が突然国境を越えて、満州に侵入する。『我が部隊は敵を迎え打つため牡丹江師団本部に結集せよ』との無電が入り、南下を始める。（略）四日目に牡丹江の手前の愛河という小さい町に着く。（略）『どうするか』中隊一同で話し合っていた時、ソ連の戦車が見えて来た。その時指揮官は『生きて祖国に帰ると思うな。敵と戦って死のう』という意見で一致する。」ソ連軍は重装備する戦車とロケット砲の大軍団であり、集中砲火を受けて大被害を受ける。「私も足と肩と二個所を負傷する。足の負傷のため、みなと行動をともにすることができず」単独行動をする。

八月一八日に武装解除。ソ連軍の捕虜に。シベリアのアルチョム収容所で石炭堀や水道工事の労働を行う。昭和二一年（一九四六）三月、中央アジアのウズベク共和国タシケントの収容所へ。その後二年二ヶ月製材所で強制労働。「シベリヤの収容所よりも少し食べ物もよかったし、土地の気候もよかった。病気にはかかると病院もあった。」「タシケントは天山山脈のきれいな雪解けの水が流れ、景色のよい農業国である。」

昭和二三年（一九四八）に帰国命令がでて、七月一四日に龍間に帰る。

4　中谷奈良二陸軍衛生曹長

明治三八年（一九〇七）生まれ、敗戦時三八歳。家族は五人。龍間で水車により製粉業を営みながら、陸軍大阪工廠で工員として働く。

昭和三年（一九二八）、現役歩兵として歩兵三七連隊に入営、翌年現役満期。

昭和一三年（一九三八）六月、歩兵第八連隊に召集され、第一〇四師団衛生隊本部に編入される。

「七月、大阪天保山第三突堤より万歳の声も見送りの中、家族と分かれて乗船、行き先も知らされず船に乗せられ、（略）突然船は南下、十月十二日未明、何等敵の抵抗もなく白耶上陸に無血上陸、一路広東へと……。（略）歩兵を先頭に私達衛生兵はその後に続くのだが、悲しい事に敵から身を守る鉄砲を持たされていない。丸腰だ。一旦敵の包囲を受ければいちころだ。めったに味方を離れることはできない。落伍すれば『死』がまちかまえている。」（中谷奈良二「バイアス湾敵前上陸」）

「天保山の第三突堤から出征して行く夫を見送って、夫の帰りも待つこと三か年。その留守の間に母親を亡くしました。水車があったので米搗きをしながら、少しばかりの金をもらい、水車が故障すれば近所の人に来てもらって助けていただき、近所の人には非常にお世話になりました。」（中谷きぬ「留守中の思い出」）

昭和一三年（一九三八）一〇月二一日広東入城。その後この地域で転戦。昭和一六年（一九四一）七月召集解除。龍間に帰る。

昭和一八年（一九四三）、臨時召集により大阪陸軍病院に。

「第二回めの召集が来た。外地派遣部隊である。『こんどは生きて帰れんな』と思った。（略）動員係の准尉が私の顔を見つめて、『君、この前の時は一緒やったなあ、人員過剰やからお前は内地に残れや』現役の時、同年兵だった戦友が軍隊に残り今の階級が准尉に昇進していたのだった。」（前掲、中谷「バイアス湾敵前上陸」）

白浜分院で勤務。昭和二〇年（一九四五）九月召集解除。

5　高木政治海軍水兵長

大正一二年（一九二三）生まれ。敗戦時二二歳。昭和一九年（一九四四）五月、二等水兵として大竹海兵団（現・広島県大竹市）に入団。三ヶ月間新兵教育を受ける。八月、一等水兵となり呉海兵団に転属。駆逐艦宵月に乗り組む。

「私は最新戦艦大和への配乗を係官から呼ばれていたそうだが、丁度不在。後で駆逐艦宵月に乗船が決まった。（略）戦艦大和を護衛する二十五菊水船団、夏月を先頭に、我々は船団を組んで、堂々呉軍港を出航したが、幸か不幸か我が宵月は港を出てまもなく触雷、船尾のスクリューが片方やられ、修理のため再び呉軍港へ入港（略）天のいたづらか、天のなせる業か、出航していった多くの戦友は、この後敵機の爆撃によって、艦と運命を共にした事を知った。」（高木政治「私の軍隊時代」）

昭和二〇年（一九四五）九月現役満期。

龍間の兵士たちとその家族

ここでは五人の兵士の姿を取り上げた。「戦争の思い出」には龍間から出征した兵士たちの戦争が多様に描かれている。中国の「満州」での警備や侵攻してきたソ連軍との戦い、揚子江流域での南京や漢口での行軍と戦闘、シンガポールやビルマ（ミャンマー）での戦い、南洋での飢餓との闘いなど。さらに海軍での海上の戦闘、軍用機の整備や特攻隊の見送りなど、龍間の人々の戦地の戦いの実像が自らの手で記されている。また留守を守る家族も記す。戦死した夫と夫の二人の弟、残された一粒種の息子と姑との残された妻の戦後。女子挺身隊として軍需工場での労働、疎開者への対応など、銃後の村の人々も垣間見ることができる。龍間の人々の戦争、その全体像の整理は今後の課題としたい。

前項2で記した笹尾宇三郎陸軍工兵軍曹は龍間では大工の職についていた。その技能を活かすためか工兵として召集されている。役場の兵事係（この場合は四条村）は召集する可能性のある村人について克明に把握していた。召集の基本資料となる陸海軍それぞれの在郷軍人名簿、個人ごとの壮丁名簿、身上明細書などを整備しており、それにもとづいて召集時に連隊司令部が兵種の決定をした。さらに兵事係は召集・志願・現役兵として軍隊に入るものの身上調査の報告をつくる。これには家庭の資産、宗教、家族の名前、年齢、職業などが細かく記録されていた（註10）。村人は国家とその末端機関にそのすべてが絡めとられていたのである。これもまた村の人々の戦争である。

註

1）大西進・小林義孝・河内の戦争遺跡を語る会編『地域と軍隊――おおさかの軍事・戦争遺跡』（山本グラフィックス出版部　二〇一九年）
2）大東市立生涯学習センター・アクロスの歴史文化カレッジ（二〇一九年五月一二日）における大西進氏の報告「大東の戦争遺跡」
3）『新修大阪市史』第五巻～第七巻（大阪市　一九九一、一九九四年）
4）山口博・川村和史『大東市史』（近現代編）（大東市教育委員会　一九八〇年）
5）本書Ⅲ－1「勤労動員」
6）本書Ⅴ－1「『戦争遺跡』の再検討」（小林執筆）で提示した「軍事遺跡・戦争遺跡の分類（稿）」での分類の記号、本節内では以下同じ。
7）水永八十生「大東市域の戦歿者墓石と慰霊の変化」（『あしたづ』一五　河内の郷土文化サークルセンター　二〇一三年）
8）樋口清春編『龍間戦争記』（自刊　一九九一年）
9）『角川日本地名大辞典』二七（大阪府）（角川書店　一九八三年）の「龍間」「龍間峠」の項
10）出分重信述「村と戦争」（黒田俊雄編『村と戦争――兵事係の証言』桂書房　一九八八年）

おわりに

二〇一二年に刊行した前著『日常の中の戦争遺跡』は陸軍大正飛行場を中心にそれと関連する軍事遺跡、戦争遺跡についての調査をもとに執筆した。わたしが生まれ育った河内の八尾の人たちに、生活の身近なところに先の戦争に関わるものがあることを知っていただき、あらためて戦争のことを考えていただくきっかけになれば、と目論んだ。さらに八尾の地域の事例をもとに、日本中のどこの地域においても普遍化できればとの思いも込めた。

そして今回の『日常と地域の戦争遺跡』では陸軍大正飛行場と関係の深い地域である、現在の四條畷、大東、東大阪、柏原、藤井寺、羽曳野など河内の各市域の軍事・戦争遺跡を訪ね、調査した成果を整理した。これらの市域に置かれた戦争遺跡が巨大な経済・産業都市であり軍事都市である「大阪」を空からの攻撃から防衛するものであることを明らかにした。さらに各市域がそれぞれの歴史的、地理的背景の中で、異なった戦争の実相も示すこともできたと思う。そして戦争の中での地域の人々と戦争とのかかわり、勤労動員や疎開など、人々の生活における戦争についても考えた。

また、不幸な戦争やその準備が遂行されるなかで、それまでの地域社会のあり方を根本から転換してしまうようなことも生じている。戦後の大阪市を中心とする大規模な都市計画やそれぞれのまちの駅前の再開発などが、戦時中の防空のためや軍需工場などを守るための強制的な土地の公有化に端を発することは明らかである。現在のわたしたちの生活の場であるまちの改造のはじまりが戦時中にある。このこともわたしたちの日常の世界の地域の「戦争遺跡」のひとつである。

今年、二〇二二年は戦後七七年を迎える。明治のはじめから終戦に至るとほぼ等しい時間の長さをもつ平和な「戦後」のなかにわたしたちはいる。しかし戦争の記憶はもとより、大切な平和も風化していることを切々と感じるこの頃である。

折しも二〇二二年の二月にロシア軍が突如ウクライナに侵攻し戦争が始まった。ウクライナの国民は連日の爆撃に曝され、街は破壊され多数の死傷者をだしている。世界中が驚愕しプーチンを非難しているが、ロシアが領土を拡大するまではこの戦争は終わりそうにない。またも世界中が不安の時代に入ったのである。国家の意思がどうであれ戦争は常に国民の犠牲の上に成り立っている。戦争はいつもどこでも国民の日常の生活を破壊し家族を悲惨に追い込むのである。

わたしは「平和」を知ることは「戦争」を知ることと等しいと思う。かねてから戦争の時代は虚妄と悲惨と悔悟しか残さないと思い知っている。ニューギニアで戦死した父を思い、戦争の実相を知るために、生まれ育った八尾の戦争遺跡の調査を始めた。そして現在のわたしたちの日常の世界はかつての戦争の世界に重なり、いまをまわりを見回すとその頃の戦争の痕跡が多く存在している。そのような戦争の遺跡に眼をとめて戦争と平和を考えていただく契機になれば、本書の編著者として望外の喜びである。

今後も、河内そして大阪の戦争と「戦争遺跡」を勉強していきたいと思う。まだまだ明らかにしなければならない課題は多い。また次世代に戦争を伝える教材として戦争遺跡は保存が必要である。とりわけ八尾市垣内に残る掩体壕と、八尾自衛隊駐屯地に残る旧陸軍の戦闘指揮所は、文化財保護法による史跡指定を望んでいる。

前著の刊行後、わたしの活動に共感していただいた方々と「河内の戦争遺跡を語る会」を組織した。河内を中心にあちこちの戦争の痕跡を見学し、講演会などを開催した。この会によって人の輪が生まれ、輪は広がり、そして戦争遺跡に関する情報も集まってきた。本書はそれを集約したものでもある。河内の戦争遺跡を語る会の会員のみなさんには深くお礼を申しあげたい。

また、「V．おおさかの軍事遺跡と戦争」の執筆者のみなさんにお礼を申し上げたい。本書におけるわたしの調査研究をさらに深め、意義あるものにしていただいたと思う。

前著、本書のもとになった連載「戦争遺跡を訪ねて」の第一回は二〇〇六年六月発行の『河内どんこう』七九号に掲載いただいた。それ以来、休載を挟みさがらも一四年、連載第二八回が最後となった。発表の場があっての戦争遺跡の追求であった。が、最終回を掲載いただいた一二〇号で『河内どんこう』は終刊を迎えた。さらに発行元であるNPO法人やお文化協会も二〇二〇年三月に解散した。八尾における文化の灯がまたひとつ消えたこと、本当に残念に思う。これまで協会を支えてこられた多くのみなさんのご尽力に敬意を表したい。また編集や作図をしていただいた摂河泉地域文化研究所のみなさんにお礼を申し上げます。

昨今、ますます出版界の状況は悪化しているとうかがっている。そのなかでの本書の刊行にご尽力いただいた批評社の佐藤社長と担当の渋谷さん、本当にありがとうございました。

そして最後に、いつもみまもってくれる妻秀代に本書を捧げたい。

大西　進

令和四年（二〇二二）八月三一日

初出一覧（大西進執筆分）

本書の章・節	原題	掲載誌
Ⅰ		
1	陸軍大正飛行場軍産複合体	（『大阪春秋』第163号2016年6月）
2	本土決戦と軍備	（『河内どんこう』第97号2012年6月）
Ⅱ		
1	大都市おおさかの防空体制	（『大阪春秋』第163号2016年6月）
2	戦時防空緑地であった久宝寺緑地	（『河内どんこう』第80号2006年10月）
3	新稿	
Ⅲ		
1	勤労動員と東大阪の戦争遺跡	（『河内どんこう』第119号2019年10月）
2	国民義勇隊と航空総軍の西進	（『河内どんこう』第120号2020年2月）
Ⅳ		
1	柏原の戦争遺跡（前編）	（『河内どんこう』第112号2017年6月）
2	柏原の戦争遺跡（後編）	（『河内どんこう』第113号2017年10月）
3	大東・四條畷の戦争遺跡	（『河内どんこう』第114号2018年2月）
4	藤井寺・羽曳野の戦争遺跡	（『河内どんこう』第116号2018年10月）
5	東大阪の戦争遺跡（前編）	（『河内どんこう』第117号2019年2月）
6	東大阪の戦争遺跡（中編）	（『河内どんこう』第118号2019年6月）

本書に掲載するにあたっては、改題し一部を加筆修正した。

小林義孝（こばやし・よしたか）
大阪府大東市市在住。摂河泉地域文化研究所理事、歴史民俗学研究会会員。古代から近世の葬墓制研究を行う。近年は河内を中心とする地域の歴史の解明につとめる。主な著作に『西国巡礼三十三度行者の研究』（共著、岩田書院）、『六道銭の考古学』（共編著、高志書院）、『戦国河内キリシタンの世界』（共編著、批評社）。また『陰陽師の末裔たち』『河内文化のおもちゃ箱』『ニッポン猪飼野ものがたり』（以上、批評社）などの編集を担当する。

三宅宏司（みやけ・こうじ）
1944 年兵庫県西宮市生まれ。大阪教育大学助手等を経て、武庫川女子大学名誉教授。科学技術史、産業技術史を中心にした研究。著作に、『大阪砲兵工廠の研究』（単著、思文閣出版）、叢書近代日本の技術と社会 2『たたらから近代製鉄へ』（分担執筆、平凡社）、岩波講座現代思想 13『テクノロジーの思想』（分担執筆、岩波書店）、歴史学事典 14『ものとわざ』（分担執筆、弘文堂）など。
日本ミャンマー教育交流基金代表。

太田 理（おおた・おさむ）
1944 年生まれ。関西学院大学卒。公立中学校教員。著作に『かたりべ　たてつの飛行場』（わかくす文芸研究会）など、盾津飛行場の研究、調査。

尾谷雅比古（おたに・まさひこ）
1953 年大阪府生まれ。関西大学大学院博士課程修了。博士（文学）。（財）大阪文化財センターを経て河内長野市教育委員会で文化財行政を担当。現在、立命館大学非常勤講師ほか。専門は日本考古学、文化遺産学、文化財行政史。

森井貞雄（もりい・さだお）
1955 年生まれ。同志社大学文学部文化学科卒業。元大阪府教育庁文化財保護課。専門は日本考古学。

横山篤夫（よこやま・あつお）
1941 年生まれ。東京教育大学文学部卒。大阪府立高校で主に日本史を担当。元関西大学非常勤講師。

島田善博（しまだ・よしひろ）
1934 年生まれ。大阪市立大学卒。『布施市史』『東大阪市史』の編纂に携わる。1973 ～ 1997 年、東大阪市史編纂委員。

執筆者略歴

大西 進（おおにし・すすむ）
1940年（昭和15）、大阪府八尾市黒谷に生まれる。現在も同地に在住。大阪府立八尾高等学校、大阪府立大学農学部卒業。1963年（昭和38）、近畿日本鉄道株式会社に入社。その後、近鉄不動産株式会社で宅地開発・観光開発事業にたずさわる。
2002年（平成14）、常勤監査役で退職。翌年厚生労働省の遺骨収集団の一員として父親が戦死したニューギニアを訪問。それを契機にして、ふるさと八尾の戦争と戦争遺跡の調査をはじめる。その成果を『河内どんこう』誌などに発表。『河内どんこう』元編集委員。現在、河内の戦争遺跡を語る会共同代表。
主な著作物 『日常の中の戦争遺跡』（単著、アットワークス、2012年）、『戦争の記憶　伝えたい平和の大切さ』（編著、八尾市、2014年）、『陸軍大正飛行場　八尾に残る未完の軍都の記憶』（単著、2018年）、『地域と軍隊』（共著、山本書院グラフィックス出版部2019年）ほか。

日常と地域の戦争遺跡

2022年10月25日　初版第1刷発行

編　者……大西進

装　幀……臼井新太郎

発行所……批評社

〒113-0033　東京都文京区本郷1-28-36　鳳明ビル
電話……03-3813-6344　　fax.……03-3813-8990
郵便振替……00180-2-84363
Eメール……book@hihyosya.co.jp
ホームページ……http://hihyosya.co.jp

印刷・製本……モリモト印刷㈱

乱丁本・落丁本は、小社宛お送り下さい。送料小社負担にて、至急お取り替えいたします。

ISBN978-4-8265-0737-0 C0036